首光

成为一道光 照亮更多人

中国家族慈善指南

深圳国际公益学院
家族传承研究课题组／编

北京时代华文书局

图书在版编目（CIP）数据

中国家族慈善指南 / 深圳国际公益学院家族传承研究课题组编. -- 北京 : 北京时代华文书局, 2021.6

ISBN 978-7-5699-4231-6

Ⅰ. ①中… Ⅱ. ①深… Ⅲ. ①家庭企业—慈善事业—中国—指南 Ⅳ. ①F279.245-62

中国版本图书馆CIP数据核字（2021）第116257号

中国家族慈善指南

ZHONGGUO JIAZU CISHAN ZHINAN

编　　者 | 深圳国际公益学院家族传承研究课题组

出 版 人 | 陈　涛
特约监制 | 宋厚亮
选题策划 | 一道光
责任编辑 | 张超峰
特约编辑 | 张文龄
责任校对 | 陈冬梅
装帧设计 | 陈　雪
责任印制 | 訾　敬

出版发行 | 北京时代华文书局 http://www.bjsdsj.com.cn
北京市东城区安定门外大街138号皇城国际大厦A座8楼
邮编：100011　电话：010－64267120　64267397
印　　刷 | 三河市嘉科万达彩色印刷有限公司　电话：0316-3156777
（如发现印装质量问题，请与印刷厂联系调换）
开　　本 | 880mm×1230mm　1/32　印　　张 | 12.75　字　　数 | 367千字
版　　次 | 2021年8月第1版　印　　次 | 2021年8月第1次印刷
书　　号 | ISBN 978-7-5699-4231-6
定　　价 | 78.00元

鸣谢

本指南的撰写得到北京长安信托公益基金会的资助。

北京长安信托公益基金会由长安国际信托股份有限公司及其股东共同出资，于2016年8月5日正式成立。北京长安信托公益基金会的宗旨为打造优质公益平台、促进公益事业发展。

课题组顾问

黄浩明

深圳国际公益学院副院长、教授

张 胜

北京长安信托公益基金会理事长

长安国际信托股份有限公司党委书记、副总裁

课题组组长

傅昌波

课题组成员

撰写

（按姓氏首字母排序）

陈凯 程芬 傅昌波 傅豪 黄浠鸣 刘柏荣 逯莹 毛文婷 隋毅 孙叶竹 汪跃云 魏璞祯 游海霞 袁瑗 张雪瑶 张域

统稿

逯莹 袁瑗

绪言

引领善财传承新时代

改革开放四十余年，中国经历了巨大的变迁。飞跃式的发展创造了人类文明史上的奇迹——我国成为世界减贫人口最多的国家，对全球减贫贡献超过 70%，[①]GDP 总量的全球占比从 1978 年的 2% 上升到了 2020 年的 17% 左右。[②] 持续的高速发展也成就了庞大的民营企业和企业家，包括其中占比极高的家族企业，积累了巨量的超高净值人群和私人财富，由此，也形成了当下巨大的家族传承需求。

在创造财富、使用财富、分配财富、传承财富的过程中，当代中国财富家族创始人会面临两个先天的不足：首先是哲学和宗教层面的基础不牢固，这表现为对财富本质和传承的认知不够清晰；其次是财富安顿和传承可依托的法律法规有待完善，包括产权制度、财产保护制度、商业主体的权利平等保护等。2020 年，《中华人民共和国民法典》的颁行，在一定程度上完善了家族传承的法治环境。

中国目前的阶段和 100 多年前美国的“镀金时代”有很多相似之处。实际上，现代慈善的起点正是以美国“镀金时代”的石油大王约翰 · D. 洛克

① 张德勇 . 新时代脱贫攻坚战取得完胜［J］. 中国青年报，2020-12-14.

② 国家统计局局长宁吉喆 2021 年 1 月 18 日在国新办发布会上的讲话。

菲勒和钢铁大王安德鲁·卡内基等先后建立家族慈善基金会为标志的。洛克菲勒在1910年的财富达到10亿美元（相当于2016年的约3000亿美元），从这个意义上说，洛克菲勒是这个星球有史以来的首富，并且至今无人能够超越他。

洛克菲勒是虔诚的浸礼会教徒，视自己为财富的“代管人”。洛克菲勒二世继承了父亲对于财富与慈善的理念，即“权利意味着责任，机遇意味着义务，财富意味着职责”。洛克菲勒家族通过建立现代基金会对公益事业提供长期支持，通过建立家族信托保障家族财富的增值传承，通过创新的慈善投资增强资金的使用效率，最终实现了家族发展与公共利益协调的家族传承。与此同时，洛克菲勒家族还以严格的家庭教育和完善的家族治理保证了有序传承。

洛克菲勒家族的传承，其本质是自利与利他相平衡的善财传承。家族善财传承远远超越传统意义上的家族财富传承。推动家族善财传承，首先要更新财富观，透彻理解财富本质以及财富对家族的意义。财富的本质是凝结在表象之后的劳动和社会关系，如果后代不能驾驭这种关系，就很难传承和保有家族财富。从另一个角度来看，如果过早给予家族后代大量的财富，他们将因此错失普通人的感知能力、奋斗精神和创新想象，换句话说，财富可能会毁掉他们成功的机会。其次要更新传承观，高净值人群应透彻理解只有包含利他的财富安排，才能搭建基业长青的传承构架。这是从生物的种群本质上来看待，必须有利他的精神才能有种群的延续。因此要建立可以赋能家族后代的传承观，而不是单纯地认为“子女也是你可以安排的资产”。最后要更新成功观，家族后人的成功有多种呈现形式，保有巨大的家族财富只是成功的一种形式，成为各行各业的翘楚都是成功；更大的成功，则是“为天地立心，为生民立命，为往圣继绝学，为万世开太平”。

家族善财传承应当遵循“传家为体、传富为基、传业为用、传社为本、传文为要”五项原则，即达成家族和谐兴旺、人才辈出，财富持续增值、安全可控，事业绵延不断、品牌卓著，声誉广泛良好、人群楷模，文化使命清晰、创新永续。慈善在这一个过程中，往往可以起到不可替代的作用。比如，在人的传承上，慈善能为家族后代建立同理心、慈悲心，建立正确的价值观；在事业上，慈善可以为不愿参与家族企业的成员提供一个为家族共同目标努力的平台，增强家族凝聚力，同时也可以对家族后代的领导力、社交能力、财务能力等加以训练。

在 21 世纪考量中国家族善财传承，可以借鉴 100 多年前美国洛克菲勒、卡内基等家族的经验，更要依托中国的文化传统，同时符合未来的发展趋势。

中国源远流长的传统文化中，有关给予和慈善的论述非常丰富。儒、释、道思想是中国传统文化的主线，先秦时期，孔、孟、老、庄、墨等诸子学说体系里即蕴含着丰富的慈善思想，譬如儒家言“仁”与“爱”、道家言“积善”、墨家言“兼爱”等。两汉以后，佛教的慈悲观、业报说和功德观也为中国公益慈善的发展提供了丰富的元素。在儒家看来，想要余庆，须先积善；在佛教看来，想要成佛，须先为善；在道家看来，想要成仙，须先立善。

春秋末期政治家、商圣范蠡开创了“裸捐”先河，他经商有道，但他不以取得巨额财富为最终目的，而是出于自己对“财币欲其行如流水”理念的独到见解。《史记》载，“范蠡三徙，成名于天下”“十九年之中三致千金，再分散与贫交疏昆弟”，这是对他达则兼济天下的褒奖。19 世纪 80 年代初，以上海协赈公所为中心，聚集了经元善、盛宣怀、郑观应、严佑之等十余位江浙绅商，形成了清末第一个慈善家群体。民国时期，绅商沈克刚、李祥霖等人构成了当时湖南声誉最隆的慈善家群体，主持湖南慈善总公所、湖南救济贫民工艺厂等机构，募捐、司账诸事均有专人负责，善举不辍。这些都是今天可以借鉴的榜样。

从世界范围看，我们正处于旧秩序向新秩序更迭的预备期。第一，人与自然关系失衡到了燃点，新冠肺炎疫情导致的全球交流中断就是最高分贝的警钟——人类社会必须调整短视的发展模式，走能够保障人与自然共同繁荣的可持续发展道路；第二，贫富鸿沟导致的失序到了断点，以美国为例，0.1% 最富有的人的财富净值与 90% 的中低收入人群的财富净值等同。今日美国的乱象深刻地说明，穷人没有尊严，富人就不可能有安全，人类社会必须摒弃唯利是图的原教旨资本主义，迈入追求共享发展的新商业文明时代。

近二三十年来，反思和改造传统发展模式已成为全球思潮。工业革命带来了经济、科技、社会发展的巨大进步，同时也导致了大量影响可持续发展的社会问题，这些问题和困扰的根源，就是新自由主义支撑的市场原教旨主义这套商业运行逻辑、金融投资逻辑和与之相配合的公共管理逻辑。为改变这种逻辑，美国诞生了共益实验室（B Lab），从治理、员工、社区、环境和社会影响力等方面对企业进行评分和认证，目前已经有 70 多个国家和地区的 3000 多家企业通过认证，中国也已经有 20 多家经过 B Corp 认证的共益企业。与之相当的，还有英国的罗纳德・科恩爵士领衔发起的 GSG 全球影响力投资指导委员会等国际机构。GSG 倡导的核心理念，从最初的影响力投资到后来的影响力经济，现在已经上升到影响力运动。

2019 年，181 家美国顶级公司首席执行官在美国商业组织“商业圆桌会议”（Business Roundtable）上联合签署了《公司宗旨宣言书》，革新了企业为股东利益最大化负责的原则，将其重新定义为“企业在保持自身企业宗旨的基础上，对所有利益相关方都有着共同的承诺”。这些利益相关方包括员工、客户、供应链上下游、所在的社区以及股东等。这是改变传统商业逻辑、推动善财并行范式的新的里程碑。

在家族善财传承实践上，有很多选择方式具备实现善财同步的可能。第一是探索与实践影响力投资。传统商业只管财务回报，不考虑责任；传统慈善只管公共价值，不考虑财务回报。当我们细致分析梳理后能够发现，位于两者之间的就是影响力投资。从逻辑上看，影响力投资介于传统慈善“不考虑收益率”与传统投资“仅考虑财务收益”之间，投资财务收益率居中。第二是推动企业 CSR 进化，从企业社会责任（Corporate Social

Responsibility）走向创造共享价值（Create Shared Value）。能否将履行社会责任由外来加入的模式转变为企业全流程嵌入的模式非常关键，这是每个有志于商业向善的企业家可以立即实践的。第三是创办社会企业。现在不少企业流行内部创业，那么用以前做企业社会责任的资金孵化社会企业也是不错的选择。无论公益慈善的力量多大，商业的力量始终是社会发展的主导力量。第四是开启战略慈善，尝试用做慈善的资金去投资一些“不知道能否成功但旨在解决社会某个问题的发明”，将单纯的捐助转向“善资源”的撬动。

仁者以财发身，不仁者以身发财。在追求义利并举的善财传承方面，中国既有悠久的文化传承，更有意识形态和道路选择方面的前提条件。促进人的全面发展，逐步实现共同富裕，是中国共产党既定的明确目标；创新发展、协调发展、开放发展、绿色发展、共享发展，是中国共产党追求的发展道路。2020 年 7 月 21 日，国家主席习近平明确倡导：企业既有经济责任、法律责任，也有社会责任、道德责任。任何企业存在于社会之中，都是社会的企业。社会是企业家施展才华的舞台。只有真诚回报社会、切实履行社会责任的企业家，才能真正得到社会认可，才是符合时代要求的企业家。①

总的来看，依托经典文化智慧、借鉴发达国家经验、把握商业进化趋势，中国的家族财富创造者更有条件探索自利与利他平衡的家族善财传承。

首先，要有向善的认知。在传统慈善和传统商业之间，可以选择双重底线投资、ESG 投资（Environmental，Social and Governance Screening）、使命相关投资、社会企业、共益企业等多种模式。只要树立自利利他的格局，找到财务回报和社会影响力的平衡点，无论是这个点在投资光谱图的哪个位置，无论运用哪种财富向善的工具，都迈出了向善的步伐，见图 0-1。

---

① 新华社北京 7 月 21 日电。

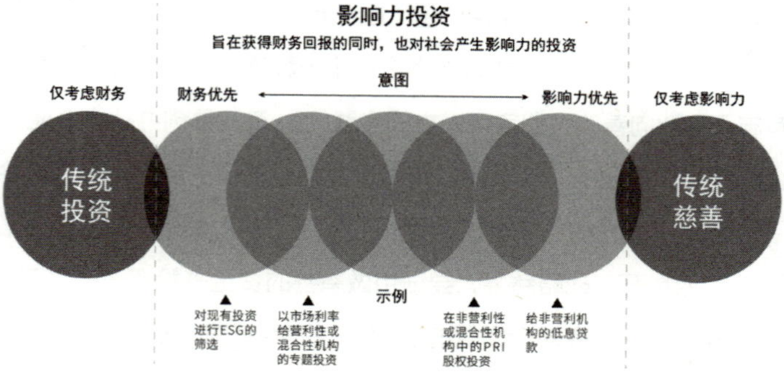

图 0-1 投资光谱图[①]

其次，要对家族慈善做整体设计。高净值人群行善主要有几种路径：直接向公益慈善组织或项目进行捐赠、在具有公募资格的慈善基金会下设立专项基金、设立捐赠者服务基金（donor-advised fund）、设立家族慈善信托以及成立家族基金会等。建议财富家族在开启慈善事业之初就做出整体规划和战略设计，将慈善作为家族发展和家族传承的必选项。

最后，要通过家族治理固定行善的机制。固定的机制记录了财富家族创始人的文化和价值观取向，确定了家族慈善活动的地域范围和重点关注的领域。家族治理机制也决定了家族慈善事业的参与人、创始人介入程度，慈善主体的运营模式以及慈善与产业结合的方式。家族治理制度是财富家族善财传承的关键。

经历四十余年的改革开放，中国庞大的超高净值家庭和巨大私人财富需要安顿，也需要传承。推动家族善财传承，有助于超高净值家族破解“起高楼、宴宾客、塌楼房”的富不过三代魔咒，也事关我国基本经济制度及财富分配制度的完善，更关系中国能否夯实共享发展根基、建立并保持新商业文明时代的引领优势。

---

① Rockefeller Philanthropy Advisors. Impact Investing: An Introduction[EB/OL]. 2017.

目录

第一章　家族慈善的社会功能

第一节 家族慈善是社会进步的有力保障 / 003

第二节 家族慈善是家族传承的必经之途 / 009

第二章　家族慈善的政策法律环境

第一节 宏观政策环境 / 031

第二节 法律政策概述 / 035

第三节 跨境慈善的法律政策 / 046

第三章　家族慈善规划

第一节 家族慈善的进化 / 053

第二节 家族慈善的规划 / 062

第三节 家族成员的参与 / 085

第四章　慈善信托与家族慈善

第一节 慈善信托的概念与构成要素 / 099

第二节 慈善信托的功能及优势 / 103
第三节 境内外慈善信托概况与案例 / 108
第四节 慈善信托的设立、管理和运营 / 123
第五节 慈善信托业务模式 / 130

第五章　家族慈善基金会

第一节 家族慈善基金会概述 / 143
第二节 家族慈善基金会的设立 / 169
第三节 家族慈善基金会的运营 / 192

第六章　捐赠者服务基金

第一节 捐赠者服务基金概述 / 213
第二节 捐赠者服务基金实践 / 229
第三节 捐赠者服务基金在中国 / 238

第七章　影响力投资与家族慈善

第一节 影响力投资的主要特点和发展现状 / 259
第二节 财富家族与影响力投资密切相关 / 265
第三节 财富家族参与影响力投资的主要路径 / 269
第四节 影响力投资与公益慈善相辅相成 / 274

第八章　慈善资产保值增值

第一节 慈善资产保值增值政策法规 / 281
第二节 慈善资产保值增值实践指南 / 288
第三节 慈善资产保值增值案例与影响力投资 / 307

第九章　慈善项目的规划、实施与评估

第一节 慈善项目的规划 / 317

第二节 慈善活动的实施 / 325

第三节 慈善活动的评估 / 340

附录一：家族慈善法律制度的国际借鉴 / 349

附录二：基金会管理条例 / 359

附录三：关于公益股权捐赠企业所得税政策问题的通知 / 370

附录四：广东省和的慈善基金会章程 / 375

附录五：南都公益基金会保值增值投资活动管理制度 / 384

后记 / 389

第一章

家族慈善的社会功能

讨论家族慈善的功能，需要先明晰家族慈善的含义。在中国传统文化典籍中，“慈”是“爱”的意思。孔颖达疏《左传》有云“慈者爱，出于心，恩被于物业”，又曰“慈为爱之深也”。《国语·吴》中“老其老，慈其幼，长其孤”的“慈”即为此意。“善”的本义是“吉祥，美好”，即《说文解字》中所解释的“善，吉”，后引申为和善、亲善、友好，如《管子·心术下》中所说的“善气”。二字合用，则是“仁善”“善良”“富于同情心”的意思，如《北史·崔光传》中所讲“光宽和慈善”。中华慈善总会创始人崔乃夫认为：父母对子女的爱为慈，讲的是纵向关系；人与人之间的关爱为善，讲的是横向关系；慈善是有同情心的人之间的互助行为。慈善的英文“philanthropy”，源于古希腊语，本义为“对人类的爱”，“charity”也是慈善的意思，其本义为“爱”。

从国内外慈善概念的渊源可以看出，慈善的本源就是“爱”，是人性深处的“不忍之心”，其主要表现就是强者对弱者的同情和救济。工业革命之前，西方慈善的主要组织机构为教会，富人主要通过捐赠教会体现慈爱和救济。现代意义的家族慈善起点是 20 世纪初的美国，卡内基、洛克菲勒等一批超级富豪开始思考如何有组织地运用家族财富开展慈善事业，其标志是卡内基发表的文章汇编《财富的福音》出版，还有洛克菲勒基金会成立。中国的家族慈善可以从南宋算起，以宰相范仲淹购置义田、设立范氏义庄作为标志。

总体而言，家族慈善是指将家族拥有的私人财富或资源捐献用于公共利益。相对于企业慈善、教会慈善和公募慈善而言，因其财富来源单一、决策灵活，同时慈善事业与家族名誉高度相关，家族慈善的利他动机更加纯粹，决策效率也相对较高。因此，在现代慈善事业的版图中，家族慈善是最为重要的力量。家族慈善对于促进完善第三次分配、提升社会保障和社会福利水平、保持社会创新、提升社会活力，以及促进教育、卫生、艺术、体育、文化等各项社会事业发展和提高国家的民间外交能力都具有不可替代的作用。

第一节
家族慈善是社会进步的有力保障

一、社会保障的重要补充

在我国中央和地方财政支出中，教育、医疗卫生、社会保障和就业等民生问题通常占据公共预算支出占比的前几位。目前，我国社会保障和公共福利在很大程度上依然要依赖政府资源。

然而，政府的财政资源是有限的，在支出分配上有政策层面的考虑，资金划拨周期较长、精准度欠佳；并且，我国政府在财政赤字的约束下，具有增加经济性支出、减少公共服务性支出的偏好。①

用商业手段解决公共问题可以发挥市场效率优势，用最有效率的方式找到解决方案的提供方、实施方。但传统商业具有逐利本质，纯粹商业模式不能使社会保障和公共福利惠及最需要的群体。

2016年《中华人民共和国慈善法》（以下简称《慈善法》）颁布施行，将科学、体育、保护和改善生态环境划为符合规定的慈善活动。慈善范围的划定让公益捐赠有法可依，让更多慈善资金得以进入各个社会建设领域。当然，捐赠人在规划慈善事业时也会考虑关注的领域和地区范围。同时，倡导用新商业的方式解决社会问题，这需要

① 娄峥嵘．我国公共服务财政支出效率研究［M］．北京：中国社会科学出版社，2011-12.

政府、市场和社会合作，发挥各自优势，通过社会创新形成商业向善、高效慈善。

更有针对性地解决社会问题，共同构筑社会生活的底线。这是慈善公益事业基本的、直接的、最传统的社会功能。

二、完善分配的重要途径

党的十九届四中全会通过的《中共中央关于坚持和完善中国特色社会主义制度 推进国家治理体系和治理能力现代化若干重大问题的决定》指出，“重视发挥第三次分配作用，发展慈善等社会公益事业”。首次明确以第三次分配为收入分配制度体系的重要组成，确立慈善等公益事业在我国经济和社会发展中的重要地位。

公益慈善事业是利国利民的伟大事业，是我国社会多层次社会保障体系的重要组成部分，是社会救助制度和兜底保障制度的有益补充，是实现社会第三次分配的关键要素，是社会主义核心价值观的重要体现，在消除贫困、促进社会和谐方面具有特殊的作用，是国家治理体系与治理能力现代化不可或缺的重要力量。

如果说初次分配是在由市场环境下主导创造资源的“造血”行为的结果；再分配是在心脏的推动下促使血液在主动脉中的循环，给人体各个组织器官带来氧气和营养，降低系统风险；那么第三次分配无疑类似于促进人体健康更加均衡的小血管、毛细血管的微循环行为。初次分配的造血和再分配的血液平衡循环事关人的生死，第三次分配的微循环则影响着整个身体的长期生态是否能持续健康。[①]

据中国慈善联合会统计，2019 年全年，我国共接收境内外款物捐赠 1701. 44 亿元人民币。其中，内地接收款物捐赠共计 1509. 44 亿元，同比增长 4. 88%，为历年最高；香港特别行政区接收捐赠约 164 亿元，同比增长 2. 5%；澳门特别行政区接收捐赠约 28 亿元，同比增长 12%。（台湾尚无权威统计数据。）数据显示，我国慈善捐赠的主要来源依然是企业。2019 全年，企业捐赠款物 931. 47 亿元，同比增长 4. 56%，占捐赠总量的 61. 71%。2019 年，个人捐赠达 398. 45 亿元，同比增长 10. 54%，再创新高。无论是在单笔超过 10 万元的大额捐赠，还是通过银行或者互联网募捐平台的小微捐赠，个人捐赠均呈现增长的势头。[②]

三、保持创新的重要载体

有一些前期看起来大胆的创新探索，企业和政府在不能看到稳定资金和社会回报的时候，不会冒险用纳税人和股东的钱投资。这个时候慈善资本，特别是家族慈善资本通常可以作为承担创新风险的投资人。

深圳国际公益学院的发起方之一比尔及梅琳达·盖茨基金会（以下简称“盖茨基金会”）每年投入大量资金用于全球最紧迫，同

① 杨斌 . 第三次分配：内涵、特点及政策体系 [EB/OL]. 中共中央党校，2020-01-01.

② 中国慈善联合会 . 2019 年度中国慈善捐助报告 [R]. 2020-09-19.

时也是需要大量研发投入的疫苗上。2020 年 4 月，盖茨基金会联席主席比尔·盖茨做客央视新闻频道《新闻 1+1》节目，就国际疫情防控与合作，接受央视主持人白岩松的专访时谈到，盖茨基金会从多年前就开始支持 mRNA 疫苗研发平台，这项创新技术无论对于加速研发新疫苗，还是大规模提升疫苗生产能力都很有潜力。盖茨基金会还在同时支持其他多种技术路线的疫苗研发工作，因为盖茨基金会相信，每节约一个月，哪怕一天，对世界来说，就能够减少大量死亡，避免数万亿的经济损失。

盛大集团创始人陈天桥和妻子雒芊芊于 2016 年以个人名义斥资 10 亿美元创建陈天桥雒芊芊研究院，主要聚焦大脑探知、大脑相关疾病治疗和大脑功能开发三大领域研究，与领先的大学和研究机构合作，力求揭开人类大脑之谜，以及信息向行为的转换过程。同年 12 月，陈天桥雒芊芊研究院向加州理工学院捐赠 1.15 亿美元设立了 Caltech 陈天桥雒芊芊脑科学研究院，并为加州理工学院脑科学研究提供持续支持。在一次被问到“为什么要用慈善的方式，而不是投资”时，陈天桥答道：“人类目前缺乏对大脑某些基本方面的理解，对于大脑和思想的研究，我认为必须用非营利的方式。”

慈善资产在支持技术进步、繁荣文化艺术事业、促进社会发展等方面发挥了积极作用，具有政府和市场不可替代的独特功能。一些拥有前瞻性和使命感的慈善家勇于探索，充当了社会创新“天使投资人”的角色。

四、民间外交的重要形式

在解决灾害救助和疾病治疗等方面，慈善合作与政府间的合作相比更加灵活。特别是当一些国家间、政府间正规交往不顺畅的时候，民间慈善可以作为缓冲剂。

诚如科菲·安南于2001年获取诺贝尔和平奖的获奖致辞中说的那样："今天，没有一堵墙能把世界上一个地区发生的人道主义或人权危机与另一地区的国家安全危机完全隔开。"

我国的对外援助，长期以来是中国政府对外工作的重要组成部分，促进中国与世界各国的友好合作和互助共赢，同时提高我国的国际地位和影响。但是，在纷繁复杂的国际政治环境中，政府的官方援助总是难以避免被烙上意识形态色彩。正是由于政府及其部门在国际援助中的局限性，凸显慈善组织为代表的民间救援的特殊价值。①

近些年来，随着经济发展和财富积累，尤其是随着中国的企业家和创业者更快更深地介入全球化进程之中，国内慈善组织也逐步开启对外资助。在2020年全球疫情应对中，中国慈善组织的角色和功能开始积极呈现。据深圳国际公益学院不完全统计，截至3月31日，中国内地社会组织已经或计划开展的全球抗疫行动覆盖六大洲109个国家（不含中国），占有疫情的国家的比例达到了54%。

除此之外，中国发展研究基金会、深圳国际公益学院与意大利都灵大学中国研究中心（To China Hub）联合发起"支援意大利抗疫联合行动"，内蒙古老牛慈善基金会、北京老牛兄妹公益基金会、荣程

① 金锦萍．疫情应对中，民间救援当为国际救援主要方式[EB/OL]．凤凰网，2020-03-19.

集团及荣程普济基金会等家族企业和家族基金会捐赠大量医用物资及现金。马云公益基金会和阿里巴巴公益基金会一起先后向国内抗疫一线医院以及海外 140 多个国家和地区捐赠近一亿件、几十个门类的抗疫物资，并开发全球新冠肺炎实战共享平台，截至 3 月 31 日，该平台覆盖 229 个国家和地区，页面浏览量 321. 1 万。

这次疫情形成了民间自发且全方位的对外支援，具有创新意义。社会组织参与海外抗疫合作方式的灵活多样，是本次包括家族慈善基金会在内的各类慈善组织参与全球抗疫中值得关注的特点。[①]

① 黄浩明在“中国社会组织参与全球抗疫十大行动案例”发布会上的发言，2020-04-04。

第二节
家族慈善是家族传承的必经之途

从古今中外的成功家族案例可以看出，慈善是超高净值家族传承的必选项，而不是可选项。不走奉献家族私人资源用于公共目的的必经之路，家族传承很难奠定后人信奉的共同价值观。洛克菲勒家族约翰·D. 洛克菲勒二世有一份手稿，记录着“善在社会关系方面会减少严厉批评、恶意传谣、嫉妒和自私，在家庭关系方面会减少对丈夫或妻子的刻薄、对儿女的激烈指责以及儿女的不敬和无理，善会让人尊重权威、克己自制”。

公益慈善对于一个家族来说主要有以下几方面作用：培育价值观传承人、财富保值增值、事业持续发展、形成社会网络、传承家族文化。

一、培育家族价值观传承人

洛克菲勒兄弟基金会（Rockefeller Brothers Fund,RBF）的CEO 斯蒂芬·汉兹曾说过：“慈善是一个家族的黏合剂和桥梁。能够让多代人正式地讨论、针对一个问题团结一心的事情，只能是利他的，也就是公益慈善。”

家族成员之间经常性的沟通机制是洛克菲勒家族治理的重要方式，每年，洛克菲勒家族有两次家族大会，一次是圣诞节，另一次是六月纪念日。

圣诞节的家族午宴是每年一次的历史课，展示着家族成员的光辉成就，同时也在成员间强化家族价值观。面对和长辈们不同的时代及其环境，很多人成为医生、心理治疗师、教师或者社会工作者，在所在机构实现社会服务并推动变革。

每年六月，不同代际的家族成员都会在 Tarry Town 庄园欢聚。家族成员轮流担任主持人，大家有机会分享各自在公共服务领域的贡献和成就。分享结束后，大家倾听过去一年中家族新生儿的名字，也会缅怀过去一年中逝世的家族成员。

另外一个沟通机制是代际对话，即让家族中的两代或数代人能够互相分享自己的故事。对话时所有人围坐一圈，每位家族成员都花两分钟时间来分享某个想法或感受，主题不限，内容严格保密。

对于家族大会在世代传承中起到的作用，洛克菲勒家族的第四代成员、2017 年去世的戴维·洛克菲勒的女儿艾琳在其回忆录《家族事务：回家的邀请》中谈道：“十几岁的我听到这些祝酒词时，心情复杂。一方面，我为叔叔们的成就感到骄傲，他们致力推动社会公益事业发展，这同时也是祖父和曾祖父流传下来的价值观；但另一方面，叔叔们的事迹让我们这些刚刚成年的小辈心生挫败。”因此，一些后辈选择了更低调的方式，隐姓埋名，在帮助一小部分人的过程中，感受到与帮助一个国家同样的价值。每次代际间对话后，家庭成员都觉得自己对家人有了更深一层的了解，家族的情感连接进一步加深。

洛克菲勒咨询机构（Rockefeller Philanthropy Advisors，RPA）

在洛克菲勒家族成员中发行的杂志 *RockLinks* 是一本关于洛克菲勒家族慈善的杂志，其对象是家族成员及家族机构。杂志分为三部分内容：第一部分“卷首语”是由 RPA 董事会成员或者洛克菲勒家族重要成员写给家族成员的一封信，一般涉及家族成员及其慈善机构关心的重要问题；第二部分“家族项目”涉及家族成员及其慈善机构推动的重要慈善项目，涉及的领域非常广泛；第三部分是“洛克菲勒家族慈善网络动态”，发布新能果（Synergos）、全球慈善家圈（Global Philanthropists Circle）、洛克菲勒兄弟基金会（Rockefeller Brothers Fund）、亚洲文化协会（Asian Cultural Council）等与洛克菲勒家族相关的机构发展及活动信息。

拥有大量财富的家族让后代坐享其成，实际上是在变相摧毁后代。家族的核心价值观必须通过“利他”的慈善来建立、呈现、塑造和增强。

唯有后人树立正确的自利利他价值观，才能使得家族传承久远。越帮助陌生人，就越会消除对社会的恐惧；越帮助弱者，内心就会越强大；越传送爱心，自己就越快乐。做慈善的过程是帮助家族成员培养正确的价值观，让下一代明白财富的真正意义在哪里。

慈善可以帮助下一代树立正确的价值观，具体体现在树立新时代需要的“财富观”“成功观”“传承观”。

新“财富观”是指那些能做出独立决策的继承人对待金钱的态度。将孩子的自尊心与其生活所需的金钱数量分开，家族慈善可扮演一个主要的角色。只要教育和塑造得当，家族慈善能够树立“金钱并不能决定一个孩子是‘谁’”的观念。拥有正确的财富观，孩子会倾向于把金钱看作一种工具，而不是个人的象征；把拥有财富的人视为财富的管家，而不是所有者。

新“成功观”是指把实现公共利益作为人生最终目标的态度。一部分人所理解的“成功人士”的生活，就是住别墅、买豪车、高消费，就是挥金如土、花天酒地，就是对人呼之即来、挥之即去。深圳国际公益学院发起人之一、桥水公司创始人瑞·达利欧曾谈道：“人生有三个阶段：第一个阶段你要依赖别人；第二个阶段别人要依赖你；第三阶段里，别人在没有你的情况下仍能取得成功。”

新“传承观”是指不要把财富和事业传承给下一代视为理所当然的事。清代政治家、思想家林则徐说过一段振聋发聩的话：“子孙若如我，留钱做什么？贤而多财，则损其志；子孙不如我，留钱做什么？愚而多财，益增其过。”子孙贤达却拥有过量财富，就会消磨他的斗志；子孙假如好逸恶劳却拥有过量财富，他会更加挥霍无度。如果继承人和被继承人视财富为一种工具，使财富成为团结使命、构建家族凝聚力、家族力量以及家族价值观倡导的杠杆，财富作为家族“分离因子”的潜在作用就不复存在。

二、助益家族财富平衡安排

财富的本质是社会关系。在中国、美国、意大利、德国和犹太民族都有“富不过三代”的说法。

一些国家由于有遗产税的存在，财富遗赠会受到很大折损。遗产税是一个古老的税种，早在古罗马时期就已存在。近代意义上的遗产税已经有 400 多年的历史，在现代西方发达资本主义国家普遍开征。据统计，世界上已有 100 多个国家和地区开征了遗产税。①

2016 年，经济合作与发展组织（OECD）倡议发起共同申报准则（CRS），推动国与国之间税务信息自动交换，2017 年 CRS 正式开启，见图 1-1。2018 年开始，包括中国内地、中国香港等在内的多个税务管辖区也相继加入 CRS 申报机制。根据 OECD 的报告，2019 年 CRS 自动交换的金融账户信息次数约为 6100 次，比 2018 年增加了 30% 左右。以全球著名的避税地开曼群岛为例，2020 年 2 月，该地的金融机构向开曼税务局提交的金融账户资料超过 60 个。在复核期间，如果税务机关对持有人的账户资料有怀疑，就有可能采取冻结金融账户或处罚的举措。过去三年，OECD 已追缴 1000 亿欧元税款。②

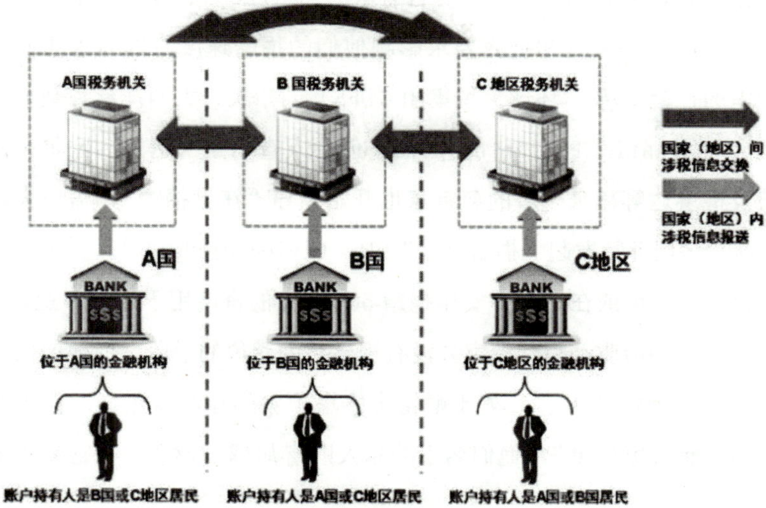

图 1-1 CRS 申报机制

① 尹丽梅．我国大陆遗产税开征条件及税制模式研究 [D]．北京：中国地质大学，2017.

② 杜丽娟．低税国复核启动，CRS“稽查”循序渐进 [J]．家族企业，2020，06：103.

慈善能实现家族财富最大幅度的存留，慈善资金是相对稳定的财富存在，同时具有合理避税的功能。《美国国内收入法典》规定，如果以遗产进行捐赠，则捐赠额可全部免征遗产税。《慈善法》规定，不具有公开募捐资格的基金会年度慈善活动支出最低限为上年末净资产的 6% ～ 8%。

然而，当洛克菲勒、卡内基和其他慈善家早在 19 世纪就开始他们的慈善事业时，并没有税务信息交换机制来阻断财富转移，也没有税收优惠来激励他们的捐赠。如今，也有脸书创始人马克·扎克伯格和普莉希拉·陈夫妇、易趣网创始人杰夫·斯科尔等许多具有创新意识的慈善家放弃可以获得税收优惠的捐赠工具，转而采用社会企业、社会影响力投资、慈善有限公司（LLC）等方式，不被捐赠制度中的一些限制和披露要求影响他们的捐赠速度，以追求他们理想中的社会变革。环球免税集团（DFS）创始人、大西洋慈善基金会（The Atlantic Philanthropies）创始人查尔斯·费尼，比尔·盖茨及梅琳达等越来越多的慈善家也开始倡导“在世捐赠”，盖茨夫妇和沃伦·巴菲特发起“捐赠誓言”（The Giving Pledge）①，鼓励超高净值人士在世或在遗嘱中安排捐赠 50% 以上的资产用于慈善事业。

这些使命驱动型慈善家并没有视慈善为避税的手段，但他们依然实现了慈善资产传承。处于财富金字塔顶尖的超级富豪们即使年年登上“慈善家榜单”，他们名下的私人财富却越来越多，在富豪榜上

① “捐赠誓言”是由比尔·盖茨及梅琳达与沃伦·巴菲特于 2010 年发起的一项公开承诺。签署者承诺在有生之年或百年之后将自己半数以上的财富捐赠给公益慈善事业。这是一项道德承诺，不是一份法律合同。“捐赠誓言”不以筹资为目的，也不是为了某些特定的公益项目或慈善组织。初衷是为了鼓励和表彰来自不同背景、通过各种金融途径捐出自己财产的捐赠者们。

的排序也鲜受影响。

2016 — 2017 连续两年出现在美国《慈善纪事报》（*Chronicle of Philanthropy*）"慈善 50 人"榜单上的慈善家，当年捐款总额接近 80 亿美元，然而，他们在捐赠了巨额财富后，个人净财富仍然得到显著增长，年均增长 14. 76%，见表 1-1。

表 1-1 部分慈善家 2016 — 2017 年度财富净值变化表

慈善家	年度	捐赠 / 百万美元	财富 / 十亿美元	福布斯排名	财富净值增长 / 十亿美元	财富年增长率 /%	福布斯排名变化
比尔·盖茨和梅琳达	2016	141.40	81	1	8	9.88	0
	2017	4780	89	1			
大卫·格芬	2016	100	6.70	73	1.30	19.40	10
	2017	150	8	63			
约翰和劳拉·阿诺德	2016	284	2.90	232	0.10	3.45	6
	2017	285	3	226			
马克和林恩·贝尼奥夫	2016	40	3.80	150	1.20	31.58	0
	2017	95	5	150			
迈克尔·布隆伯格	2016	600.10	45	6	2	4.44	2
	2017	702	47	8			

续表

慈善家	年度	捐赠 / 百万美元	财富 / 十亿美元	福布斯排名	财富净值增长 / 十亿美元	财富年增长率 /%	福布斯排名变化
保罗·艾伦	2016	295	18.90	21	2.10	11.11	-1
	2017	91	21	22			
皮埃尔和帕姆·奥米迪亚	2016	173	8.10	54	23.46	23.46	6
	2017	258	10	48			

* 根据《慈善纪事报》“慈善 50 人”及福布斯 400 富豪榜数据整理计算①

1896 年诺贝尔先生去世，遗嘱中做了一些安排，除去留给家族及其他个人的财产外，其他财产设立一个基金，要求将基金的收益以现金的形式奖励上一年在物理、化学、生理或医学、文学、和平 5 个方面为人类做出杰出贡献的人。从诺奖基金百年发展来看，基金投资业绩决定了奖金数量，粗略计算过去 117 年间，诺奖基金的投资回报率大概是 6%，良好的投资回报从一定程度上维护了诺贝尔奖的崇高地位。

慈善安排是最保险的不至于被挥霍的方式，是财富浪费的避险器。《大学》有云“仁者以财发身，不仁者以身发财”。仁者利用财富实现人生的价值，视财富为工具和媒介，财富是人的从属；不仁者则把积累巨额财富作为人生的目标，人变成了利益的奴仆。

① 杨团．慈善蓝皮书：中国慈善发展报告（2019）[M]．北京：社会科学文献出版社，2019：430-462.

“以身发财”是不可持续的，最终会“人为财死，鸟为食亡”。“以财发身”才是基业长青的正道，财富或事业作为工具，最终建立家族基业和家族名声。

三、促进家族事业持续发展

家族财富传承大体上有四大模式，即：自由式、教会式、王朝式和孵化器式。

自由式家族传承模式指财富传承人对于身后财富不做任何特别安排，由后人自行决定对父辈留下的财富分还是不分，以及如何分。

教会式家族传承模式是指传承人希望子女能够共同管理家族事业，平等分享家族财富，相亲相爱，携手共进，有福同享，有难同当，永远不分开。

王朝式家族传承模式是指传承人对家族企业怀有极深的感情，只要家族企业能够做大做强，其他都可以为它让路，甚至可以因此牺牲子女的婚姻幸福和个人兴趣。

而我们希望优先倡导用孵化器式传承模式，即传承人通过合理的传承规划设计，既考虑到家族事业的发扬光大，又考虑到每一位子女的个人兴趣和能力，不仅能够保持家族的持续凝聚和团结以及每一位家族成员的个性化发展，还能够实现家族精神与家族文化的传承。

真正的家族传承不仅要考虑第二代的安排，还要考虑对第三代、第四代及后面多代的安排，让身后每一代子孙都能得到家族的帮助和支持。

这种传承模式还有一个特点是，不把财富全部分给子女，而是保留一部分家族公共资产，通过家族信托成立一个家族基金，并通过第三方信用机构进行理财投资增值。

近年来，中国财富家族传承失败的案例也不断涌现。上市公司海翔药业董事长罗煜竑 4 年时间将父亲罗邦鹏 40 年打造的企业败光；海鑫钢铁集团 80 后继承人李兆会，钟情于金融投资，企业家精神传承不足却临时受命上位，导致当时全国最大的企业破产重组案；华人名企王安电脑曾一度可以挑战 IBM，父亲王安将公司传承给儿子王烈后，能力不足的王烈很快导致公司的衰败。

创一代在家族传承上面临着几大障碍：哲学层面准备不足、优秀传统断裂仍未修复、家族人力资本严重短缺、财富社会化机制不健全。

家族慈善事业为下一代提供了一个展示技能、兴趣及能力的平台，可以作为筛选家族事业接班人的平台之一。财富家族可以用慈善作为家族的新社交，训练接班人的领导力、社交力、责任感和财务素养等。

美国一个支持 8 ～ 30 岁青年开展慈善项目的平台显示，2001 — 2020 年，有遍布全球 30 多个国家近 900 个可以供青年参与的慈善项目，各类基金会对这些项目进行了 2595 笔资助，总额为 6110 万美元。这些年轻人在参与慈善事业的过程中提升生活所需的有益技能、扩大在解决当今社会问题上的参与范围，增进代际的交流，共同学习。年轻人也能向上影响家族其他成员，激发所有家族成员的创造性和新思维，让家族成员吸纳年轻人的经验、技能、思考和资源，也可以由此鼓励年轻家族成员终其一生成为积极而博识的慈善家，让家族的几代人团结在一起，传承家族价值观和荣耀，学习、分享对社会问题和社区的看法和知识。

福克斯家族基金会与青少年理事会

位于美国加州的弗里达·C.福克斯家族基金会成立于1999年，在家族中青少年参与了几年的非正式慈善活动后，这个家族意识到需要建立一些更正式的项目来吸引越来越多感兴趣的年轻人。为了让孩子们了解慈善事业，并获得捐赠活动的实际经验，家族基金会于2006年成立了青少年理事会（Junior Board）。

常规理事会会议欢迎青少年理事参加，在会议上有发言权，但没有投票权。理事会非常支持年轻人，总是征求并重视他们的意见。几年里，理事会的成员越来越多，包括年轻的家族成员和非家族成员。青少年理事会成员不仅是优秀的资助者，而且还在发展个人技能和专业技能，为未来的理事会服务和职业生涯做好准备。逐渐地，青少年理事会的成员转变成基金会中更成熟的角色。

青少年理事会成立两年后，成员们出席了小型基金会协会全国会议，并主持了一个基金会网络研讨会。借助这些新经验，年轻人开始联络其他家族基金会来了解他们的工作，通过学习，他们也积累了更多的经验。这些联络和与其他年轻人的会面交流促进了更多青年参与慈善，最终形成了“青年慈善圈”（YPC）。

常规理事会成员欣喜地表示，这一经历为青少年理事提供了机会，不仅可以培养他们自己的才能，还可以学习如何为社会做出贡献，帮助需要帮助的人。

弗里达·C.福克斯家族基金会成员，16岁的凯蒂·马库斯·雷克尔表示：“作为一名在12岁时就开始担任少年理事的现任理事会成员，我可以真诚地说，我对青少年理事会的体验准备得更充分、更感兴趣、更投入。我一直很喜欢的一点就是，我们的理事会会议和务虚会有一项开放性政策，无论你的年龄或在基金会中的地位如何，他们都邀请并鼓励你去参加会议，并且会尊重你的意见。而在我年轻的时候我可能没有什么可补充的，我通过倾听和体验我们的捐赠过程进行学习。随着我的慢慢成长，我不仅对基金会事务有了更多的了解，而且对我能够讨论和了解的捐赠事项以及表达我的观点也更有信心了。”①

罗伊·威廉姆斯在其《慈善、继承者和价值观》一书中，通过对3000多个继承家族和将近100个家族基金会的研究，认为“让下一代有计划地参与家族慈善，可以增加家族企业传承成功概率”。

四、培育家族深厚社会资本

慈善已经成为高净值人群共同的话语体系和新的社交媒介。高净值人群在初次见面或社交场合很少会谈钱和利益，而是谈对社会的回馈和对世界的贡献，如此反而能扩大自己家族或所在机构的社会影响力，积累更多社会资本。

2013年，有媒体曾发起“中国人财富观大调查”，高达65%的人认为“财富有原罪，只有品德败坏的人才可能巨富”。法国小说家巴

---

① NCFP. Igniting the Spark Frieda C. Fox Foundation[EB/OL]. 2016.

尔扎克在《人间喜剧》中曾表达过“巨大的财富背后都隐藏着巨大的罪恶”。

财富积累过程中，由于经济发展初期的粗犷性，社会财富观念产生一些扭曲，一些人的“仇富”心态根深蒂固。财富产生过程本身也存在灰色地带，并在一定程度上导致贫富差距，食品、空气、水等污染问题。

而公益慈善可以淡化财富原罪，慈善捐赠可以部分转移外界对其带来问题的关注，以及应对企业工会组织的可能压力。企业通过慈善提升自身社会形象，可以起到广告作用，带来财富增加、名誉提升等益处。

慈善捐赠还能提升家族的社会情感财富（SEW）。社会情感财富指家族凭借其所有者、决策者和管理者的身份从家族企业获得的非经济收益。[①]

家族成员对家族事业的认同首先来自身份的认同，来自家族精神的影响，特别是家族信念和价值观。家族事业的信念和价值观始于创始人，反映着家族创始人作为领导者、创业家的行为，随着企业的发展，这些价值观从一代人传递到下一代人，在更广泛的家族群体中得以分享，每一次的传递内化都能焕发新的光彩。家族事业表现出对社会更高的责任感和使命感，则会提升家族形象和声誉，从而加强家族成员对家族的认同。

洛克菲勒家族从 19 世纪后半期至今参与了不同领域的慈善事业。

---

① 李秀娟，赵华．仅存的百年高级钟表创始人家族—— 爱彼家族的五大社会情感财富 [J]．家族企业杂志，2018-06.

截至 2004 年，家族各类的慈善基金会和慈善机构有 78 家。随着时间推进和社会环境不断变化，洛克菲勒家族资助的领域从宗教到教育、医疗、环保、人文再到经济发展和国际关系改善，见图 1-2。这个家族也积累了大量的政治、商业、文化、军事、科技 教育等社会资本。

图 1-2 洛克菲勒家族慈善资助领域变化图

从 20 世纪 50 年代起，戴维·洛克菲勒不遗余力地投入到下曼哈顿地区的改造中。这项工程不仅改善了周边的物理环境，更是对稳固华尔街世界金融中枢地位并再度繁荣起了关键作用。

随着世界政治局势的发展，美国与世界其他国家的交流日渐频繁，而在美国的对外战略中，洛克菲勒家族始终扮演着至关重要的角色。其中关键之举在于向联合国捐赠建设办公大楼的土地，从而将世界政治中心落定在美国。

作为石油工业的缔造者，洛克菲勒家族很早就开始反思石油与气候变暖的关系，洛克菲勒家族各大基金会也将气候变暖列为重点关注领域。2014 年，洛克菲勒兄弟基金会承诺摒弃化石燃料投资，更多投资清洁能源。截至 2020 年 3 月 31 日，RBF 对煤炭和焦油砂的敞口已减少至不足总投资组合的 0. 1%（2014 年 4 月该比率为 1. 6%），化石燃料总敞口为 0. 8%（2014 年 4 月该比率为 6. 6%）。

截至 2020 年 6 月，全球有 1156 家机构和 5. 8 万个个人加入了摒弃化石燃料投资的承诺，这种行为不仅对环境做出贡献、倒逼政策改革，更是加入了对环境负责任投资的“朋友圈”。加入这个“朋友圈”是投资者将价值观与行为保持一致，并对其所控制的资源负责的最有效方法之一。

2001 年，洛克菲勒家族第四代继承人佩吉·杜拉尼与其父戴维·洛克菲勒合作成立了全球慈善家协会（GPC）。GPC 运用其资源与影响力，致力于连接世界各地的慈善家族，共同应对贫困与社会不公正。目前，GPC 共拥有来自 40 个国家的 400 余位慈善家和社会投资家会员，中国慈善家卢德之和牛根生位列其中。

类似的“朋友圈”还有盖茨夫妇和沃伦·巴菲特发起的“捐赠誓言”。“捐赠誓言”鼓励捐赠的多样性，鼓励承诺人围绕捐赠开展对话、启发行动，让承诺做出慷慨捐赠的慈善家汇聚一堂，深入交流如何让慈善在解决棘手的社会问题上发挥最大的作用。在每年举办的“知行善堂”系列活动上，参与者及其家族成员、核心员工可以对单个议题进行更深入的探讨。“捐赠誓言”也定期举办兴趣小组和实地探访学习之旅，以加深对某议题或地域的了解。

截至 2020 年 12 月底，共有来自 24 个国家的 216 位财富人士加入了“捐赠誓言”。脸书创始人扎克伯格和夫人普莉希拉·陈、桥水集团创始人瑞·达利欧、黑石集团联合创始人兼首席执行官苏世民均在其中。来自中国的成员有蒙牛集团创始人、内蒙古老牛慈善基金会创始人兼荣誉会长牛根生，东方汇泉金融控股集团公司董事局主席、北京东方君公益基金会会长董方军，深圳市海云天科技股份有限公司创始人、董事长游忠惠，武汉美好集团创始人刘道明等 5 位。

董方军与法国著名设计师保罗·安德鲁、日本倍乐生集团前总裁福武总一郎共建艺术振兴乡村项目——“山东桃花岛·艺术活化乡村”，并加入了凉山州艾滋病防治公益行动项目。他表示，“我与比尔·盖茨、洛克菲勒家族、印度莫迪家族交流，探讨海洋生态、艺术振兴与厕所革命，原以为很遥远的人和事近在眼前”。

在商业领域，成立于2006年的共益企业实验室开展了共益企业认证和提升的工作（Certified B Corporation），为全世界想通过商业行善的人服务。来自全球71个国家150个行业3358家企业承诺对员工、供应商、社区和环境负责，成为在社会与环境绩效、透明度以及责任感方面达到高标准的营利性企业。这些企业包括食品行业巨头法国达能旗下多个企业，户外品牌美国巴塔哥尼亚，中国首个B-Corp认证共益企业、应急管理品牌第一反应。

2019年8月19日，181位国际领军企业的CEO签署发布《关于企业宗旨的声明》，见图1-3。签署这份声明即承诺为客户提供价值，促进员工多样性、包容和尊重，与供应商公平合理交易，支持所在社区并为股东创造长期价值。承诺为所有利益相关方负责，抛弃股东利益至上原则，这标志着新商业文明时代的开启，也标志着亚马逊公司、苹果公司等世界领军企业加入了商业向善的行列。①

① Statement on the Purpose of a Corporation[EB/OL]. Business Roundtable, 2019-08-19.

图 1-3 部分签署《关于企业宗旨的声明》的企业负责人

在约翰·D. 洛克菲勒以化石燃料积累财富的时代，全社会充斥着对这个家族的负面印象，在那个《反垄断法》还没出台的时代，洛克菲勒财团操纵着巨额的财富影响了全世界。但随着约翰·D. 洛克菲勒二世及目前传承到第六代的家族成员持续且范围越来越广的公益慈善项目，洛克菲勒家族成为用公益慈善传承家族精神、拓展社会关系的典范。

19 世纪末 20 世纪初，西医在世界医学体系中处于绝对领先的地位，约翰·D. 洛克菲勒二世带领洛克菲勒基金会先后三次派出考察团到中国进行实地调研，决定要在中国建立一所既无教派归属，又能得到中国政府认可的、高端的、私立医科大学。北京协和医学院一切开支皆由洛克菲勒基金会承担，洛克菲勒基金会用于创建、维持和发展北京协和医学院的拨款总数达4465.25万美元。①

2016年，北京老牛兄妹公益基金会与洛克菲勒兄弟基金会共同出资成立“理查德·洛克菲勒访问学人计划”，为中国战略慈善的发展培养青年领袖，鼓励本土战略慈善发展，通过中美合作，遴选有志于公益慈善事业的青年才俊，推动中国慈善事业的可持续发展，以“创新理念、新型管理模式”全面提升中国的战略慈善。

洛克菲勒家族不仅在慈善项目合作上，也在政府间交往和商业合作上与中国建立了密切的联系。在中美没有建交的时候，洛克菲勒的第三代成员、曾任大通曼哈顿银行的董事长兼首席执行官的戴维·洛克菲勒来访问中国，与时任中华人民共和国总理周恩来进行会谈。大通银行也是首批进入中国开展经营的外资银行之一。直至今日，洛克菲勒家族及其非营利机构仍保持着和中国的紧密互动。

五、实现家族文化永续传承

慈善文化是慈善精神的外化，它不仅是五千年优秀传统文化的结晶，也是现代文明的硕果，是慈善事业发展的社会基础和人文原动力。

捐赠有助于保持家族成员的同情心、同理心和慈爱心；慈善满足未被满足的需求，寻找未曾运用的方式，有利于保持家族创新力；慈善助力寻求真理和公平，有助于提升家族成员品格，实现由富到贵；

① *Rockefeller Foundation Annual Report*（1947），转引自资中筠：《财富的归宿》，北京：生活·读书·新知三联书店，2011，第208页。

通过资助探索未知世界，慈善有助于保持家族成员承担风险的勇气和想象力；通过艺术收藏或捐建博物馆，在保留社会文化财富的同时提升自身素养。

北宋初年政治家、文学家范仲淹捐义田、创义庄，成为最早的民间慈善组织。尽管范氏义庄建立后不久，范仲淹即因病去世，但他的子孙秉持他的理念和训导，不断维护、拓展范氏义田的规模，传播、弘扬范氏义庄的声誉，使范氏义庄历元、明、清乃至中华民国的800余年风雨而绵延不绝。中国范仲淹研究会理事、洛阳范仲淹研究会副会长、范仲淹第28世孙范章在接受采访时曾讲述了一段范家“善”文化传承的故事，从范章先生四五岁记事的时候起，每年在祠堂祭祀时，族长都会向本族子弟训话：“作为范仲淹的子孙，只能做好人，不能做坏人。做了坏事，就不能参加祭祀。”

深圳国际公益学院董事会主席、招商银行原行长马蔚华曾深刻指出：“一个家族之所以能够延续千百年，不是财富的作用，而是这个家族的精神、家族的文化、家族的理念在发挥作用。”

第二章

家族慈善的政策法律环境

随着我国经济和社会结构以及国家治理理念的转型，党中央、国务院越来越认识到发展慈善事业的重要性。

改革开放特别是进入新世纪以来，广大民营企业家积极履行社会责任，主动投身慈善事业，成为我国公益慈善事业的主体力量。

从宏观环境到法律制度各方面都在逐步完善并向有利于家族慈善的方向发展。

第一节

宏观政策环境

自 2007 年有全国性捐赠统计以来，民营企业的捐赠数额一直都占据企业捐赠总量的一半以上。民营企业和民营企业家也成为获得“中华慈善奖”最多的部门和个人。近年来，党中央、国务院发布和出台了一系列政策文件，从宏观大政方针层面鼓励财富家族积极发展慈善事业。

2014 年 1 月，为贯彻落实党的十八大和十八届三中全会关于“支持发展慈善事业”“创新社会治理”等要求，民政部和全国工商联联合下发了《关于鼓励支持民营企业积极投身公益慈善事业的意见》[以下简称《意见》(2014)]。《意见》(2014) 为民营企业参与公益慈善事业提供了 7 个方面 12 条途径的指引。在具体参与途径上，鼓励支持民营企业通过捐赠有价证券、专利、技术等探索参与公益慈善事业的新方式，鼓励支持具备条件的民营企业探索企业留本冠名慈善基金、公益信托等新载体，鼓励支持民营企业在投资兴业中吸纳残疾人和贫困家庭劳动力就业，鼓励支持民营企业将以“平等、互助、博爱、共享”为核心内容的现代慈善理念和以“义利兼顾、以义为先”的光彩理念融入企业文化，在企业内部形成人人关心慈善、人人支持慈善的良好氛围，并通过提升合作伙伴和社会公众的慈善理念，传播慈善文化。特别值得一提的是，在以后民政部门评选慈善奖项时，更加注重表彰民营企业公益慈善典型；在政府采购中，对为公益慈善事业做出突出贡献的民营企业，同等条件下也将优先考虑。

2014年12月，国务院发布《关于促进慈善事业健康发展的指导意见》（国发〔2014〕61号，以下简称61号《意见》），确定鼓励和规范慈善事业发展的一系列重大政策措施。这是中华人民共和国成立以来，第一个以中央政府名义出台的指导、规范和促进慈善事业发展的文件。61号《意见》倡导各类企业将慈善精神融入企业文化建设，把参与慈善作为履行社会责任的重要方面，通过捐赠、支持志愿服务、设立基金会等方式，开展形式多样的慈善活动，在更广泛的领域为社会做出贡献。鼓励企事业单位为慈善活动提供场所和便利条件、按规定给予优惠。倡导金融机构根据慈善事业的特点和需求创新金融产品和服务方式，积极探索金融资本支持慈善事业发展的政策渠道。国家对为慈善事业发展做出突出贡献、社会影响较大的个人、法人或者组织予以表彰。

2016年3月4日，习近平总书记参加全国政协十二届四次会议民建、工商联界委员联组会时指出："许多民营企业家都是创业成功人士，是社会公众人物。用一句土话讲，大家都是有头有脸的人物。你们的举手投足、一言一行，对社会有很强的示范效应，要十分珍视和维护好自身社会形象。广大民营企业要积极投身光彩事业和公益慈善事业，致富思源，义利兼顾，自觉履行社会责任。各地区各部门要从实际出发，细化、量化政策措施，制定相关配套举措，推动各项政策落地、落细、落实，让民营企业真正从政策中增强获得感。"[1]

---

① 新华社北京3月8日电。

2016年3月，我国首部规范慈善事业的基本法《中华人民共和国慈善法》颁布，相关税收优惠更加明确和便捷，有利于中国出现更多大慈善家。例如，自然人、法人和其他组织捐赠财产用于慈善活动的，依法享受税收优惠。企业慈善捐赠支出超过法律规定的准予在计算企业所得税应纳税所得额时当年扣除的部分，允许结转以后三年内计算应纳税所得额时扣除。这对希望进行一次性大额捐赠的财富家族企业捐赠，是利好消息。

2017年9月，国务院发布《关于营造企业家健康成长环境弘扬优秀企业家精神更好发挥企业家作用的意见》指出，企业家是经济活动的重要主体。改革开放以来，一大批优秀企业家在市场竞争中迅速成长，一大批具有核心竞争力的企业不断涌现，为积累社会财富、创造就业岗位、促进经济社会发展、增强综合国力做出了重要贡献。营造企业家健康成长环境，弘扬优秀企业家精神，更好发挥企业家作用，对深化供给侧结构性改革、激发市场活力、实现经济社会持续健康发展具有重要意义。引导企业家主动履行社会责任，增强企业家履行社会责任的荣誉感和使命感，引导和支持企业家奉献爱心，参与光彩事业、公益慈善事业、“万企帮万村”精准扶贫行动、应急救灾等。

2019年10月31日，党的十九届四中全会通过的《中共中央关于坚持和完善中国特色社会主义制度 推进国家治理体系和治理能力现代化若干重大问题的决定》（以下简称《决定》）指出，“重视发挥第三次分配作用，发展慈善等社会公益事业”。党中央首次明确以第三次分配为收入分配制度体系的重要组成，确立慈善等公益事业在我国经济和社会发展中的重要地位。分配本身都包含着价值取向。

著名经济学家、全国人大常委会原副委员长成思危曾明确表示过，要缩小财富差距，就应当有三次分配：初次分配一定要讲效率，就是要让那些有知识、善于创新并努力工作的人得到更多的劳务报酬，首先富裕起来；二次分配要讲公平，政府应当利用税收等手段来帮助弱势群体，建立全面、系统、适度、公平和有效的社会保障体系；三次分配要讲社会责任，富人们应当在自愿的基础上拿出自己的部分财富，帮助穷人改善生活、教育和医疗条件。《决定》继《慈善法》后进一步释放出新时代党和国家大力发展公益慈善事业、对收入分配格局进行调整的重大信号，是建设更有优势的分配制度、开创中国特色公益慈善道路、走向社会主义共同富裕的战略指引。

社会主义新时期，中国更需要发挥社会部门、公益部门作为社会发展的稳定器、社会提升的促进器、社会价值的凝聚器和社会经济的加速器的重要作用。[①] 作为当代中国慈善事业不可缺少的中坚力量，民营企业家在提升整个国家的慈善水平方面发挥着不可替代的作用。财富家族参与公益慈善活动，最受公众关注也最容易为社会各界所熟悉，有利于提升家族的社会形象和公信力。中央政策相关文件也为财富家族参与和发展家族慈善事业提供了有力的政策支持环境。

---

① 王振耀在中国基金会发展论坛山东峰会上的讲话。来源：中国基金会发展论坛.230 家机构 400 余名嘉宾，中国基金会发展论坛·山东峰会圆满落幕！[EB/OL].2019-06-27.

第二节
法律政策概述

法律政策的健全和完善为家族慈善的发展提供健康可持续的制度环境，对慈善家族提供有力的鼓励和支持，而在法律政策保障和推动下，家族行善活动的专业化、规范化运行和良好的机构治理也为家族行善的实效和影响力奠定了坚实的基础。随着我国经济社会的不断发展、慈善部门的日渐成熟和完善，国家出台了一系列法律法规来规范包括家族慈善在内的慈善事业活动，逐渐形成一套各有侧重、相互配套的法规体系，为家族慈善活动的健康发展提供了良好的法律环境。

如同企业的运转需要遵循不同方面的法律法规一样，家族慈善活动的法律制度也不是在某个单一法律规范中囊括的。从家族慈善机构的设立和管理、捐赠活动和慈善项目的开展以及进行财产保值增值、捐赠人享受税收优惠，家族行善的各个环节受到一系列法律政策规范。

在我国慈善事业发展的现阶段，财富家族可以通过设立家族基金会、慈善信托、捐赠者服务基金（Donor-advised Fund, DAF）或专项基金以及直接大额捐赠等方式参与公益慈善事业。这些慈善参与方式的共通之处在于，它们都是为实现特定的慈善性目的服务，捐赠人或发起人的财产通过捐赠或设立慈善组织、慈善信托等方式进行捐赠后，则转变为具有公益属性的社会财产，其管理和使用需要符合一定的规则，根据家族慈善行善方式的不同，适用的具体法律制度也有所差异。

随着家族慈善工具的不断多元化发展，规范相应组织形式和公益慈善模式的专门法律法规也陆续出台和发展，已经设立的家族基金会、捐赠者服务基金或家族慈善信托开展各项慈善活动，需要遵守慈善财产管理和使用的规则，履行信息公开和日常监管的各项责任，上述内容都属于《慈善法》管辖范畴。

《公益事业捐赠法》是《慈善法》出台前规范慈善捐赠领域的主要法律制度。《慈善法》所体现的公益性、无偿性等法律原则与《公益事业捐赠法》一脉相承。《慈善法》实施后，基于新法优于旧法的原则，如果两部法律对同一事项都有所规定，应依据《慈善法》执行。而对于政府及其部门、公益性非营利的事业单位接受捐赠的规则等仅在《公益事业捐赠法》中规定的内容，应仍然以相应条款为依据。

与家族慈善活动息息相关的另外一套法律体系是慈善税收法律制度。我国的《个人所得税法》《企业所得税法》以及相应的实施条例和财税部门发布的各项规范性文件都对捐赠人向公益慈善组织捐赠如何享受税收优惠制度，以及慈善组织自身享受的税收优惠进行了规定，也规定了申请非营利组织免税资格和获得公益性捐赠税前扣除资格的条件和程序。随着慈善捐赠模式尤其是家族行善模式的不断创新，相关的税收法律政策也在不断发展过程中。例如，2016 年 4 月，财政部、税务总局发布的《关于公益股权捐赠企业所得税政策问题的通知》优化了企业捐赠股权税收优惠的规定；2019 年 12 月，财政部、税务总局发布《关于公益慈善事业捐赠个人所得税政策的公告》（财政部、税务总局公告 2019 年第 99 号），完善了个人慈善捐赠优惠政策。

一、家族基金会相关法律制度

登记注册慈善基金会是很多财富家族选择从事公益事业的首选工具，因为基金会具有独立的法人资格，可以长期、持续地专注于财富家族关注的慈善领域，形成一定的慈善品牌。家族基金会并非一个法律概念，各国对这一组织的判断标准各有不同。

参照中西方家族慈善基金会的定义，基于中国家族基金会现状判断，本文所指家族基金会是满足两个条件且不具有公开募捐资格的慈善基金会：①由个人、家族或由个人、家族控股的非公有制企业出资设立，且个人或家族成员在基金会担任重要职务的慈善基金会；②由在政治、经济、文化、科技等领域具有重大影响力的个人或家族成员发起设立，且个人或家族成员在基金会担任重要职务的慈善基金会。[①]

基金会是家族慈善所采取的常见法律形式，也是捐赠者服务基金或专项基金所依托的类型，因此《基金会管理条例》是家族慈善活动中一项重要法规。2004 年，我国《基金会管理条例》正式颁布，该行政法规规定了基金会的定义、设立条件、登记要求、内部组织架构要求以及日常开展活动需要遵守的准则、主管部门如何对基金会进行监管等多项内容，是确立基金会运转过程中各项制度的基本法规。随着基金会实践经验不断积累，相关主管部门也出台了一系列与《基金会管理条例》相配套的部门规章、规范性文件，涵盖基金会下设专项基金、财产管理、财务制度、年度检查等一系列具体事项，主要涵盖的政策文件，见表 2-1。

---

① 深圳国际公益学院．中国家族慈善基金会发展报告（2018）[R].2018.

表 2-1 规范基金会的主要规章与文件

文件名称	出台时间
《民政部关于进一步加强基金会专项基金管理工作的通知》	2015-12-24
《民政部关于印发〈关于规范基金会行为的若干规定（试行）〉的通知》	2012-07-10
《财政部 民政部关于加强和完善基金会注册会计师审计制度的通知》	2011-12-26
《民政部关于基金会等社会组织不得提供公益捐赠回扣有关问题的通知》	2009-04-21
《基金会信息公布办法》（民政部令第 31 号）	2006-01-12
《基金会年度检查办法》（民政部令第 30 号）	2006-01-12
《基金会名称管理规定》（民政部令第 26 号）	2004-06-21
《基金会章程示范文本》	2004-05-27

随着《慈善法》等相关法律的更新和变化，以及一系列鼓励规范慈善领域的中央政策需要以法律法规的形式予以落实，《基金会管理条例》也在近两年进入了修订程序。目前规范三类社会组织的行政法规同时在进行修订，并计划合并为一部规范社会组织的条例。

根据现行《基金会管理条例》的规定，基金会应当以从事公益事业为目的，具有独立法人资格。按照是否有权面向公众开展募捐活动，分为公募基金会和非公募基金会两种类型。对于最低原始基金要求，全国性公募基金会为 800 万元，地方性公募基金会为 400 万元，非公募基金会为 200 万元。[最低资金要求在正在修订的《社会组织登记管理条例（草案征求意见稿）》中增加至 800 万元。] 在财产使用方面，对公募与非公募基金会的年度公益事业支出比例要求也有所不同：公募基金会应不低于上一年总收入的 70%，非公募基金会则应不低于上一年基金余额的 8%。同时，两类基金会都要满足年行政管理费用不高于当年总支出10%的要求。如果基金会具有慈善组织资格，财产使用的比例按照《关于慈善组织开展慈善活动年度支出和管理费用的规定》执行。

《基金会管理条例》也对基金会的内部治理架构提出了法定要求，理事会人数要求为5至25人，领取报酬的理事不超过1/3，每年至少召开两次会议，并且理事会的召开和表决机制也需要符合该条例的要求。基金会同时也应设监事或监事会。秘书长从理事中选举产生，并应当符合条例规定的任职要求。基金会还应当履行信息公开责任，依据监管部门的要求提交年度报告，接受登记管理机关（民政部门）和业务主管单位的日常监管。在财产使用过程中，除了符合上述公益支出和行政管理费用比例要求外，还应当遵守公益性原则，任何单位和个人不得私分、侵占、挪用基金会财产，进行保值增值需要符合合法、安全和有效的原则。对于基金会涉及关联交易的行为要求、保值增值的具体规则以及行政管理费用的具体计算方法等细化性规则，则在上述《基金会管理条例》的配套规章和规范性文件中予以明确。由于条例将基金会的公益性要求列明在定义中，基金会成功获得公益性捐赠税前扣除资格和非营利组织免税资格的比例在三类社会组织中最高，捐赠人和基金会自身可以依法享受税收优惠。

二、捐赠者服务基金（DAF）相关法律制度

捐赠者服务基金（DAF）发源于美国，是一种下设在公共慈善组织下具有特有捐赠模式的子基金，具有设立和管理成本低、享受优厚

的税收优惠以及捐赠人享有充分话语权等制度特点。

近年来，DAF为我国的慈善实践者和地方政府部门所借鉴引进，进行了各类探索，如深圳市递爱福公益基金会。从法律政策的层面上而言，DAF在我国还不是一个正式的法律概念。鉴于其下设在一家基金会下，作为一个子基金同样也需要遵守基金会管理的相关法律要求，DAF在当前我国的法律适用可以参照专项基金的法律规范。根据《关于进一步加强基金会专项基金管理工作的通知》的要求，专项基金对外应使用带有基金会全称的规范名称，而不得以独立组织的名义开展募捐、与其他组织和个人签订协议或开展其他活动。基金会也需要健全对专项基金的管理制度，对专项基金的活动实施全过程监管。对于同样作为下设子基金的DAF而言，也应当在开展活动的过程中符合法律法规对基金会的要求，并遵守所在基金会的管理规定。

DAF因其并不具有独立的主体资格，基金设立后账户内的公益资金所有权还是属于基金会，基金会也需要对下设DAF开展的慈善项目承担主体责任。由于DAF是基金会下设的内部子基金，在法律限度内，DAF具体的管理制度更多是依据基金会和DAF发起人之间的约定，基金会内部管理制度一般对设立的资金条件、年度筹款额以及监管机制设定一定的条件，也会收取一定的管理费用。

在美国，DAF主要发挥的是捐赠者服务基金的捐赠（Give）、增值（Grow）、资助（Grant）功能，即一方面捐赠人在捐赠时即可立即享受税收抵扣的优惠，另一方面所在的基金会通过投资保值增值实现基金的增值，而慈善财产的使用则主要通过资助实现，并且可以根据捐赠人意愿在其希望的时间用于特定领域的项目。在我国的现有法律法规框架下，DAF在设立时捐赠先享受税收优惠的制度设计并不存在太多障碍，只要选择具有公益性捐赠税前扣除资格的基金会来设立，符合慈善捐赠的无偿性、自愿性和公益性的基本要求，即可享受相应的税收优惠。《慈善组织保值增值投资活动管理暂行办法》出台后，我国的基金会慈善组织保值增值活动有了更为明确的依据，相应的DAF进行投资保值增值也有了政策保障。但对于善款使用期限不限这一点，我国现行制度与美国存在一定差异。在美国，由于公共慈善组织（public charities）不同于私立基金会（private foundations），无须受年度最低公益支出的约束，设在这类慈善组织下的DAF可以使捐赠人在优先享受捐赠税收优惠的同时，按照自己的意愿决定善款在什么时间使用。在我国，公募型基金会的年度慈善活动支出也有一定的比例要求，DAF如果要实现和美国在善款使用时限上同样的灵活度，则需要所在的基金会有充分的意愿和很强的整体资产筹划调配能力，来做到保证基金会整体的公益支出水平符合法律的要求。

三、慈善信托相关法律制度

慈善信托发源于英美法系国家，在我国属于较新的家族慈善方式。2016年出台的《慈善法》设专章对慈善信托进行界定和规范，标志着财富家族通过信托方式实现慈善价值正式在我国成为一项法律模式。2017年7月，在《慈善法》“慈善信托”一章较为框架性的规定的基础上，银监会、民政部联合印发了《慈善信托管理办法》，明确细化了慈善信托条件、备案程序和材料要求、慈善信托财产的使用规则和保值增值制度，进一步明确受托人义务以及慈善信托的促进、监管和信息公开措施，为慈善信托实践提供了更为有利的政策保障和指引。

根据《慈善法》和《慈善信托管理办法》及相关规范性文件的规定，在我国慈善信托指委托人基于慈善目的，依法将其财产委托给受托人，由受托人按照委托人意愿以受托人名义进行管理和处分，开展慈善活动的行为。与英美法系国家将慈善信托作为慈善组织的一种法律形式不同，根据上述定义，慈善信托在我国被界定为一种慈善行为，是一种类组织，其设立与监管制度与慈善组织的登记认定和日常管理体系相对独立，而现行税法有关非营利组织免税和公益性捐赠税前扣除的优惠待遇也不适用于慈善信托。《慈善信托管理办法》明确慈善信托的委托人、受托人和受益人有权享受税收优惠，但具体办法还有待完善。

根据现行法律法规，设立慈善信托应当以开展《慈善法》所规定的慈善活动为目的，由慈善组织或信托公司担任受托人，其他主体则无权担任慈善信托受托人。慈善信托并不需要像慈善组织一样登记和认定，而是应当由受托人在慈善信托文件签订之日起 7 日内，将相关文件向受托人所在地民政部门备案。不同于基金会的管理要求，慈善信托财产总规模、年度慈善支出比例和信托报酬标准由信托文件确定，法律法规并没有做硬性的限制。但慈善信托同样需要履行信息公开义务，接受主管部门的监管，每年应当向备案的民政部门报送慈善信托事务处理情况和慈善信托财产状况的年度报告，慈善信托备案事项、慈善信托终止事项、慈善信托检查和评估的结果以及年度报告等内容都属于应当公开的信息。在保值增值方面，《慈善信托管理办法》规定慈善信托财产运用应当遵循合法、安全、有效的原则，可以运用于银行存款、政府债券、中央银行票据、金融债券和货币市场基金等低风险资产，但委托人和信托公司另有约定的除外。可见，由信托公司担任受托人的慈善信托在投资方面可以享受更大的灵活性。

四、慈善捐赠相关法律制度

财富家族除通过上述设立机构或类机构参与公益慈善之外，还可以直接进行大额捐赠。根据《慈善法》等法律法规规定，慈善捐赠具有“基于慈善目的、自愿性和无偿性”这几点特征。基于慈善目的，意味着慈善捐赠是为了开展《慈善法》第三条所规定的扶贫济困、扶老救孤、教科文卫等公益活动。而自愿性则要求慈善捐赠必须是基于捐赠人的自愿，不得强行摊派。此外，无偿性是慈善捐赠的本质属性。无偿意味着慈善捐赠不可以有对价、不可以有实质性的回报。

在慈善捐赠关系中，捐赠人是捐赠财产的提供者，是出于自身的意愿为慈善活动提供支持的人。财富家族作为捐赠人在慈善捐赠中享受多项权利。

第一，取得票据并依法享受税收优惠。捐赠人将捐赠财产交付慈善组织后，慈善组织应向捐赠人出具合法有效的捐赠票据。捐赠人取得捐赠票据的行为本身就是监督慈善组织规范管理捐赠财产的行为。受赠人具有公益性捐赠税前扣除资格的，捐赠人享有将捐赠额从应纳税所得中扣除的权利，个人捐赠人的扣除限额是应纳税所得额的 30%，企业捐赠支出在年度利润 12% 以内的部分，准予在计算应纳税所得额时扣除，并且可以在三年内结转。

第二，约定捐赠财产的用途和受益人范围。这是捐赠自愿性的体现，可以由捐赠者选择。但捐赠人选择受益人应符合慈善目的的要求，在基金会的业务范围内选择财产使用的方向，而不是全权处理其捐赠的财产，不能选择其利害关系人作为受益人。

第三，知情权。捐赠人有权查询、复制捐赠财产管理使用的有关资料，慈善组织应当及时主动向捐赠人反馈有关情况。

第四，监督权。捐赠人有权监督捐赠财产的使用情况。慈善组织违反捐赠协议约定的用途，滥用捐赠财产的，捐赠人有权要求其改正；拒不改正的，捐赠人可以向民政部门投诉、举报或者向人民法院提起诉讼。

五、家族慈善设立组织的方式比较

如上所述，以上家族行善的不同方式的共通之处在于，它们都是为实现特定的慈善性目的服务，一旦进行慈善捐赠后，所捐财产都具有公益慈善属性，管理和使用都需要符合一定的规则并受到相应的监督管理。不同家族慈善工具的比较，见表2-2。由于设立基金会、DAF和委托财产设立慈善信托在广义上都属于慈善捐赠行为，本节主要比较家族慈善设立组织或类组织的三种方式。

表 2-2 不同家族慈善工具的比较

对比维度	基金会	捐赠者服务基金（DAF）	慈善信托
法律地位	法人，以自己名义独立开展活动	不具有法人资格，不能独立以自己名义开展活动	不具有法人资格，《慈善法》界定慈善信托为一种行为
设立资金要求	根据层级和类型有所区分，最低为 200 万元	无法定门槛，基金会自主决定或双方约定，很多基金会的内部管理规定会设置最低限额	无法定门槛，由委托人与受托人在信托协议中约定
组织机构	理事会（5 ~ 25 名理事组成）、监事或监事会、秘书长等	无法定要求，按基金会管理规定或按需要决定是否设立管理委员会，通常由捐赠方、基金会等几方组成	委托人、受托人、按需要可以确定信托监察人
年度支出和管理	非公募基金会≥上年末净资产的 8%，管理费用≤当年总支出的 10%①	可由捐赠协议约定，但基金会整体慈善活动支出和管理费用，仍需遵守法律规定	信托协议约定，无法定要求
自身税收优惠	可申请免税资格，享受所得税优惠	依托基金会的税收待遇	不备案不享受税收优惠，但尚未出台针对慈善信托的税收优惠政策
捐赠人（委托人）税收优惠	向具备公益性捐赠税前扣除资格的基金会捐赠，捐赠人可享受税前扣除	如果专项基金依托的基金会有公益性捐赠税前扣除资格，则捐赠人可享受税前扣除	尚未出台针对慈善信托委托人的税收优惠政策

① 慈善组织的财产使用比例按照《关于慈善组织开展慈善活动年度支出和管理费用的规定》执行。

第三节
跨境慈善的法律政策

在全球化的发展趋势下，财富家族行善的边界也不局限于单一国别，跨境家族慈善的实践也较为普遍。对于与我国相关的财富家族的跨境慈善而言，可以分为境外财富家族向境内进行捐赠和境内财富家族向境外进行慈善捐赠两个方向。从法律政策的角度而言，跨境慈善主要应遵守慈善项目或活动所在地国家的慈善相关法律。对于向境外捐赠而言，也会涉及外汇管理等方面的法律政策。

一、向境内捐赠的法律政策指引

在中国境外的财富家族如果希望捐赠我国境内的慈善事业，涉及的法律规范因捐赠主体的不同而有所区分，具体分为通过境外个人或企业向境内进行慈善捐赠和通过境外的非营利机构向境内进行慈善捐赠两种情况。

如果中国境外的财富家族通过个人或企业的名义向境内进行慈善捐赠，相关的法律对此类慈善捐赠并未进行过多的限制。境外的企业和个人可以向已经存在的慈善组织进行捐赠，例如，支持某个慈善组织的某个特定项目、冠名设立一个奖学金，也可以捐赠给一个慈善组织设立专项基金，所捐赠的资金由接受捐赠的慈善组织依据中国的法律管理和使用。与境内捐赠人实施的上述捐赠相比，此种模式的跨境慈善需要额外遵守的是我国外汇管理方面的制度政策，境内的慈善组织需要按照相关要求和程序开设可以接收境外资金的账户，符合外汇管理在程序、金额等方面的各项要求。

同时，境外的企业和个人也可以出资在中国境内设立一家新的基金会，这家基金会根据中国法律在中国境内成立和登记，属于中国法人。如设立家族基金会，该基金会根据中国的《基金会管理条例》《慈善法》等法律法规登记、运营和开展项目。《基金会管理条例》第二十四条规定："担任基金会理事长、副理事长或者秘书长的香港居民、澳门居民、台湾居民、外国人以及境外基金会代表机构的负责人，每年在中国内地居留时间不得少于 3 个月。"《慈善组织公开募捐管理办法》规定的慈善组织申请公开募捐资格的条件之一是"理事会成员中非内地居民不超过三分之一，法定代表人由内地居民担任"，除上述法律法规对境外人士担任基金会管理人员有一定的要求外，其他法律法规对由境外人士发起设立的境内基金会没有过多的限制。

境外财富家族如果通过其在境外设立的慈善组织向境内进行慈善捐赠则需要符合《境外非政府组织境内活动管理法》的相关规定。《境外非政府组织境内活动管理法》于 2016 年颁布、2017 年 1 月 1 日正式实施，规定由公安部门担任境外非政府组织的登记管理部门，境外非政府组织在中国境内开展非营利活动有设立代表机构和进行临时活动备案两种途径。境外的非政府组织以其他方式，如直接将资金资助给境内的非营利组织或个人则属于违法。因此，如果境外的财富家族在中国境外已经设立慈善组织并且希望在中国境内开展活动或进行捐赠，则需要按照《境外非政府组织境内活动管理法》寻找一家业务主管单位，按照成立一家代表机构的要求进行登记、日常管理、提交年度报告。如果是开展相对临时性的某些活动，则需要确定一家中国境内的中方合作单位，按照法律的要求进行临时活动备案，临时活动的时限最长不超过一年。

二、向境外捐赠的法律政策指引

由于我国的社会部门发展起步较晚，慈善事业发展尚处于初级阶段，以往慈善领域的跨境合作主要以发达国家的慈善组织到中国开展项目为主。随着我国经济社会的不断发展、“一带一路”等重要倡议的实施，我国的慈善组织也必将更多地“走出去”，到境外开展各类慈善公益项目。家族基金会等家族慈善组织在资金资源、国际视野等方面都有较多优势，因此也将率先实现国际化发展。

与境外财富家族向境内捐赠一样，中国境内的财富家族向境外捐赠也分为通过个人或企业捐赠和通过慈善组织捐赠两类情况。

对于境内财富家族或企业向境外捐赠的情况，在中国境内层面主要还是涉及外汇管理的有关规定。财富人士以个人名义用境内资金进行跨境捐赠的，应当按照现行外汇管理规定的程序和资金限额进行。如果以境内家族企业的名义进行捐赠，不仅需要按照外汇管理规定来捐赠资金，对企业资金的使用还需要注意考虑公司法相关法律法规对股东收益权的保护。在税收优惠方面，国际税务协调涉及的问题更为复杂，境外的慈善组织提供的捐赠票据一般都无法在中国境内享受税收优惠。不过，如果境内的财富家族在捐赠对象所在国家和地区设有企业或有个人收入，有一定税收义务，则一般可以按照当地法律实现慈善捐赠的税收抵扣。

如果境内的财富家族希望通过境内设立的家族基金会等慈善组织向境外捐赠或到境外开展具体项目，则除了符合相关的外汇管理规定外，还需要符合法律法规和民政等监管部门对慈善财产使用方面的要求。对于在境外开展的相关项目是否属于慈善组织的业务范围、因跨境开展工作而需要支出的额外行政管理成本如何在慈善财产使用比例中进行核算等问题，目前相关法规和政策尚无明确的规定，这就需要家族慈善组织与登记管理部门进行密切沟通，探索实践经验，对相关的政策法律风险进行控制。

无论是通过境内的个人和企业还是境内设立的慈善组织向境外进行捐赠和开展慈善活动，都需要符合捐赠对象所在国家和地区当地的法律法规要求，合法合规地开展公益慈善活动。

第三章

家族慈善规划

财富家族开展家族慈善的动机各不相同，有些人希望留下家族荣誉的印记，有些人则希望隐姓埋名；有些人联合朋友圈共同推动社会进步，有些人追求个性化、世代参与的家族慈善方式；多数人会捐赠到大众最关心的社会问题领域，少数人则甘冒风险，用创新和耐心催化一场变革。近百年来，家族慈善总体上遵循从传统慈善到现代慈善再到战略慈善的演进过程。

1890 年，大慈善家约翰·D. 洛克菲勒在他做慈善的初期说："我仍然是哪里需要就赠予哪里，没有计划，没有足够的原则，也没有明确的目标和方向……巨大的财富也是巨大的负担和责任。"洛克菲勒在一百多年以前就清楚地意识到要承担起"财富的责任"，慈善事业必须遵循专业的指导和科学的框架进行规划。

改革开放后，我国经济快速发展，财富人士的数量不断增加。2018 年，中国个人可投资资产总规模达 190 万亿元，可投资资产在 1000 万元以上的中国高净值人群数量达到 197 万人，中国高净值人群共持有可投资资产 61 万亿元。家族慈善是高净值人群提及的主要财富目标之一。[①] 财富的增加以及国家慈善法制的完善，使财富人士投身慈善事业的热情不断高涨。

2011 — 2019 年的 9 年，《中国捐赠百杰榜》捐赠 1 亿元以上的捐赠人累计 183 位，捐赠超过 10 亿元的捐赠人 27 位。共有 124 位捐赠人上榜 2 次以上，其中王健林、许家印、杨国强家族连续 9 次上榜。

除了巨额捐赠连年带来的社会关注度，这些资源是否按时足额落到实处并发挥了相应的作用、取得相应影响力，这是一个值得深思和探讨的问题。由于中国慈善事业发展总体上处于起步阶段，很多捐赠人还没有足够的问责意识去追问慈善效果。随着慈善事业的专业化发展，很多企业家和慈善家开始关心捐赠的使用过程和社会效果，更多的大额捐赠人开始与律师、财务顾问等专业人员探讨慈善资产的安排，更有甚者宣布退出商界，将主要时间精力投入慈善事业。

更多资金、更多关注和更多人才的投入，正在加速慈善事业的现代转型，推动战略慈善时代的到来。

---

① 招商银行，贝恩公司 . 2019 中国私人财富报告 [R]. 2019.

第一节

家族慈善的进化

中国内地对大额捐赠的公开统计和研究，始于 2004 年胡润和《公益时报》合作编制发布中国第一份慈善捐赠榜。短短十几年间，中国财富家族的大额捐赠就走过了亿元捐赠、十亿元捐赠和百亿元捐赠这三个量级。

不同的捐赠体量，需要匹配不同的慈善策略。对慈善家来说，刚开始时数十万元、百万元捐赠的目标是试验，重在探索捐赠实务、寻找伙伴、发现问题、积累经验，找到自己的聚焦领域；千万元体量的捐赠就有必要进行统筹规划；而亿元捐赠需要长远规划和系统设计，要发挥慈善捐赠的杠杆作用，寻求最大化的社会效益和影响力。①

很多慈善家经历过“花钱比挣钱更难”的心路历程，马云说：“他们不仅要应付人人为了筹款围着你转的局面，还要把钱花在对的事情上。”正是这些发展过程，促使中国慈善家不断进化，渐渐向“明智捐赠”转变。总体来说，中国慈善家群体伴随着慈善事业本身的发展而进步，大致经历了传统慈善到现代慈善再到战略慈善三个发展阶段。

---

① 《中国亿元捐赠与战略慈善发展报告》发布 [EB/OL]. 人民网，2017.

一、传统慈善

在 2010 年以前，国内年度最大捐赠纪录保持在亿元量级，捐赠形态以现金、房地产或物资为主，亿元捐赠者主要来自制造业、房地产等行业，捐赠用途以扶贫济困、救灾、助学等“托底”类慈善目标为主，捐赠对象多是政府、官办慈善组织或大学基金会。对于捐赠使用管理和项目效果，多数捐赠人没有特别要求。

很多华侨和东南沿海一带“先富起来”的企业家是早期大额捐赠者的代表，他们的捐赠以“回报家乡”为主，有些兼有提高、改善政商关系或遵从宗教信仰的要求。这一时期的慈善家代表有朱孟依、王健林、曹德旺等人。

曹德旺的早期捐赠：民营企业家回报家乡

因纪录片《美国工厂》备受关注的“玻璃大王”曹德旺先生是中国最具代表性的现代慈善家之一。他的捐赠经历跟商业一样，经历了漫长的探索、成长和转型过程。

据可查资料，福建企业家曹德旺的第一次捐赠是在 1983 年。他十分爱戴的小学老师希望他捐款换掉学校里的破旧桌椅。当时他刚刚承包福清县高山镇高山玻璃厂，还没赚到钱。但他二话不说，借款捐了一批桌椅，并拒绝了老师在桌椅上为他署名的回报。高山玻璃厂赚钱后，他开始为当地修路、捐建公共设施和维修寺庙。

随着企业发展和个人财富的增加，曹德旺的慈善捐赠额逐年提高。20 世纪 90 年代，他的单笔捐赠金额开始以百万计：1998 年，长江流域发生特大洪水，他亲自飞往武汉洪灾区考察，决定个人捐出 300 万元。同年，他也向闽北灾区建瓯市捐200万元。2004年，他先后捐出1300万元，用于在福建修建多条道路；2005年捐300万元用于高速公路拓宽，捐600万元修建福清高山中学科技楼；2006年他与福耀集团员工捐出247万元，用于重建被洪灾冲毁的闽北小学教学楼；2007年在西北农林科技大学设立“曹德旺助学金”，承诺连续10年每年捐款150万元；2008年捐赠2000万元用于汶川地震救灾。

除了这些公开捐赠，曹德旺还在家乡福清投入大量资金用于修建基础设施，却请求媒体不要报道；他还曾自掏腰包为毗邻福清的平潭县程坑村40户人家兴建新村。

这一时期，曹德旺的慈善捐赠具备典型的传统慈善特征：带有朴素的利他情感，低调不张扬，回报家乡社会、救灾济困，没有明确规划和回报要求。

二、现代慈善

现代慈善的特征是组织化、专业化、可持续，其中“组织化”是前提条件。中国公益研究院院长王振耀认为，“现代慈善事业的发展需要发达的慈善组织。从一定意义上说，现代慈善就是组织慈善”[①]。根据深圳国际公益学院发布的《全球慈善家族百杰报告（2016）》，在2015年以前累计捐赠额超过1亿美元的100个慈善家的专业化程度很高，据统计，在其榜单上的100个超高净值家族中，有93个设

① 王振耀．从传统慈善向现代慈善跨越[EB/OL]．人民网，2010-09-16.

立了一个或多个以家族或个人命名的基金会、公益信托。通过这些公益财团，捐赠人持续支持高等教育、研究机构、智库等组织。同时，这些家族慈善组织也有能力和决心聘请专业水平高的执行团队，其战略规划、治理、信息公开、资助管理等具体业务项目普遍体现出较高的专业水平。

但是在很长时间里，我国现代慈善事业的“组织化”面临制度性障碍。因社会组织登记管理的“双重管理”制度，一般个人或民营企业几乎不可能发起成立社会组织，即使大额捐赠人有现代慈善的战略眼光，也很难实现“组织化”。

最为典型的案例是牛根生，他信奉“财散人聚”，早在 2002 年底就有了捐赠股权的念头，但是当时没有现成的“捐股”路径可选。与专业律师进行多次往来磋商后，2005 年初他携家人宣布捐赠家族资产开展公益慈善活动。

2004 年 6 月 1 日《基金会管理条例》正式实施，允许民间出资设立非公募基金会，这一法律设置为我国从传统慈善向现代慈善过渡提供了制度保障和实现路径。当年，翟美卿在民政部设立“香江社会救助基金会”，成为在民政部注册的 001 号非公募基金会。从这一年开始，越来越多的大额捐赠者以企业、个人或家族等名义设立基金会，以组织化的方式来探索现代慈善之路。

非公募基金会蓬勃发展的同时，中国慈善也迈入十亿元捐赠时代，2011 年中国公益研究院首次发布“中国捐赠百杰榜”，曹德旺以 10. 28 亿元捐赠额成为 2010 年度首善。随后几年，每年的首善几乎都采用了股权、股票捐赠方式，何享健、鲁伟鼎等都创造了捐赠股票价值数十亿元成立慈善信托的纪录。这些大额捐赠事件呈现出“传统慈善”向组织化、专业化的“现代慈善”乃至更高形态进化的特征。

何享健设立和的慈善信托保障慈善事业可持续发展

广东省和的慈善基金会由美的集团创始人何享健先生发起，成立于2013年12月（登记注册时名为广东省何享健慈善基金会，2017年变更为现在名称）。原始注册资金5000万元，由美的控股有限公司捐赠，后续资金来源于家族慈善捐赠，并设立和的慈善信托（计划）保障家族慈善事业可持续发展。和的基金会由何享健的儿子何剑锋担任主席，何享健的两个女儿何倩嫦、何倩兴均担任理事。和的基金会体现家族基金会吸纳家族成员参与、实现家族治理的重要特点。

基金会定位于资助型、支持性的慈善组织，基于家族低调务实、回馈桑梓的理念，开展养老、文化、青年创新等公益慈善项目资助，培育了良好的区域公益慈善生态。

和的慈善基金会通过设立慈善信托、基金会、专项基金及社会服务机构等方式，秉持“低调务实、专业友好、富有远见”的工作理念，创立并持续支持韶关乡村振兴基金会、德胜社区慈善基金会、顺德双创公益基金会、德耆慈善基金会、善耆家园、和泰安养中心、和园文化发展中心等机构在乡村振兴、社区发展、创新创业、养老、文化艺术、医疗健康等领域专业发展，并在和的慈善体系平台上形成跨界合作与协同共振，推动建立了一个立体、可持续的现代公益慈善体系。

2018年起，和的慈善基金会重点在广东韶关及四川凉山地区开展精准扶贫与乡村振兴工作，并启动医疗健康、艺术基金等战略领域，继续推动公益慈善事业的发展。

2020年，非营利性医院和祐国际医院正式落地顺德，非营利性美术馆和美术馆试运营。

三、战略慈善

“战略慈善”这一概念最早出现于西方国家。近几年，随着国际交流的增多，战略慈善理念逐渐被中国慈善家了解、认同、实践。越来越多的大额捐赠者开始建立以个人（家族）或企业命名的基金会、慈善信托，甚至开始触及影响力投资等前沿慈善工具；认真招募专业团队探讨慈善事业的战略定位，也越来越自觉地发挥自身优势设计核心项目；在对外捐赠时，也明确要有所为和有所不为，开始深思熟虑、有选择性地捐赠。

1. 战略慈善的特征

战略慈善概念最早源自企业慈善研究。迈克尔·波特在《哈佛商业评论》的《企业慈善行为的竞争优势》这篇文章中提到，战略慈善能有效地改善企业的竞争环境，进而提高企业竞争力，使企业、社会、慈善机构获益。战略慈善的四个原则及五个步骤，见表 3-1。

表 3-1 战略慈善的四个原则及五个步骤

战略慈善的四个原则	战略慈善的五个具体步骤
1. 选择最佳的受助者； 2. 向其他捐赠者释放信号，以获取更多的捐助； 3. 改善受助组织的绩效； 4. 推动知识和实践不断更新。	1. 明确的资助方式； 2. 确定预期达到的影响； 3. 确定参与的程度； 4. 确定时间框架； 5. 明确捐赠背后的目的。

后来，战略慈善理念吸收变革理论与系统思维的精髓，并受到大慈善家和家族慈善重视。与传统的慈善方式相比，战略慈善更加注

重效率和影响力，并具有以下五点特征：

（1）关注全人类需要应对的重大问题，而不是一般性社会问题；

（2）关注长期影响而不是解决一时问题；

（3）找出系统性的解决方案，探索可复制可规模化的方式或手段；

（4）强调社会变革，不仅是传统意义上的资助；

（5）长期可持续，使社会影响力最大化。

2. 战略慈善的评价指标

2017 年，深圳国际公益学院的研究团队从“价值、行为、结果”这三个维度，提出“战略性、专业性、创新性、多赢性、长远性、引领性”六个指标来衡量大额捐赠者的战略慈善表现，见表 3-2。

表 3-2 战略慈善评价指标详解

指标	具体指标
战略性 （使命、价值、策略）	1. 基于使命【清晰目标】和社会责任而捐赠； 2. 聚焦于解决对未来至关重要的根源性社会问题，强调改变而非临时帮助； 3. 系统化的解决方案（整体思维，从全局出发、用综合方法、强调跨界合作）； 4. 在项目设计和运作中运用催化式慈善理念和方法； 5. 发挥捐赠人的独特优势（借鉴商业领域的经验和资源）。
专业性 （行为）	1. 组织化：有专门机构和专业团队，良好运作； 2. 用专业方法进行工作，或其项目模式可规模化或复制； 3. 公开透明，法人治理，专业管理。

续表

指标	具体指标
创新性 （行为）	1. 挖掘新的问题 / 领域（空白点或全新角度）； 2. 探索新的模式（被同行学习借鉴、复制）； 3. 总结新方法、技术； 4. 其他创新之处。
多赢性 （结果）	1. 社会效益：受益人正面变化大，影响群体广泛，影响深远； 2. 出资人的情况也得到改善； 3. 慈善组织或行业受益（利益相关方均获益）。
长远性 （结果）	1. 考虑长远影响，至少对未来 20 年之后仍有影响； 2. 持续投资于特定领域； 3. 允许试错、包容失败（而不仅仅追求短期效应）。
引领性 （结果）	1. 激发、撬动其他资源（合作、配比、联合资助等）； 2. 号召性（对社会和同行的影响力）； 3. 全球视野和国际影响力。

（1）战略性

战略性是“战略慈善”的关键因素，从价值、策略维度对慈善理念和行为进行规划，具体包括四方面含义：第一，大额捐赠等慈善行为基于使命和社会责任而产生，这意味着捐赠用途能体现出清晰的使命；第二，善款使用聚焦于解决对未来至关重要的根源性社会问题而不是表面现象；第三，能用整体思维，从全局出发、用综合方法、强调合作，提出系统化的解决方案；第四，能发挥捐赠人的独特优势。

（2）专业性

现代慈善是一个专业系统，需要通过专业组织和职业团队的运营、采取专业管理和专业工作手法才能保证善款善用、实现捐赠人解决社会问题的初衷。专业化还意味着采取有效、高效的模式，其慈善产品或公共服务可被复制或带来规模化效应；也意味着善款使用和组织运作过程中的公开透明、值得信任。

（3）创新性

创新是行为维度的指标，指捐赠使用过程中，对新问题或新领域的探索、对新模式的开发，采用新技术、使用新方法，或者其他有所创新、值得借鉴之处。

（4）多赢性

多赢性是结果维度的指标，指捐助行为的利益相关方均从中受益，比如捐赠人捐献资金与资源，获得个人成就感、企业核心竞争力或家族传承等方面的回报；捐赠带来的社会效应让非特定群体或公众受益；而慈善组织或公益行业也因此得到资源发展、能力建设或行业生态环境的改善。

（5）长远性

社会问题具有复杂性和多样性的特点，其解决需要投入持续的努力和探索。战略慈善强调慈善规划中要考虑长远影响，持续关注推动特定领域的发展，而不是仅仅追求短期效应。同时也要有社会创新精神，能允许试错，包容探索过程中暂时性的失败。

（6）引领性

引领性从结果的维度，强调战略慈善的杠杆作用，采取催化式慈善的思维，激发、撬动其他资源投入，共同解决社会问题。同时捐赠人或执行机构本身也能成为行业典范，带动其他人的参与或影响其理念的进步。

第二节

家族慈善的规划

传统慈善时期的不少捐赠，因为缺少专业规划、没有捐赠用途的仔细论证、善款使用过程缺乏专业管理或者未能充分发挥捐赠方的独特价值，最终未能实现其捐赠目标。如今，越来越多的大额捐赠人已经有了战略慈善思维，经过缜密思考而确立的策略、目标是决定慈善事业成败的关键指引。

一、家族慈善路线图

洛克菲勒慈善顾问机构（RPA）为此总结了慈善之路的“五大里程碑”[①]，为希望用慈善达成家族传承的捐赠人提供专业化的逻辑框架：

为何捐赠？挖掘家族的价值观、初心和动力，奠定慈善的基石。

实现什么目标？制定切实可行、与价值观和使命一致的行动目标。

如何实现变革？有哪些方式、策略可以促进目标的实现？

如何评估进展？评估是慈善的重要部分，可以了解成就、找出不

---

① RPA. Philanthropy Roadmap[EB/OL]. www. rockpa. org.

足并及时做出相应调整

谁会加入？包括家族成员的参与程度、外部成员的加入、联合捐赠等系列决策。

以此为基础，综合国内外慈善捐赠指南，建议有计划进行大额捐赠的家族付出一定的精力认真筹划，通过专业路径最大化激发公益慈善捐赠的杠杆效用，见图 3-1。

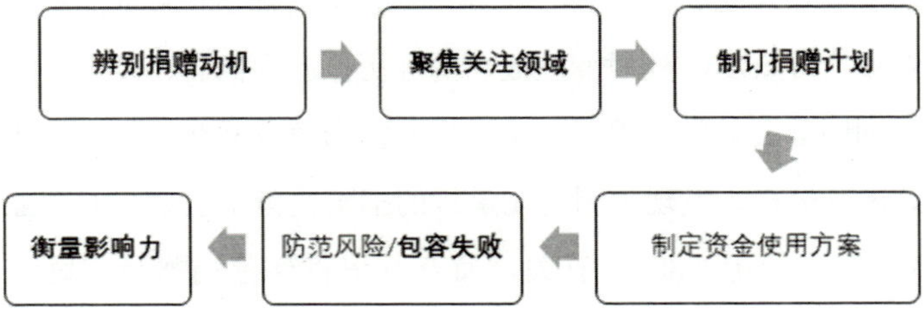

图 3-1 大额捐赠路线图

1. 辨别捐赠动机，平衡情感和理性需求

美国家族慈善中心的主席弗吉尼亚·艾波斯图女士在过去 20 年里，与数百名公益慈善领域的创始人进行了交谈，调研发现，这些慈善家最常提及的灵感来源可以归纳为以下六种个人经历[①]：

（1）信仰和精神。几乎每一种宗教或文化信仰都包含一些鼓励奉献、关心他人的信条。

（2）家庭传统。很多慈善事业的创始人都提到从小在家庭中得到助人为乐、关心社会等慈善意识和行动的培养。

① Virginia M. Esposito. The 6 Motivations for Family Philanthropy[EB/OL]. NCFP, 2017. https://www.ncfp.org/blog/2017/april-6-giving-motivations-sl2.html.

（3）精神导师。很多人都会提及自己投身慈善受到了某个或者某些伟大人物的影响。

（4）兴趣与经历。往往来源于个人的重要人生体验。

（5）社会活动和志愿参与。一个成为慈善家的企业家，往往在他们有足够的财富做出重大捐赠之前，就积极参与过一些志愿服务活动。

（6）商业才能和经验。一些新手慈善家的热情很可能由朋友圈中的慈善领袖所激发。同时商业成功的经历也激励他们迎接全新的挑战。

深圳国际公益学院曾将上述动机归纳为商业战略、个人经历、财富规划进行分析，发现中国亿元量级的捐赠决策，主要与其商业战略（49%）、个人经历（36%）有关，而有意识将慈善捐赠与家庭财富规划结合、将慈善作为家族传承的人目前相对较少（15% 左右），但是在最近几年呈现显著上升趋势。

大量事实证明，持续有效的慈善战略通常与捐赠者的动机相一致。2019 年发布的《中国超高净值家族公益慈善研究报告》[①] 指出，我国的家族基金会更注重教育，反映出家族对人才培养的慈善认知；企业基金会更注重扶贫助困，体现企业发展及社会责任需要。

寻求与商业战略一致的捐赠人倾向于将资金投入到产业相关领域中，或是作为企业公民，积极响应政府号召、捐赠于社会热点问题。

例如解决区域城乡发展不平衡问题。自 2010 年起，“广东扶贫济困日”设立，鼓励对口帮扶部门以及社会各界关注贫困地区，每年都有大批企业家慷慨解囊。“广东扶贫济困日”是全国首个以扶贫济

① 清华五道口全球家族企业研究中心．中国超高净值家族公益慈善研究报告 [R]. 2019-12.

困为主题的省级专项活动日，过去的 9 年间，全省各级企业共认捐 257 亿元。

基于家族、个人经历的捐赠常常体现于回报母校、家乡，也常因为感怀自身经历捐助特定群体或社会问题。如杨国强因为政府和学校免去了两元钱学费才得以继续上学，事业成功之后将大量财富捐赠到助学、办学、兴教，至今投身教育领域已达 20 余年，累计捐赠额 10 亿多元，让数万人直接受益。

基于财富规划的捐赠，其显著特征是捐赠人的财富积累已经达到很高程度，例如，李嘉诚、何享健、牛根生、马云等人，他们认识到了慈善在社会发展和家族传承中的重要性，从而投入数十亿巨额个人财富设立家族基金会或信托，以此对家族慈善事业进行长期规划和资助。

当然，上述动机并非泾渭分明，有时同一个捐赠人身上可能具备几种不同动机，有时捐赠动机会随着时间而改变，有时同一家族内部可能出现多种需要调和的动机。约翰·D. 洛克菲勒曾说过“给予是一门艺术”，这门艺术的第一步就是动机选择——基于情感和理智的平衡选择。了解自我动机可以帮助捐赠人从一开始就为自己的慈善之路打下坚实基础。

2. 聚焦关注领域，兼顾自身愿望与社会需求

了解动机之后，捐赠人要确定自己特别关注什么社会问题，然后再从区域特点、受益人群、解决方法等角度将问题具体化。

宏观的社会问题范围很广，可以包括和平、司法公正、平等、贫困、疾病、生态环境、人类文明、文化艺术等等。目前国内外慈善部门关注的议题也非常广泛，几乎涉及生活中所有重要领域，其划分

可以是社会领域，也可以是人群特征。在中国，目前常见慈善议题包括：扶贫、救灾、教育科研、医疗卫生、环境保护、儿童和青少年发展、残障人士帮扶和支持、应对老龄社会、支持慈善行业发展（能力建设、志愿服务）等。

《中华人民共和国慈善法》关于慈善活动范围的界定

第三条　本法所称慈善活动，是指自然人、法人和其他组织以捐赠财产或者提供服务等方式，自愿开展的下列公益活动：

（一）扶贫、济困；

（二）扶老、救孤、恤病、助残、优抚；

（三）救助自然灾害、事故灾难和公共卫生事件等突发事件造成的损害；

（四）促进教育、科学、文化、卫生、体育等事业的发展；

（五）防治污染和其他公害，保护和改善生态环境；

（六）符合本法规定的其他公益活动。

慈善事业所关注的领域通常都对应时代的特定问题。例如，20世纪初期美国的大基金会捐赠了大量科研资金支持物理、化学、通信等自然科学。他们认为科学发展可以影响整个教育制度，进而改造文明。但是到了20世纪30年代美国经济大萧条之后，很多有远见的慈善家认识到物质的丰富解决不了社会危机，科学的发展既可以造福人类，也可以导致灾难，所以包括洛克菲勒基金会、福特基金会在内的多家大基金会先后都把关注点从自然科学转移到社会科学。

在21世纪，“千年发展目标”到期后，联合国又在2015年发布“可持续发展目标”（SDGs，又称《2030议程》），中国也公布了对应的国别方案。这套发展框架的好处之一，是给全球各国提供了统一的话语体系，更有利于开展国际交流合作。

我国慈善部门也开始有意识地将业务领域与可持续发展目标对照，2017 年中国基金会中心网与联合国开发计划署发布的《慈善与可持续发展——中国行动》和可持续发展目标慈善平台，以 17 个可持续发展目标为分类标准，展示了中国慈善行业取得的发展及其在各个方面对可持续发展目标的落实做出的贡献，见图 3-2。捐赠人可以通过这一平台获取进展信息，寻找潜在合作伙伴，从而为可持续发展目标相关项目的决策提供支持。[①]

图 3-2 联合国 17 个可持续发展目标

上述议题看上去既重要又宏大，如何才能从一个点切入，锁定个人、家庭、企业的捐赠重点领域？我们提供以下流程图供参考，见图 3-3。

---

① 联合国开发计划署驻华代表处．中国慈善行业助力实现联合国可持续发展目标 [EB/OL]．环球网，2017-09-04. https://m.huanqiu.com/article/9CaKrnK52Gq.

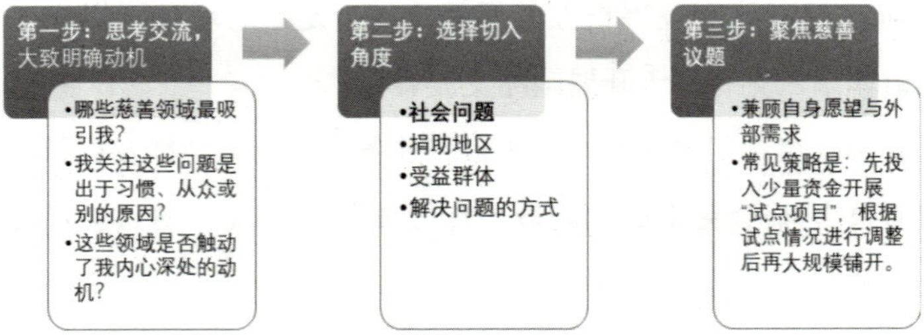

图 3-3 个人、家庭、企业聚焦捐赠领域流程图

想让捐赠发挥最大影响力，必须经过仔细斟酌，找准最佳用力点，实现杠杆效应。在聚焦慈善议题时，捐赠人可以运用慈善动机、捐助地区、受益群体、解决方式、社会问题等限定条件组合，同时还应思考这些问题：近期内我们可以使用的善款规模和资源有多少？我们希望何时能看到具体成果？我想要帮助的地区或人群的真实需求是什么？

慈善是一件需要高度协调感性和理性的事业，同时还要兼顾自身愿望与外部需求。观察我国的大额捐赠者，何享健、杨国强、卢志强、党彦宝、马云、陈一丹、陈天桥等已经有意识地聚焦于与其商业或个人兴趣相关的特定领域，开启慈善战略探索。

马云因自身的师范背景，格外关注教育领域。马云基金会的乡村教师、乡村校长和乡村网络资源等项目从基层教育工作者、基层教育管理者、基层教育资源等方面有战略地攻关乡村基础教育问题。

曾是武汉学院校董的陈一丹致力于教育改革，将武汉学院转制为“民办非营利”高校，为了协同推动教育理念，又在香港设立了“一丹奖”。

陈天桥因自身患病的际遇，感怀脑疾病人的痛苦，故斥巨资捐赠到脑科学研究领域，力求汇聚全球顶尖资源、顶尖人才，攻关痛觉脑传感问题的研究。

3. 制订捐赠计划

捐赠人需要通盘考虑可用的捐赠资源有多少，是流动资产还是不动产？通过名下企业还是个人账户捐赠？法律政策对这些捐赠财产的安排有没有限定？捐给谁？是直接捐给慈善组织，设立专项基金或DAF，还是注册一家基金会、设立一个慈善信托或若干形式的组合？按什么方式和节奏拨款能最大程度享受捐赠税收优惠？如果涉及跨国捐赠，哪种方式既合规又便利？

何享健与和的慈善体系

2017年7月，美的创始人、美的集团实际控制人何享健及其家人在广东顺德宣布的总额超过60亿元的捐赠计划堪称典范。据称此次捐赠规划筹备了近三年，旨在构建一个立体、可持续的公益慈善体系。从其捐赠方案中可以看到大额捐赠的关键要素：在这60亿元的捐赠中，1亿股美的集团的股票（市值43亿元）将由美的控股有限公司作为委托人，设立一个永续的慈善信托。该慈善信托在民政部门备案，计划由信托公司担任受托人，慈善信托财产及收益将全部用于支持公益慈善事业的发展。

20亿元现金捐赠给广东省和的慈善基金会，和的基金会定位为资助型基金会，所获捐赠将逐渐拨款给不同的慈善用途：其中5亿元将设立“顺德社区慈善信托”，交给中信公司运营，用于顺德社区建设；余下15亿元分别捐赠给广东省、佛山市、顺德区、北滘镇等5个慈善会，由专业的公益慈善机构负责慈善项目的规范运作，资金用途涵盖了精准扶贫、教育、医疗、养老、创新创业、文化传承及支持公益慈善事业发展等多个领域。另外，何享健家乡的北滘西滘村的福利会也获捐4000万元。①

① 李映泉．美的创始人何享健公布60亿捐赠计划[N/EB]．证券时报，2017-07-26.

这一做法借鉴了西方成熟的“慈善信托+基金会”的双轨模式，慈善信托负责慈善资产的保值增值，基金会负责慈善资产收益的分配使用。而慈善信托的目的，就是让慈善资产独立运营，收益持续投入到慈善事业中。类似于比尔·盖茨和梅琳达用全部财产设立比尔及梅琳达·盖茨信托，通过信托进行资产管理，再根据比尔及梅琳达·盖茨基金会的用款需要将部分收益拨付给基金会。

和的慈善捐赠体系，见图3-4。

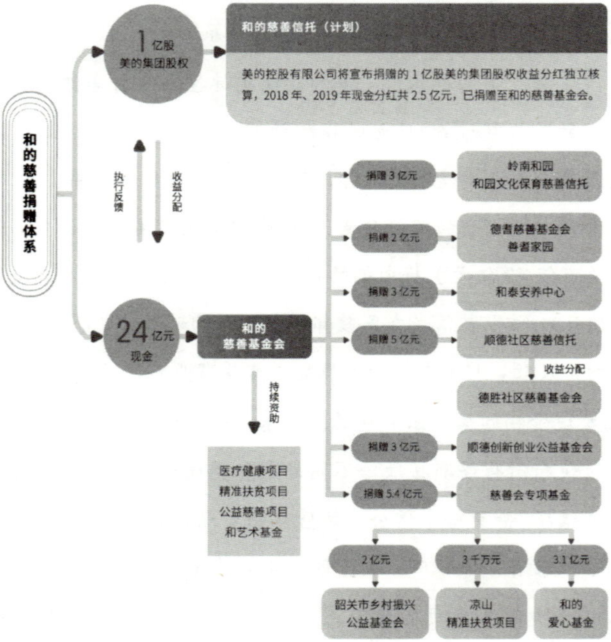

图3-4 和的慈善捐赠体系

4. 制定资金使用方案

无论中外，捐赠的目的是为了“花钱”解决特定社会问题。但任何社会问题都不是孤立的，要从根本上解决一个问题（比如消除贫困），通常还要触及其他相关领域，寻找全面、系统、深入的解决方案。慈善组织因其自身具有的灵活性、自发性、志愿性、创新性等特点，可以更快深入受益人群，联合多方合作伙伴，利用各种社会资源，小规模试验多种解决方案。因此，制定慈善资金使用方案相当于设计公益项目，其专业要求不亚于商业投资，需要依赖专业团队去执行。

中国慈善处于快速发展和创新时期，近几年我们发现不少捐赠人具有创新性、突破性的捐赠使用计划，如杨国强和陈一丹关注高等教育领域改革，分别开创了“免费高职”和“非营利民办高校”的新高等教育运营模式；陈天桥、马云、马化腾等人承受巨大风险，斥巨资捐赠科学研究，力图解决新的社会问题；等等。上述何享健家族筹划了三年的捐赠计划，也在尝试回应社区、社会等不同层次的公益慈善需求，捐赠领域包括精准扶贫、教育、医疗、养老、社区发展、创新创业、公益慈善事业发展等多个方面。牛根生则是看到了国外儿童博物馆寓教于乐、动手体验的启发式、探索式教育模式，同时认为对学龄前教育投入是社会回报率最高的公益事业，于是投入巨大资金通过老牛儿童探索馆解决我国 0 ～ 7 岁儿童创新教育不足的社会问题。

老牛儿童探索博物馆

儿童探索博物馆针对我国学前教育互动性和探索性不足的问题，通过引进国际先进的儿童博物馆教育和设计理念，结合中国优秀的传统文化和中国儿童教育发展实际，为中国的儿童和家长提供一种新的校外教育的学习形式。儿童探索博物馆的教育理念是让孩子通过实践、观察、发现获得对这个世界的正确认识；通过尝试、探索、思考掌握对事物的准确判断；

设计鼓励自主学习的互动展项让孩子更加自信；构建没有思维限制的学习环境让孩子更有创造力、想象力；组织场馆活动让孩子了解这个多元的世界，形成正确的价值观；引导孩子接受挑战，挖掘潜力，树立拼搏精神。

以中国儿童中心老牛儿童探索馆为例，场馆以十二生肖为主题，展项由美国专业的儿童博物馆设计公司融合国外先进设计理念和中国传统文化设计，主要面向0～7岁儿童及其家庭，遵循“动手做、玩中学”的教育理念，提倡孩子们自主参与、自我探索，通过“全感官学习”去感知世界。探索馆还倡导“亲子互动”，以促进儿童身心全面发展，培养健康人格。

该项目在借鉴了国外先进理念后进行了本土化，是中国首家融合国际先进儿童博物馆教育理念和运作模式的公益性儿童探索馆。项目着眼于博物馆本身的教育作用，特别强调孩子与博物馆及外在世界的关系，是对儿童心灵的呵护，体现了当代儿童教育的先进视角。

5. 衡量影响力

曹德旺曾经有一个名言，“大慈为政，小慈为善”。这句话揭示了慈善活动的影响力有多个层次：①帮助有困难的人脱离临时性困境，比如救灾、助困等，这种“授人以鱼”的方式可以救急但往往治标不治本；②提供能力建设和发展机会，类似于“授人以渔”，但是受益群体终归有限；③提供专业服务解决特定社会需求，这种方式对服务提供者有较高的能力要求；④通过法律政策倡导来完善社会管理制度，具有普惠型；⑤还有一种慈善目标旨在改变社会结构或社会文化，这是非常艰难、需要长久系统努力的。

战略慈善强调“多赢”，这也是影响力衡量需要综合考虑的。随着社会理念的包容和商业竞争的需要，“共赢”原则在我国近来的大额捐赠中得到较为充分的体现，这些捐赠人要么成为政府或社会认可的行业典范，要么通过捐赠行为为其企业发展带来可持续竞争力。多数慈善家也获得相应的个人社会声望、家族价值观传承等方面的提升。

不过，衡量影响力需要专业的测量方式，目前比较受重视的是影响评估方法，而社会投资回报 SROI 也是比较受欢迎的工具框架。但是这些衡量方法成本都比较高，目前应用还很少。可以预期的是，随着中国慈善家专业意识的提升和促进多方共赢的创新工具在国内的兴起，“影响力”终将成为大额捐赠人的主要追求。

二、家族慈善的主要工具

传统慈善时期，亲自把捐赠支票交给慈善机构会令人感到无比满足。但在今天，许多捐赠者、慈善家发现他们希望以更专业的方式深度参与他们热衷的事业。这就说到了如何选择和使用慈善工具，为实现慈善目标提供所需要的灵活性和影响力。

家族亲身参与创立和运营的慈善机构可以有效助力家族传承，有些家族也会鼓励新一代以他们自己的方式捐赠，并支持采取多渠道供给的办法来产生影响力。这里简要介绍高净值家族常见的几种慈善工具，详细的内容会在后面章节逐一展开。

1. 大额直接捐赠

有些捐赠者更喜欢简单直接的方法，会通过企业、个人账户对非营利组织直接进行捐赠。这要求捐赠者与非营利组织有非常直接的关系，以回应即时的需求。即使是有经验的捐赠者有时也会选择直接捐出大笔的钱，这往往发生在大灾大难救援期间。这种捐赠一般不太注重跟踪执行过程和效果评估。

2. 慈善信托

2016年《慈善法》颁布实施并对慈善信托进行专章描述，参考发达国家先进经验，给予中国慈善信托更多鼓励和支持，使得中国的慈善信托正式登上历史舞台。

慈善信托属于公益信托，是指委托人（捐赠人）基于慈善目的，依法将其财产委托给受托人（可以是慈善组织，也可以是信托公司），由受托人按照委托人意愿以受托人名义进行管理和处分，开展慈善活动的行为。慈善信托兼备了慈善事业的使命价值与信托工具的保值增值及其他特殊效能，这些特点与优势的结合对于财富家族的代际传承、综合治理与可持续经营发展具有十分重要的意义，成为家族慈善的重要工具之一。

3. 家族基金会

家族基金会属于非公募基金会，资金来源大多是个人或者家族捐赠。在慈善事业最为发达的美国是最常见的家族慈善工具，也是高净值人士实现家族精神和家族财富同步传承的首选载体。

在我国，家族基金会还处于刚起步阶段。但是一些有胆识和勇气的企业家在考虑家族传承的时候，逐步开始把慈善事业和家族企业统筹考虑，把创办和运营一家以家族姓氏命名的基金会作为人生第二阶段的目标和家族永续传承的一份志业。

随着民间财富的不断积累和家族传承问题成为时代课题，家族慈善基金会将会越来越多地成为家族传承的必选项之一。

4. 捐赠者服务基金

捐赠者服务基金（DAF）作为一种创新的公益慈善捐赠工具，近年来在全球发展迅猛。以前属于中小家庭捐赠的适用工具，但是近些年尤其是美国越来越多的上亿捐赠也开始使用捐赠者服务基金。

DAF是由公共慈善机构管理的一种捐赠模式，它是由捐赠人出资，在慈善机构下设立的一个子基金。捐赠人可以选择匿名，也可以为基金署名。从表面看，DAF就是捐赠人的慈善钱包，它是慈善账户和储蓄（或投资）账户的结合，捐赠人在基金会设立账户，然后将慈善资产放入其中。此时，从慈善账户角度看，捐赠人拥有对账户资金慈善资助方面的建议权；而从储蓄投资账户角度看，捐赠人也可以对账户中暂时还未支出的资金提出保值增值建议。

2018年中国的第一家DAF——深圳市递爱福公益基金会成立，使得家族慈善不仅是财富家族、高净值人士的专属，也极大地方便了更多家庭、个人开启慈善事业，推动更多慈善资产有策略、便捷地进入慈善领域。

5. 影响力投资

“Impact Investing”这一概念最早是由洛克菲勒基金会在2007年提出的。希望实现商业与公益的跨界联姻，在解决社会问题的同时获得商业利润。具体而言，影响力投资有四个本质特征：第一，投资方有明确的改善社会环境的主观意向；第二，投资方有明确的财务回报要求；第三，不同性质的投资方有不同的财务预期；第四，投资方需要管理社会环境影响力。

最近几年影响力投资兴起的重要因素之一是人们意识到社会问题的解决蕴含着巨大的商机。目前参与影响力投资的不仅有基金公司、金融机构、保险公司、个人投资者、家族办公室等，也有很大比例的家族慈善基金会进入影响力投资，财富家族是影响力投资的重要推动力和参与者。

6. 慈善工具的选择

以上慈善工具的选择和组合一方面需要跟律师、税务和财务顾问等专业人士进行讨论，另一方面要综合考虑希望个人与家族成员在多大程度上参与慈善事业，以及期待取得的影响力。以下是需要着重考虑的四点因素：

（1）复杂度。你希望付出多少时间和精力？在我国发起成立基金会相比 DAF 的审批流程要复杂得多，同时年度报告、审计也相对严格。参与影响力投资则需要深入的投资经验和公益理念。

（2）灵活性。你希望在多大程度上把控你的捐赠？显然家族慈善基金会在这一点上可以更灵活地反映和实践创始人、理事的想法。

（3）成本。除了捐赠以外的运营成本需要慎重考虑。相比慈善信托和 DAF，家族基金会、影响力投资都需要聘用专业人员、有独立办公场所，这是需要考虑的长期支出成本。

（4）透明度。你的捐赠希望在多大程度上对公众透明？透明度是双向的，一方面可以增加影响力，另一方面也需要接受公众监督。显然家族基金会的透明度是较高的，对此比较敏感的人士可能会选择 DAF。

如今，很多巨额的捐赠都会选择几种慈善工具的组合，家族基金会和慈善信托的组合就是最常见的一种。当然，作为一项家族共同参与的慈善事业，最重要的是聆听家庭成员的意见，形成家族共识。

美国家族慈善中心（NCFP）家族慈善考虑事项清单

NATIONAL CENTER FOR

FAMILY PHILANTHROPY

Inspiring Generations of Giving

起步：家族慈善考虑事项清单

询问你自己或家人每个考虑因素，然后讨论得出集体答案，并圈出最符合答案的数字选项。完成后，统计一下你选择每一种捐赠工具的次数。探究你最常选择的两种捐赠工具。

考虑因素1：资产控制

你是想把自己的慈善资产留给下一代，还是愿意把资产的部分控制权交给一些公共组织？

1最少控制	2	3	4最多控制
直接资助	资助组织	捐赠者服务基金	家族基金会

考虑因素2：家族参与

你的家族中是否有多名成员有兴趣参与慈善？你的家族中是否有超过一代人对慈善事业感兴趣？

1最少参与	2	3	4最多参与
直接资助	资助组织	捐赠者服务基金	家族基金会

考虑因素3：启动成本

你希望避免启动和管理费用吗？

1最不合适	2	3最合适
家族基金会 资助组织	捐赠者服务基金	直接资助

考虑因素4：管理和行政费用

你是否希望尽量减少管理和行政的持续费用？

1最不合适	2	3最合适
家族基金会 资助组织	捐赠者服务基金	直接资助

考虑因素5：税务

你是否希望将慈善捐赠的税务利益最大化？

1最不合适	2	3最合适
家族基金会 资助组织	捐赠者服务基金	直接资助

考虑因素6：公众的认可

你希望资助是公开的还是匿名的？

1最少控制	2	3	4最多控制
家族基金会	资助组织 捐赠者服务基金	捐赠者服务基金	直接资助

考虑因素7：慈善传承

你是否想在去世后资助慈善愿景或多代人的慈善事业？

1最不合适	2	3最合适
直接资助	资助组织 捐赠者服务基金	家族基金会

考虑因素8：战略性慈善事业

你是否希望与家人长期从事战略性慈善事业？

1最不合适	2	3最合适
直接资助	资助组织 捐赠者服务基金	家族基金会

三、家族善财规划的重要性

慈善事业具有其特定的规律，财富家族在拥有慈善意愿后，理应考虑如何确保资产安全、使用得当，实现家族慈善可持续运营，取得预期的社会效益。而要解决这一问题，需要对财富进行统筹规划。这有助于确保财富分配合理，保障善款安全，提升资金使用效率，保证物尽其用，实现家族慈善目标。

1. 确保财富分配合理

从需要的层次看，人具有多种需求，从低到高分别是：生理需求、安全需求、社交需求、尊重需求和自我实现需求。从需求的满足对象看，人既有自利的需求，又有利他的需求。自利需求旨在满足家族成员生存和发展的需要，利他需求则是满足家族之外更多人生存和发展的需要。利他行为在满足他人需求的同时，还有助于满足利他者社交、尊重、自我实现等自利需求。自利和利他都能为家族创富提供动力。在创富的基础上，家族需要通过科学的规划，确定自利和利他的财富份额，确保兼顾家族和社会，实现财富使用得当、分配合理。其中，自利需求的满足是基础；利他则是升华，将财富通过家族慈善，帮助社会上更多需要帮助的人，满足他们生存和发展的需求，有助于为家族赢得好的社会声誉，既减少社会中的仇富心理，维护家族安全，又满足家族尊重和自我实现的需求。

人无远虑，必有近忧。不进行善财规划，财富的分配容易出现偏颇。将财富用于家族成员过少，容易引起家族成员不满，不利于家族团结；将财富用于家族成员过多，忽视家族慈善，则容易削弱后代的进取精神，阻碍家族社会资本的累积，损害家族基业长青。前瞻的、科学的善财规划，有助于统筹兼顾家族的自利和利他双重目的，在维持家族团结和凝聚力的同时，为社会做出更多贡献，从根本上保障和发展家族财富。

2. 保障家族善款安全

财富是价值与风险并存的一把双刃剑。财富使用得好，可以造福家族和社会；使用得不好，则带来很多麻烦。家族财富往往面临离婚风险、刑事风险、继承风险等多种风险，如果这些风险变成现实，而财富家族又没有事前进行科学的规划，容易导致财富缩水、弥散，甚至导致家族事业一蹶不振。风险是客观存在的，不以人的意志为转移，善财规划无法避免风险的发生，但是它可以降低在风险应对上的脆弱性，使家族的风险管理更具前瞻性、针对性。一旦风险转为现实，家族财富可以在多种善财规划工具的提前安排下，最大限度地实现风险隔离，降低风险给家族善财带来的影响和损失，从而最大限度地保障财产安全。而财富安全是实现家族慈善事业发展目标的基础和前提。

3. 提升善财使用效果

对慈善家族而言，财富既然用于慈善，就应该实现经济、效率和效果三重目标。经济是指将财富用在应该使用的地方，物尽其用，不浪费；效率是指财富在使用过程中，能以较低的成本实现目标，或者在成本一定的情况下，可以帮助到更多的人，实现更多目标。效果是指受助者真正从家族慈善事业中受益，善财能切实解决社会问题，达到预期效果。

如前文介绍，在我国现行政策框架下，家族慈善可以有多种工具选择。每种工具都有其特点和优势，同时面临不同的约束条件，产生不同的效果。财富家族在行善过程中，具有自身个性化的需求。在充分了解善财规划工具特点的基础上，选择适当工具进行规划，有助于财富家族扬长避短，最大限度地发挥出这些工具的优势，在满足家族行善需求的同时，实现慈善资产使用的经济、效率和效果目标。

乐淳家族的善财规划

万向信托·乐淳家族慈善信托设立于2016年9月26日，是国内首个家族慈善信托。该慈善信托的委托人选择不公开，备案期限为永续，信托财产总规模为2000万元人民币，备案机构是杭州市民政局，受托人是万向信托有限公司，监察人为毕马威，法律顾问为中凯律师事务所的陈凯律师。该慈善信托主要支持发展教育、科技、文化、艺术、体育、医疗卫生、环境及其他社会公益事业，扶贫、济困、扶老、救孤、恤病、助残、优抚、救助灾害事件及其他公益活动，见图3-5。

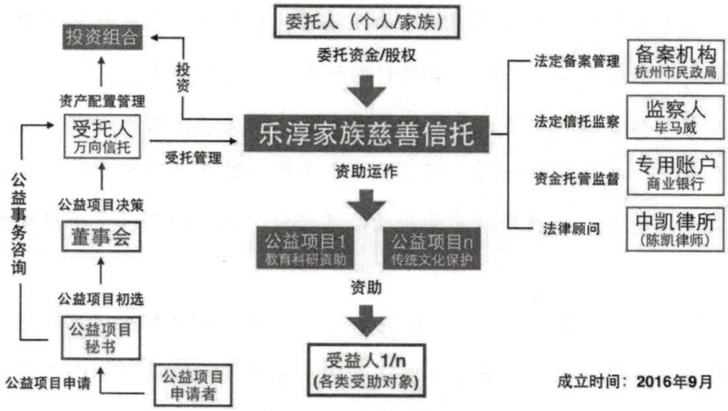

图3-5 乐淳家族慈善信托[①]

① 文梅．中国首个家族慈善信托面世，走入慈善信托2.0模式[N]．公益时报，2018-06-22.

乐淳家族慈善信托的特点包括：

（1）实现慈善与金融的结合，既确保善财的保值增值，又实现家族慈善目标；

（2）通过设立慈善信托董事会，完善家族慈善信托的治理结构；

（3）慈善家族的成员通过参加慈善信托董事会参与决策，确保家族意愿落实；

（4）设立公益项目秘书进行公益项目初选，协助慈善信托董事会决策，落实家族与受托人日常联系；

（5）该慈善信托为永续，即使委托人去世，其在生前所做的慈善信托安排也不会因为去世而消亡，家族的慈善事业不会因委托人去世而终止，由此使得该慈善信托成为委托人家族成员可以长期参与的家族事业。

在家族善财规划中，乐淳家族慈善信托实现了如下功能：

（1）隔离财富风险，善财专款专用。在设立家族慈善信托后，该慈善信托的财产区别于乐淳家族未设立慈善信托的财产，能够隔离破产、遗产继承、债务等风险。财产不得用于个人消费，能够防止后代挥霍浪费；不受婚姻和继承的影响，不受刑事处罚的追溯，不会因为委托人的意外导致财产处于无人管理的状态；慈善信托财产独立于受托人的固有财产，不因受托人破产、被强制执行而受到影响；慈善信托财产通过合意的方式独立于受益人的债务。信托所具有的风险隔离特点，有力地保障了乐淳家族善财的独立和安全。

（2）慈善资产实现专业化、规范化运营。乐淳家族慈善信托的受托人是万向信托有限公司，其具有专业化的资产管理经验，能保障资产保值增值。法律法规对慈善信托应予披露的信息内容、披露方式等均有明确规定，受托人既需要向民政部门报告，且需要通过特定的信息平台向社会披露，接受社会监督。《慈善法》规定，慈善信托的受托人可以设立监察人。乐淳家族慈善信托确定毕马威担任该慈善信托的监察人，对受托人的行为进行监督。如果监察人发现受托人有违法、违规或难以履行职责时，可向委托人报告，或以自己的名义向法院起诉。这些制度设计，都有助于慈善资产实现专业化、规范化运营，确保委托人和受益人的权益实现。

博世家族的善财规划

1886 年，德国人罗伯特·博世先生在斯图加特创立了“精密机械和电气工程车间”，成立后，企业经过不断创新发展，在第二次世界大战前已经实现全球化，在多国创办生产基地，成为知名企业。1942 年，罗伯特·博世先生逝世。1945 年，第二次世界大战中德国 50% 以上的博世工厂设施被同盟国的炸弹炸毁，博世失去了在全球各地的生产基地，很大一部分生产设施均已变成废墟。但是，基于德国完备的遗嘱执行制度，根据博世先生生前遗嘱，遗嘱执行者在 1945 年以后重建博世公司。而且，公司的目的不仅是赢利，还要将部分盈余用于慈善事业。在罗伯特·博世去世 22 年后的 1964 年，为完成博世先生遗愿，博世基金会成立。

1935 年 7 月 19 日罗伯特·博世先生制定的博世有限责任公司资产管理准则成为博世基金会的宗旨：“我的目标，不仅要减轻各种困苦，更希望能让人们在道德、体质和智力等各方面都得到提高……应对以下领域进行资助：健康、教育、培训、天才促进、民族谅解……”博世家族通过基金会的方式，实现了善财规划的以下功能：

（1）延续家族慈善事业。自成立后的几十年来，博世基金会一直致力于以现代化的方式经营公司创始人罗伯特·博世的公益慈善事业。基金会制定有完善的章程和规章制度，聘请专业人员进行管理，慈善项目遍布全球，在解决社会问题的同时，延续了博世先生的生前遗愿，使博世家族的慈善事业经久不衰。

（2）控制家族企业。博世家族通过博世家族基金会，控制了家族企业的所有权。尽管博世家族的后代并不直接管理公司，但却可以通过基金会实现对家族企业的控制。自1964年以来，博世的大股东一直为罗伯特·博世基金会，其目前控股92%，博世家族控股7%，罗伯特·博世有限公司控股1%。不过，基金会没有投票权，公司的投票权结构中，罗伯特·博世工业信托公司占93%，博世家族占7%，见图3-6。

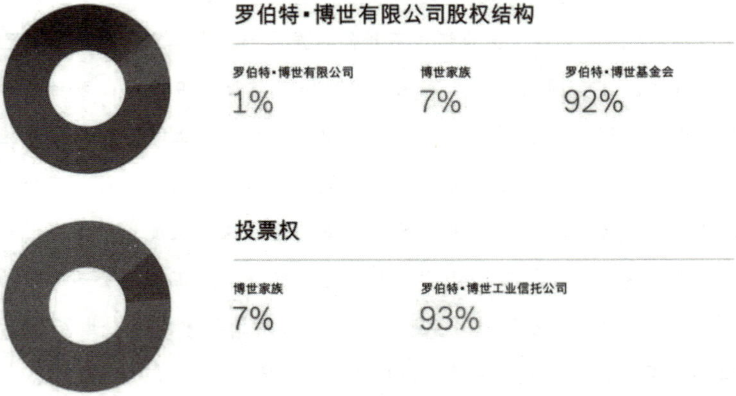

图3-6 罗伯特·博世有限公司的股权结构

第三节
家族成员的参与

家族慈善区别于其他慈善部门最重要的特征就是家族成员的持续参与。在创立初期，这主要指创始人夫妇、子女的加入，随着事业的壮大和影响力的提升，以及家族慈善“财散人聚”的特殊功能和使命，会有第三代、第四代以及更多家族成员团结在这一追求意义最大化的事业上，凝心聚力为某项社会进步的目标而贡献资源与力量。

这其中呈现显著特点和趋势的是女性慈善的力量与下一代慈善的崛起。

一、女性慈善的力量

2009 年 5 月 5 日，比尔·盖茨和沃伦·巴菲特在纽约洛克菲勒大学举办了一场亿万富翁的秘密晚宴。活动由洛克菲勒家族第四代掌门人大卫·洛克菲勒出面举办，邀请到包括纽约市长布隆伯格、黑石集团董事长皮特·彼得森、金融大鳄索罗斯和奥普拉·温弗利在内的 14 位贵宾出席了这场“富豪晚宴”。会议的目标是:“令人注目地转变美国人慈善行为模式，引导他们捐出更多的财富”。在那场聚会之后，盖茨夫妇及巴菲特在 2010 年发起了全球瞩目的“捐赠誓言”

（The Giving Pledge）倡议，号召超级富豪们在有生之年或百年之后将自己半数以上的财富捐赠给公益慈善事业。

值得一提的是，从盖茨与巴菲特的第二次富豪晚宴开始，梅琳达·盖茨就坚决要求所有富人太太们也一定要共同参加，毕竟“钱虽然是富人们赚的，但看管的人却是他们的太太”。

美国信托公司（U.S. Trust）的研究数据显示，在美国 90% 的高净值家庭中，女性实际上是慈善事业的决策者。[①] 此外，该公司的研究表明，女性倾向于与获得她们资金的机构建立更紧密的联系。在其另一份关于“女性与财富”的调查报告中发现，认同“拥有财富最大的好处是可用于慈善”的女性数量是男性的近两倍。

美国印第安纳大学女性慈善研究所（WPI）数据也证实，女性的财富量在过去 50 年显著增加，今天女性掌握着全球近 40% 的财富，她们相较男性更愿意捐赠，且捐赠次数较男性多出近 2/3。[②]2019 年，梅琳达·盖茨宣布为性别平等提供 10 亿美元；贝索斯前妻麦肯齐在离婚后不久宣布加入“捐赠誓言”，在 2020 年 7 月做出了首期 17 亿美元的巨额捐赠；乔布斯夫人在 2020 年 3 月宣布将自己价值 280 亿美元的资产全部捐出，不会留给子孙后代。

虽然目前还缺少关于中国财富女性与慈善的研究数据，但是从深圳国际公益学院“中国捐赠百杰榜”近几年的数据看，女性上榜人数逐步增加。2019 年以家族和夫妻名义捐赠的共有 10 位，女性大额捐赠者共有 10 位，其中龙湖集团主席吴亚军、玖龙纸业董事长张茵均

① U.S. Trust.Study of High Net Worth Philanthropy[R].2018.

② Women's Philanthropy Institute.Women Give 2020[R].2020.

为第六次登上榜单；2018 年上榜的有 16 位女性，其中碧桂园集团联席主席杨惠妍、京东公益基金会荣誉理事长章泽天都是青年一代女性慈善的积极践行者。在宣布加入“捐赠誓言”的五位中国慈善家中，就包括海云天投资控股集团董事局主席游忠惠女士。

总体来说，不论女性的财富是来自白手起家创业积累，还是来自配偶或家族财富继承，当财富女性带头发起慈善活动时，家族慈善工作很可能会成为一种生活方式和社会示范，而不仅仅是捐钱那么简单；同时女性对慈善事业的高参与度往往为家族精神注入活力，成为代际互动的催化剂，并会让母亲成为孩子的榜样，从而为子女塑造良好的价值观和社会公民意识。

翟美卿：获得卡内基慈善奖的女慈善家

香江社会救助基金会的发起人翟美卿是白手起家的女性创业和女性慈善的典范，她和丈夫每年拿出企业利润的 10% 投入基金会公益事业。2017 年，翟美卿荣获全球慈善界至高荣誉——卡内基慈善奖。

面对农村的贫困难题，基金会以“女性”和“创业”为抓手，通过“香江女性创业基金”，以小额无息贷款的形式，在广东省多个贫困村开展“单亲特困母亲家庭”及“贫困妇女”创业支持活动，不仅为当地妇女购买生产工具，还提供技能培训。

“香江女性创业基金”于 2011 年 6 月由翟美卿带领香江社会救助基金会发起，1000 万元本金，3 年为一个周期，第一阶段可以帮助约 500 户农村妇女发展生产。妈妈在家创业，不仅为家庭经济收入创造更多可能性，更能让子女教育和生活得以兼顾，有助于农村下一代的成长。

在其影响和带领下，翟美卿的女儿刘楸妍和儿子刘根森先后加入家族基金会的理事会并深入参与公益慈善工作。刘楸妍曾专门去洛克菲勒兄弟基金会实习并学习慈善组织的运营管理，后担任香江社会救助基金会的秘书长；儿子刘根森则成为深圳青年企业家和由财富下一代组成的同心俱乐部青年委员会主席，带领下一代开展有影响力的社会活动。

张君婷[①]：在公益事业中传承家族精神

2012 年，张君婷从加拿大英属哥伦比亚大学毕业，曾自主创办致力于健康食品业务的跨国电商平台。2014 年张君婷加入家族企业，逐渐继承企业管理的重任。

与公益结缘开始于她小时候的经历。君婷的父亲张祥青是唐山大地震的孤儿，从卖废旧钢铁开始逐步与妻子张荣华创办了荣程集团，名列中国民营企业 100 强。他们教育子女从小“要用自己有限的力量去帮助更多需要帮助的人”，张君婷小时候的压岁钱会存起来捐给学校。2008 年汶川地震的时候，君婷的父母捐赠 1. 1 亿元用于赈灾，让君婷懂得“给予”和“责任”。

除了传承父母一代回馈社会的价值观，张君婷有意识地在公益事业中锤炼自己的领导力。她加入了“全球善财领袖计划”的学习，在家族企业基金会担任理事，在国内外各地积极参与并组织社会公益活动，资助国内偏远地区学校建设、支教交流；联合推动成立“北京接力公益基金会”，汇聚和培养第二代企业家中的社会创新力量；在非洲肯尼亚推动社会企业家的公益项目，为当地青年创业者提供学习平台以及创业的机会。

2019 年张君婷作为唯一的中国代表参加在夏威夷举办的奥巴马基金会

① 张君婷，天津荣程联合钢铁集团董事长、奥巴马基金会亚太青年领袖、北京接力公益基金会副理事长。

亚太青年领袖峰会，并在未来一年与其他代表一起为全球可持续发展问题发挥影响力。2020 年席卷全球的新冠疫情伊始，张君婷在作为集团董事局主席的母亲的支持与鼓励下，通过荣程钢铁集团捐赠 1 亿元与价值 1500 万元的防疫物资。

二、下一代慈善的崛起

通常意义上，“下一代慈善”指的是 18 ～ 40 岁这个年龄段的捐赠人所追求的慈善事业，通常这些捐赠人的财富来自继承，有时也包括白手起家创建财富的青年一代。据研究机构 Wealth-X《2019 家族财富交接报告》[①]，到 2030 年，个人净资产超过 500 万美元的财富人士将会转移 15. 4 万亿美元的资产给下一代。其中，北美将拥有全球超过一半的财富，总计转移 8. 8 万亿美元；欧洲占所有财富转移的 20%；亚洲将占全部财富的 12%。与大多数其他地区相比，中国的富裕人口明显更年轻。

伴随着巨额财富的交接，一个同样巨大的难题出现了：如何把财产传给下一代而且不被他们挥霍掉？约翰·塞奇威克的著作《富家子弟：美国年轻的继承人对金钱的爱与恨》[②] 有一句话：“挣来的钱是属于自己的，是对天赋、能力和自我的肯定。但这些东西是不会存在

① Wealth-X. A Generational Shift:Family Wealth Transfer Report 2019[R]. 2019.

② John Sedgwick . Rich Kids:Young Heirs and Heiresses, How They Love and Hate Their Money[M]. William Morrow&Co, 1985.

于遗产中的。”

虽然没有万能财产规划确保巨额财产不会惯坏子孙后代，但是有一些普遍的路径可供借鉴。

一种选择是建立家族信托，分期分批地给予，将对子女以及后代的金额分配与特定的年龄或里程碑事件联系起来。

另一种选择是构建家族慈善体系，让后代在参与公益慈善的过程中与金钱建立健康的关系，树立正确的价值观，懂得感恩与回报，同时在执掌财富与家族事业之前培养责任与领导力。一个更显著的特点是，下一代通过慈善建立起来的社交关系和朋友圈通常更具正向积极能量，有助他们积累良好的社会资本。

我和其他志愿者小伙伴曾经到偏远山区，帮那里的人做白内障手术（刘畅与北大 MBA 同学发起的“光明行”活动），我连续去了好几年。有一次到最后一例手术了，后边还排着很多人，有年纪很大的，有年纪很小的，有从很远的地方骑马来的年轻人……你真的不知道如何去选择，你会从这里面有体会。我做这些并不简单说一个富家子女去感受社会疾苦，慈善活动有多维度的社会性，从中你会学习到很多抉择。

——摘录自“十三邀：许知远对话刘畅[①]”

慈善可以帮助家族下一代把财富当成一种工具。第一，自我界定；第二，提供服务；第三，去发现这个世界可以纠正的错误。无数的研究表明参与慈善的下一代具有更高的价值感，更容易适应团队

① 刘畅，四川省绿领公益慈善基金会副理事长、新希望六和股份有限公司董事长。

合作，并且有更强的分析能力、理财能力，更易倾听别人。[①] 同时美国富国银行在 2019 年对净资产超过 100 万美元的美国家庭的一项调查显示，这些家庭的子女（16 ～ 26 岁）认为他们从父母那里继承的最重要的东西不是他们的财富，而是他们的价值观。更积极的信息是，这些财富家庭的子女说他们也想承担家族传承的责任。[②] 这表明在下一代心中，继承家族财富并不仅仅是让生活变得安逸的事情。

“资源一代”（Resource Generation），是一家美国全国性的财富下一代社群组织，他们的会员由在经济上处于全国前 10% 的 18 ～ 35 岁的多种族年轻人组成。该组织采取会员制，在全国各地设有地方领导的分会。“资源一代”的使命是组织美国有钱有地位的年轻人领导社会变革，促进财富、土地和权力的公平分配。该组织鼓励年轻人公开他们的阶级背景，资助社会活动并成为积极分子，和贫困的工薪阶层一起想办法解决长期性的社会公平问题。[③]

“接力中国”（全称：接力中国青年精英协会）汇聚了中国的青年精英分子，包括青年企业家、民企接班人以及社会各界的杰出代表，他们胸怀积极的社会价值观，具备未来商业领袖的潜质。

“接力中国”致力于提升每一个成员的商业素质和人文素养，从而推动个人成长和企业发展。“接力中国”为所有成员搭建一个相互学习、共同交流的平台，并为他们提供有针对性的咨询服务。“接力中国”会组织成员捐

① NCFP.Engaging the Next Generation:How to inspire a philanthropic legacy for your donor-advised fund[R].2018.

② Wells Fargo Private Bank.Children of Millionaires:What Matters Most[R].2019.

③ https://resourcegeneration.org.

献自己的时间和金钱，用专业的方式积极参与社会公益活动，帮助贫穷地区的人有受教育和脱贫的机会，体现企业公民的社会责任。①

《2020美国家族慈善趋势研究》显示70%的美国家族基金会让下一代成员进入理事会参与管理，见图3-7。②10%的美国家族基金会有三代或更多代的人在董事会任职。绝大多数家族基金会为其下一代提供正式参与捐赠决策的机会，或通过设立正式的下一代董事会，允许下一代家族成员参与捐赠决策，或允许下一代参与其他级别的治理。

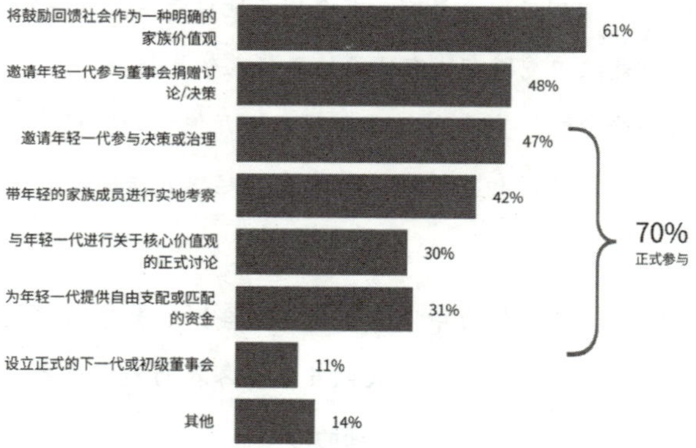

图3-7 下一代参与家族慈善的方式

与上一代传统慈善相比，年轻的下一代开始捐赠的时间更早、管理更注重专业化、方式更趋大胆创新。他们更多地运用时间、才能和金钱去探索传统与创新之间的通路，为改变世界发挥自己的影响力。

① http://www.relaychina.org/.

② NCFP. Trends in Family Philanthropy[R]. 2019.

牛犇[①]：全职的青年慈善家

2005年，还在英国上学的牛犇接到父亲牛根生的通知，让他回国有要事商量。回到家，他得知原来是父亲准备捐出所持蒙牛全部股份，想听取他的意见。牛犇很坦然地说，这是父亲辛勤积累的财富，他有权决定，自己无条件支持。作为财富继承人之一的他，也毫不犹豫地签字将原本属于自己的10亿多元捐赠出来。

牛犇从不介意外界把自己和父亲做对比，对于他来说，父亲是人生的导师，“我看着他，对自己是种激励”。在父亲牛根生的影响和鼓励下，牛犇走上了公益之路。自2012年起负责老牛基金会的环境保护项目，并通过老牛基金会向大自然保护协会捐赠600万美元。

牛犇曾随父亲去美国访问洛克菲勒慈善家族。1913年，约翰·D. 洛克菲勒创立洛克菲勒基金会；1940年，约翰·D. 洛克菲勒二世的五个儿子又共同创立洛克菲勒兄弟基金会。这让牛犇更深刻地认识到，一个人和一个家族的伟大，并不在于有多少钱，而在于慈善行为和对这个社会的贡献。

随着公益事业的逐步深入，牛犇决定学习洛克菲勒兄弟基金会，和妹妹牛琼一起成立兄妹基金会，用年轻一代的理念创新公益。2015年3月，完全独立于老牛基金会的“北京老牛兄妹公益基金会”正式注册成立，牛犇在实现自己公益梦想的同时，也探索家族下一代慈善之路。基金会以“关注下一代发展，以有效慈善推动社会进步”为宗旨，致力于“通过支持儿童福利和青年创业支持项目关注下一代发展，用创新慈善理念引领社会进步”，并影响更多的家族下一代参与到社会公益活动中。

2015年4月，牛犇加入“全球善财领袖计划”；2016年荣获东西方慈善论坛“最具潜力慈善领袖”奖；连续荣获2016、2017、2018年度“中

---

① 牛犇，北京老牛兄妹公益基金会理事长、内蒙古老牛慈善基金会理事。

国公益人物”奖；2018 年荣获凤凰卫视“行动者联盟年度十大公益人物”；2019 年获联合国可持续发展目标“目标守卫者”。作为较早参与“捐赠誓言”及“全球慈善圈”的中国慈善家族成员，牛犇也积极参加相关活动。牛氏家族被评为“中国战略慈善典范”，牛犇被评为“家族慈善新生代十杰”。

梁在中[①]：“科学公益”的倡导者

梁在中出生于 1984 年，毕业于英国华威大学，并在哈佛大学约翰·肯尼迪政府学院获得硕士学位。他同样出身于金字塔顶端的富裕阶层，是跨国重型机械制造企业——三一集团董事长梁稳根的独生子。

他认为中国的“富二代”更愿意承担社会责任。“因为这一代人大多数没有经历过贫穷，他们不像父母那样拥有强烈的赚钱欲望。他们更在意价值观的探索和对幸福的追求。”

梁在中创建了两个非营利组织：三一基金会和接力基金会。三一基金会成立于 2013 年 12 月，与其他捐赠基金会有明显不同之处，它倡导基于证据的“科学公益”。

首先，三一基金会有清晰的定位，即致力于“推动科学公益，助力公益实现价值，创造世界真实改变”。构建并形成《科学公益的理念和行动策略》文件作为行动的指导纲领。例如，三一基金会的“圆梦助学”项目采取“随机对照试验”（Randomized Controlled Trial）的方式选择捐赠对象，采取“有条件资助”（Conditional Cash Transfer）的方式进行持续资助，将高中、大学、研究生、留学的四个关键阶段统一纳入资助范围，并持续跟踪，形成全方位、一体化的贫困生助学体系。

① 梁在中，北京三一公益基金会理事长、三一重工集团董事、北京接力公益基金会理事长。

其次，三一基金会具有全球视野。它的愿景是“成为支持中国公益发展的独特力量，比肩世界一流基金会，助力中国公益发挥全球性影响力”。它支持教育领域的非营利组织［如音画梦想（Art Dream）］和致力于社会创新的新媒体平台（如 Bottle Dream），以及一家名为“ABC 美好社会咨询社”的公益咨询机构，汇集咨询和研究界精英志愿者，致力于为公益组织提供专业的战略咨询服务。

梁在中的第二个慈善项目接力基金会，是接力中国的一个分支。该基金会是由第二代企业家组成的非营利组织。只有出身于财富达到了一定规模的家族才有资格入会，而且成员资格只对那些在家族企业有工作经验的企业家开放。2016 年，接力中国成员的总资产约为 2. 3 万亿元，占中国私营企业总资产的 12. 8%。梁在中是基金会的理事长：“我在这里的关键任务是促使第二代企业家思考如何管理他们的财富，如何抵制诱惑并好好地利用他们的财富。”

第四章

慈善信托与家族慈善

慈善信托目前已经成为企业、家族、高净值人士践行社会责任、构建慈善传承体系、实现有效捐赠的重要工具之一，它最早起源于13世纪的英国，距今已有几百年的历史。在欧美等发达国家，慈善信托已经发展得非常成熟，形成了较为完善的制度体系。本章节我们将重点介绍慈善信托在家族慈善中的应用情况。

第一节
慈善信托的概念与构成要素

一、慈善信托的概念

我国在《慈善法》实施之前，曾借鉴大陆法系国家的模式引入了公益信托制度，但由于当时法律、监管、税收等制度体系尚未完善，我国的公益信托发展速度较为缓慢。2016 年 9 月 1 日《慈善法》颁布实施并对慈善信托进行专章描述，参考发达国家先进经验，给予中国慈善信托更多鼓励和支持，使得中国的慈善信托正式登上历史舞台。

根据《慈善法》规定：慈善信托属于公益信托，是指委托人基于慈善目的，依法将其财产委托给受托人，由受托人按照委托人意愿以受托人名义进行管理和处分，开展慈善活动的行为。

这里我们需要特别注意：慈善信托应当是基于慈善目的而设立的信托，这也是其他国家衡量慈善信托的首要标准，设立慈善信托不得用于私益，信托财产和收益必须用于慈善活动。

慈善活动具体指：开展扶贫、济困；扶老、救孤、恤病、助残、优抚；救助自然灾害、事故灾难和公共卫生事件等突发事件造成的损害；促进教育、科学、文化、卫生、体育等事业的发展；防治污染和其他公害，保护和改善生态环境；以及符合《慈善法》规定的其他公益活动（未包含宗教事业）。

二、慈善信托的构成要素

在慈善信托的概念中，我们会发现有委托人、受托人、信托财产等专业术语，他们与受益人、监察人等构成了慈善信托的基本要素，见图 4-1。

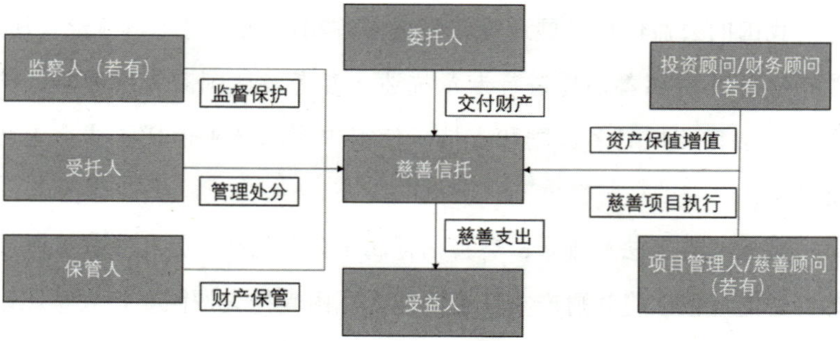

图 4-1 慈善信托的构成要素

1. 委托人

慈善信托中的委托人是指基于慈善目的，将自己所有的合法财产用于设立慈善信托的人，这里的委托人可以是具有完全民事行为能力的自然人、法人或者依法成立的其他组织。慈善信托可以由单一委托人发起设立，也可以由多个委托人共同发起设立，在慈善信托的存续期间，还可以增加委托人的数量。

2. 受托人

慈善信托中的受托人是指接受委托人的委托，按照委托人的意愿为慈善信托受益人的利益管理和处分信托财产的人。《慈善法》规定，慈善信托的受托人可以是慈善组织，也可以是信托公司。慈善组织包括：基金会、社会团体、社会服务机构。信托公司是指由中国银保监会颁发金融牌照，从事各类信托业务的专业金融机构。

《慈善法》并没有对慈善信托的受托人数量进行规定，在实务中，慈善信托可以有两个或以上的受托人，如由慈善组织和信托公司作为共同受托人，共同处理信托事务。

3. 受益人

慈善信托中的受益人是指在信托中享有信托受益权的人。受益人可以是自然人、法人或者依法成立的其他组织。在此我们需要注意，慈善信托的受益人须具有不特定性，信托合同应该对受益人的资格条件、范围进行明确规定，由受托人根据相应标准进行筛选，委托人不得指定或者变相指定与委托人或受托人具有利害关系的人作为受益人。

4. 监察人

监察人是指由委托人指定，对受托人的行为进行监督，依法维护委托人和受益人权益的人。监察人享有监督权、知情权、受托人解任权等权力，其主要责任是监督受托人、保护受益人，保证受托人按照委托人的意愿执行。《中华人民共和国信托法》（以下简称《信托法》）规定设立公益信托应该设置监察人，但《慈善法》规定，慈善信托的委托人可以确定信托的监察人，因此慈善信托中的监察人是选择性设置。

5. 慈善信托财产

慈善信托财产是指委托人基于慈善目的交付给受托人管理的财产，且包括因管理该财产而取得的财产。慈善信托财产可以是资金、实物、股权、知识产权、房产以及其他财产及财产性权利。

在慈善财产的使用上，一方面可以用于慈善项目的支出，另一方面可以用于信托管理费用的支出，包括用于支付受托人、保管人、监察人、专业人士的费用以及与信托相关的税费等。

6. 其他参与方

保管人／托管人，一般在银行开具专户保管信托财产，实现慈善信托财产的安全、独立。

投资顾问／财务顾问，一般为专业金融机构，负责对慈善信托财产进行投资或提供投资建议。

项目管理人／慈善顾问，一般是专业的公益组织，负责公益项目的设计、执行或提供公益慈善方面的建议。

第二节
慈善信托的功能及优势

一、慈善信托的功能

慈善信托兼备了慈善事业的使命价值与信托工具的特殊效能，这些特点与优势的结合对于财富家族的代际传承、综合治理与可持续经营发展具有十分重要的意义。

1. 践行责任，提升影响力

家族企业设立慈善信托广泛参与公益慈善事业，有利于企业践行自身的社会责任，帮助企业树立良好的社会形象，提高品牌知名度；企业还可通过慈善与商业相结合的“善因营销”模式为企业创造优异的外部环境，与利益相关方建立和谐关系，间接提升企业的收入和利润，提升市场竞争力；家族企业参与公益慈善还有利于建设良性的企业文化，提高员工的荣誉感和归属感，有利于吸引优秀人才，促进企业可持续发展。

2. 家族治理优化

家族财富的传承不仅仅是物质财富的传承，更是家族文化、品德、精神的传承。家族成员设立慈善信托共同参与慈善事业，不仅有利于体验先辈创业的艰辛，领悟财富真正的意义，更能增强家族成员的凝聚力，建立和谐的家族氛围和关系，促进家族价值观的持续传承。

另一方面，慈善信托也是家族培养训练继承者的有力工具。慈善信托不仅含有慈善的功能，同时兼具金融投资和项目管理的属性。家族的后代成员可以通过慈善项目锻炼提升管理、沟通和解决社会问题的能力，还可以学习积累金融投资经验，提升自身的社会资本和人力资本。

3. 资产隔离与保护

信托法律关系实现了委托人财产与受托人财产的双向隔离，保证了信托财产的独立性。这种独立性，使得慈善信托能隔离委托人死亡、债务、婚姻、经营、投资、挥霍等带来的风险，确保慈善财产的“专款专用”，持续为家族慈善目的服务。另外，在境外家族也存在利用慈善信托结构来重组或锁定家族企业股权的案例，财富家族通过设立慈善信托达到企业股权的集中化目的，在家族行善的同时，避免家族企业股权因代际传承或家族纷争而分散。

这是因为《信托法》规定，信托财产不再属于委托人的财产，委托人死亡或者依法解散、被依法撤销、被宣告破产时，信托存续、信托财产不作为其遗产或者清算财产。而受托人也不得将该财产归入固有财产，受托人死亡或者依法解散、被依法撤销、被宣告破产而终止，信托财产亦不属于其遗产或者清算财产。受托人须将不同信托财产分别管理，分别记账，不得混同，不得随意进行互相交易，受托人管理不同信托财产所产生的债权债务，不得相互抵销。

4. 税收结构优化

为鼓励企业和个人积极参与公益慈善事业，各国政府均颁布了与公益慈善事业相关的税收优惠的法律和政策。《中华人民共和国企业所得税法》规定企业当年发生以及以前年度结转的公益性捐赠支出，不超过年度利润总额 12% 的部分，准予扣除，超过年度利润总额 12% 的部分，准予以后 3 年内在计算应纳税所得额时结转扣除；《关于公益股权捐赠企业所得税政策问题的通知》规定企业向公益性社会团体实施股权捐赠，应按规定视同转让股权，股权转让收入额以企业所捐赠股权取得时历史成本确定；《中华人民共和国个人所得税法》规定个人将其所得通过中国境内的社会团体、国家机关向教育和其他社会公益事业以及遭受严重自然灾害地区、贫困地区的捐赠，捐赠额未超过纳税人申报的应纳税所得额 30% 的部分，可从应纳税所得额中扣除，超过部分不得扣除。

这里需注意，《慈善法》并未对慈善信托的税收优惠做出明确的规定，信托公司作为受托人时无法开具捐赠收据。因此在实际操作中，往往会采用与慈善组织合作的方式享受税收优惠。

二、慈善信托的优势

1. 慈善信托可更好发挥委托人的主观能动性

慈善信托的委托人可通过信托合同就慈善目的、期限、财产管理和使用、受益人筛选方式、委托人及受托人权利义务等内容进行自主约定。同时委托人还享有慈善信托的知情权、监督权、受托人的变更权、项目决策权以及一定情形下信托财产管理方式的调整权等。这使得慈善信托较于传统捐赠模式更能实现委托人的目的，更加尊重委托人的意愿，更好发挥家族及家族成员参与慈善事业的能动性。

2. 慈善信托设立便捷，更加灵活

慈善信托没有设立资金门槛要求，目前已经备案的慈善信托的资金规模最低为一万元。在设立流程上，设立基金会等法人机构，首先需要经政府部门批准，遵守业务范围及年度支出的限定，具备注册资金、住所、组织机构等条件，并聘请专职人员进行全程管理。而慈善信托仅需要签订书面信托合同并备案即可，可以灵活定制慈善支出额度并参与慈善活动，相较于设立基金会等慈善组织更加便捷灵活。另外，慈善信托无须每年进行年检，受托人定期将慈善信托事务处理情况及财务状况向委托人及其备案的民政部门报告，并向社会公开即可。

3. 慈善信托更加稳定且可持续

《信托法》并没有对信托的期限做出限制性规定，从慈善信托的期限而言，慈善信托可以设置非固定期限甚至永续存在，这使得慈善信托非常适合作为一种家族治理和精神传承工具，持续为家族服务。同时，由于慈善信托对每年慈善支出没有强制约定，慈善信托可以通过“捐息留本”约定，实现信托财产的永续。另外，借助信托公司及投资顾问对财产进行专业化保值增值，以及增加委托人数量和追加信托财产等方式，慈善信托亦可以使后续家族成员源源不断地为家族慈善事业注入新的活力。

4. 资金与项目专业化管理

慈善信托既可发挥慈善组织的慈善项目管理、运作优势，也可发挥信托机构的金融资金管理优势，并将专业服务机构引入家族慈善事业，发挥多方协同作用。我国传统的慈善组织在公益慈善项目的筛选、管理、执行、运营、评估等方面具有丰富的经验，而信托公司则在风险管理能力和资金管理能力上具有独特优势。慈善信托将两者有机融合，并引入律师事务所、会计师事务所、税务师事务所、家族办公室等专业机构，可使家族的慈善事业协调家族企业与家族治理向战略化、效率化、专业化、合规化的方向稳步发展。

5. 慈善信托监督机制健全，公信力较高

信托结构自身是一种相对完善的法律安排，法律对信托的相关参与方的权利义务进行详细且明确的规定，由于慈善信托同时接受民政部门、银行业监督管理机构及其派出机构、委托人、监察人等多方监督，慈善财产使用情况需向社会披露公示，这使得慈善信托的透明度和公信力都得到了有效保障。

第三节

境内外慈善信托概况与案例

一、境外慈善信托

1. 英国慈善信托概况与案例

英国是世界公益慈善事业的发源地之一，早在 13 世纪，英国就出现了慈善信托的雏形。经历了几个世纪的发展，英国已经形成了非常完善的法律、税收、监管相配套的制度体系。根据 NFP SYNERGY 统计，截至 2018 年 10 月，英国已有近 20 万个注册的慈善机构，88 万名从业人员，慈善机构年度总收入约为 480 亿英镑，有超过 10 个部门负责监管，慈善信托受托人数量已经超过 90 万个。[①]

在英国设立慈善信托较为简单，资金门槛较低，信托的受托人可以是自然人、慈善组织、非慈善组织，甚至是营利性机构。但慈善目的必须具有公益性，受益人必须为不确定的人，且信托设立须在慈善委员会（委员会是独立的、对议会负责的政府机关）进行登记，接受慈善委员会的审查和监督。慈善信托通过慈善委员会的审核后才能获得税收优惠，自然人和法人也只有向具有合格资质的慈善信托捐

① NFP SYNERGY. Facts and figures:UK charity sector 2018[EB/OL].2018-10.https://nfpsynergy.net/free-report/facts-and-figures-uk-charity-sector-2018.

赠才能获得税收减免。

慈善信托设立后，当发生以下情况时可以进行信托变更：首先慈善目的已经不能与当前社会实际情况相适应；其次是慈善财产的规模较低时，信托委员会可强制变更受托人，将财产转移至其他规模较大的慈善组织。[①]而当信托的慈善目的已经达到、慈善信托违背公共利益或信托终止条款触发时，慈善信托应当终止。

英国慈善信托的信息披露要求非常严格，慈善机构需要向慈善委员会定期披露信托的运作情况，委员会也会要求慈善信托机构每年提交年度收入报告和财务报告，并可对相关报告进行审计。

诺曼家族慈善信托案例

诺曼家族慈善信托在英国的家族慈善信托体系中具有代表性，它成立于1979年，致力于支持英格兰西南部的慈善机构和其他非营利组织，资产总额超过900万英镑。[②]诺曼家族企业起始于1939年，创始人是肯·诺曼，家族起初经营商品零售，随后逐步发展成为餐饮、运输、家庭用品、园艺等相结合的多元化企业，他的妻子Pat、儿子Philip以及肯的两个妹妹都参与到家族企业经营中来。1979年肯和妻子准备退休，于是出售了自己的家族企业，创立了诺曼家族慈善信托基金(Norman family Charitable Trust)。信托的捐赠业务范围非常广泛（信托设置了禁止资助范围，如不资助动物实验、不资助宗教项目、不资助英国以外的项目、不进行个人资助等），迄今已发放了一万多笔赠款。

诺曼家族慈善信托采用了多个自然人担任受托人的方式（家族成员是

① 解琨．英国慈善信托制度研究［M］．北京：法律出版社，2011.

② THOMAS WESTCOTT. The Norman Family Charitable Trust Financial Statements[z]. 2018.

受托人之一），所有受托人每季度定期组织受托人会议，对信托的重大事宜进行讨论。当部分自然人退休、辞任无法担任受托人时，信托将遴选新的受托人担任。另外，信托的治理上采用了双委员会的治理机构，即捐赠委员会和投资委员会。

捐赠委员会现由一位委员会主席和其他四位受托人组成，捐赠委员会负责授权金额在5000英镑以上的捐赠（需委员会主席和全体委员签字），5000英镑以下的捐赠则在每个季度的受托人集体会议中向全体受托人及委员会委员报告即可。

投资委员会现由一位委员会主席和其他两位受托人组成，投资委员会将对信托的投资行为进行监督和评估，该委员会可授权金额在5000英镑以上的金额支出。任何信托的重大投资建议和策略变更都需要在季度受托人集体会议中进行讨论并通过。同时，每年该委员会还会对次年的投资风险进行评估，对持有的资产组合进行调整，信托投资的资产组合较为保守，主要为产生稳定现金流的金融产品。

信托对受赠慈善组织的尽职调查和信息披露要求也较为严格，慈善组织在向信托申请资助前，需要填报详细的信息表报；如说是金额较大的项目，信托的受托人还将亲赴现场进行尽职调查。信托还要求接受捐赠的慈善组织通过图片和报表等形式定期进行信息披露，如资助金如何使用、产生怎样的影响等。

诺曼家族慈善信托架构，见图4-2。

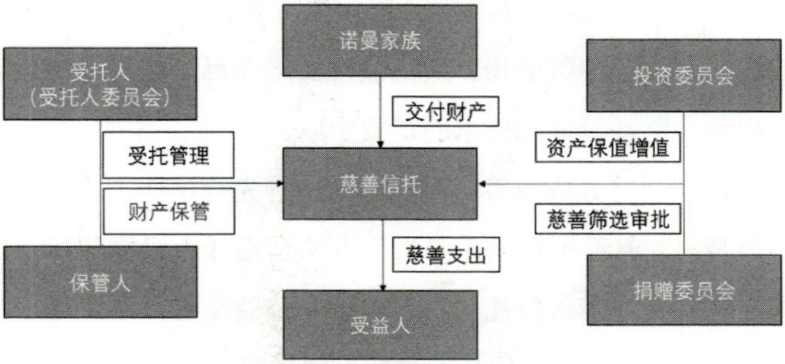

图 4-2 诺曼家族慈善信托架构

2. 美国慈善信托概况与案例

美国的公益慈善事业非常发达，慈善捐赠已经成为财富管理、遗产规划、财务投资的重要组成部分，现已衍生出了诸多创新、复杂的捐赠技术，例如：不可分割资产的部分权益捐赠、慈善年金、不动产使用权捐赠、资产廉价出售、附带可赎回条款的股票权益捐赠、人寿保单捐赠以及各类利益分成慈善信托等。

美国继承了英国的民事信托制度，并在其基础上进行衍生发展，推动了民事信托向金融信托的转型，建立了一体化的信托生态系统。这一点在税收制度上得到良好体现，美国对慈善信托的税收制定了非常完善、灵活的优惠政策，对于不同的捐赠财产、捐赠人、被捐赠人设定了不同的税收优惠条款。这为现代慈善信托制度奠定了基础，大大促进了美国公益事业的发展。

美国慈善信托种类主要包括公众慈善信托、公共机构慈善信托及利益分成慈善信托。公众信托是公众出于慈善目的为特定范围人群的利益而捐赠设立的慈善信托。公共机构慈善信托是学校、医院、慈善组织等公共机构获得捐赠后，将慈善财产设立信托，由信托机构进行管理。利益分成慈善信托则是一种特色化的兼具公益目的和私益目的的信托，该种类信托在美国非常发达，已经成为高净值人群进行慈善捐赠、财富管理与传承的重要手段。

在美国，利益分成慈善信托包括：慈善先行信托、收入集合基金信托等类型。[①] 慈善先行信托的操作方法是委托人设立信托，出于慈善目的定期将资金转入信托，财产除用于公益慈善外还可用于部分私益目的，待信托到期后将信托的余额再转移给非慈善受益人。收入集合基金信托则是类似于一个大型慈善组织的共同基金，多个捐赠人的慈善财产合并到一个基金下管理，捐赠人每年可以从基金中获得收入，待约定期限到期后，慈善财产将归入慈善组织所有。

在美国设立慈善信托同样必须明确表述慈善目的，信托受托人也必须是民事行为能力人，设立信托的文件中需要明确说明参与方权利义务、管理制度与流程、受益人范围等重要内容，信托设立后 6 个月内需要向州检察长申请登记（美国慈善信托的监管机关多为州检察长）。慈善信托的登记由检察长负责，受托人接受捐赠后需要向检察长备案。此外，检察长还拥有对信托的调查权、诉讼权、信托条款变更等权力，履行信托项目从头至尾的监督职责。现实中，财税部门也会对相应的信托运营情况进行监督（美国的税务机关会强制要求具有免税资格的慈善信托向税务局和公众定期披露自身的运营情况），如受托人是金融机构，美联储也会参与监管。

---

① G. 维克托•霍尔曼，杰瑞•S. 罗森布鲁姆. 私人财富管理［M］. 苏薪茗. 北京：中国金融出版社，2014.

保罗·盖蒂慈善信托案例

保罗·盖蒂慈善信托是美国最具代表性的慈善信托基金之一，它由20世纪60年代的美国首富、石油大亨保罗·盖蒂所设立，目前仍管理着超过132亿美元的资产。保罗·盖蒂从1948年开始把自己的个人收藏品捐给洛杉矶艺术博物馆，并于1953年建立了保罗·盖蒂博物馆信托基金。[①]1976年保罗·盖蒂去世，经过数年的遗产清算，他的大部分个人财产于1982年转移至该信托基金，1983年该信托基金正式更名为保罗·盖蒂信托基金(J.Paul Getty Trust)。

保罗·盖蒂信托基金的宗旨是通过保育工作、出版刊物、展览、资助计划、培训计划及其他努力，向各年龄层的观众推广艺术知识及欣赏艺术。该信托基金资助建设了保罗·盖蒂博物馆（位于太平洋帕利塞德斯的别墅）和盖蒂中心（位于布伦特伍德），完成了博物馆收藏品的扩充，盖蒂保护研究所、盖蒂研究所和盖蒂基金会的成立。

保罗·盖蒂博物馆成立于1954年，位于盖蒂的太平洋帕利塞德斯(Pacific Palisades)的牧场，博物馆对外开方，主要功能为收藏、赠送、保存和诠释伟大的艺术作品，目前博物馆拥有超过12万件收藏品，每年会举办近20场展览。

盖蒂研究所成立于1982年，在艺术史和人文学科方面开展开创性研究。自1985年以来，该研究所的学者计划已经接待了来自55个国家的1300多名学者研究图书馆的一般藏书，包括140多万册拍卖目录、参考书目、珍本书籍以及期刊。

盖蒂出版社成立于1983年，出版了艺术史、建筑、摄影、考古、保护和人文等领域的获奖书籍。到目前为止，盖蒂出版社已经出版了超过1000

① J.Paul Getty Trust.2019Getty Facts [R].2019.

种图书，2014 年，推出了自己的虚拟图书馆，有 250 多种图书可以在网上免费获得。

盖蒂基金会成立于 1984 年，旨在通过在全球范围内的战略资助计划，支持对视觉艺术的理解和保护。资助领域：艺术史、文物保护、博物馆和个人在文化领域的专业发展。迄今为止，该基金会已经为七大洲 180 多个国家的项目提供了 8000 多项资助。

盖蒂保护研究所成立于 1985 年，主要职责是在世界范围内推进文化遗产保护实践，工作人员包括科学家、管理员、考古学家、建筑师和信息专家等。最近的倡议侧重于现代建筑、现代和当代艺术、博物馆收藏环境管理和文化遗产清查。

由于保罗·盖蒂信托管理着超过 130 亿美元的巨额资产，所以信托的综合治理结构非常完善。信托设置了由受托人委员会、理事会、执行委员会、文物审查委员会、审计委员会、薪酬委员会、发展与对外事务委员会、财务委员会、治理委员会、投资委员会相互协同、相互制约的治理系统。

受托人委员会是慈善信托的权力和监督机构，理事会是慈善信托的管理机构。受托人通过担任理事会委员或通过理事会各个委员会，制定有关支出、管理、治理、专业标准、投资和资助的政策。他们还监督内部和外部审计人员，选择主席和高级职员，并审查所有高级职员的业绩和薪酬。理事每届任期四年，任期不得超过三届。

执行委员会由主席、副主席、常务委员会主席和常务委员会组成。委员会有权在理事会职权范围内采取任何行动，并在下次理事会会议前，向理事会汇报有关行动。

文物审查委员会负责协助理事会审查所有拟采购的艺术品、收藏品、价值材料的提议，以确保符合盖蒂信托的宗旨和相关的法律及道德标准。

审计委员会协助财务委员会履行其与管理惯例、内部控制、会计政策、审计和报告惯例有关的职责。

薪酬委员会负责协助理事会履行管理职责，制定和监督信托基金的整体薪酬和福利政策。

发展与对外事务委员会致力于协助理事会建立一种和谐的外部环境。提高和维持信托基金及相关机构的良好声誉，推动信托基金发展，使之与盖蒂的意愿相匹配。

财务委员会协助理事会履行其在信托基金的预算事项、财务管理和政策以及资本支出方面的监督职责。

治理委员会协助理事会履行其在管理信托事务方面的职责，并确定和向理事会推荐可担任受托人的候选人。

投资委员会协助理事会履行其职责，以监督和检查信托基金的投资计划表现。

保罗·盖蒂信托基金架构，见图 4-3。

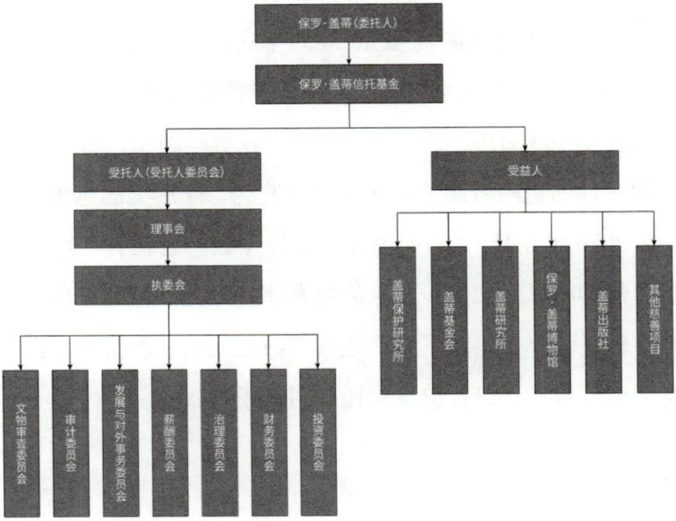

图 4-3 保罗 · 盖蒂信托基金架构

二、中国境内慈善信托

1. 中国境内慈善信托发展情况

我国的慈善信托经过了两个发展阶段，第一阶段是2001－2016年《信托法》时期的公益信托阶段，第二阶段是2016年以后的《慈善法》慈善信托阶段。2001年我国颁布了《信托法》，对“公益信托”专列一章，强调“国家鼓励发展公益信托”，但由于相关制度体系尚不完善，故公益信托在我国发展并不顺畅，标准的公益信托不过10余单。2016年9月1日《慈善法》实施，正式明确了慈善信托的法律地位、管理机构、设立程序、受托人范围、监察人等内容，这对中国慈善信托的发展意义重大，给予了慈善信托真正的制度支持，使得中国的慈善信托开始登上历史舞台。

据统计，自2016年《慈善法》颁布以来，我国的慈善信托业务取得了稳定、快速的发展。截至2020年底，全国累计备案慈善信托537单，资产规模达33.19亿元；2020年我国新增慈善信托257单，较去年增长了103.97%，占总备案慈善信托数量的47.86%。①

值得关注的是随着慈善信托的稳步发展，家族类的慈善信托也初现端倪，2016年9月，“万向信托·乐淳家族慈善信托”成立，这是中国慈善法实施以后的第一个家族慈善信托，此后，陆续成立了多单家族慈善信托，不仅出现了财产规模突破亿元的慈善信托，而且诞生了如慈善先行信托、股权慈善信托等创新模式。

① 中慈联慈善信托委员会.2020年中国慈善信托发展报告[R].2021-01-28.

2. 鲁冠球三农扶志基金慈善信托案例

我国目前慈善财产规模最大的慈善信托当属万向集团现任董事长鲁伟鼎为了纪念父亲即万向集团公司创始人鲁冠球而设立的“鲁冠球三农扶志基金”（简称“三农扶志基金”）。三农扶志基金遵循鲁冠球先生的情怀意愿，是本着“让农村发展、让农业现代化、让农民富裕，以影响力投资、以奋斗者为本、量力而行做实事”的宗旨，以传承鲁冠球“财散则人聚、财聚则人散，取之有道、用之而快乐，利他共生、共创共享”“讲真话、干实事”的价值观而设立的永久存续的家族慈善信托。

三农扶志基金的初始捐赠财产是万向三农集团有限公司全部股权。万向三农集团由鲁冠球和鲁伟鼎于2000年出资6亿元创立，是万向系服务于“三农”的农业产业集团，拥有远洋捕捞、种业、杏仁露、山核桃基地等多个农业系列产品。万向三农集团是两家上市公司承德露露（sz000848）、万向德农（sh600371）的最大股东（分别占40.68%、48.76%），并且持有航民股份（sh600987）6%的股份。万向三农集团还绝对控股浙江省远洋渔业集团、浙江大洋世家股份公司、杭州品向位食品公司、新疆硝石钾肥公司、洛阳氰钾科技；参股万事利集团、万向财务公司和网商银行（万向三农集团是网商银行的主要发起人股东，持股比例18%），粗略计算捐赠时万向三农集团的财产规模已超过60亿元。

三农扶志基金属于股权类慈善信托，且涉及多家上市公司，所以其设立的程序相对于资金类慈善信托更为复杂，需遵循各项法律法规，完成备案、申报、披露、监管审核、财产转移、工商变更登记等诸多事宜。

按照《慈善信托管理办法》，设立慈善信托，需签订慈善信托文件后到受托人所在地县级以上人民政府民政部门备案。故2018年6月27日，信托委托人鲁伟鼎签署《鲁冠球三农扶志基金宪章》《鲁冠球三农扶志基金章程》《鲁冠球三农扶志基金慈善信托合同》等信托文件。6月29日，受托人万向信托股份公司完成全部信托文件签署，鲁冠球三农扶志基金成立，并成功在杭州市民政局备案（备案编号为3301000000006）。

根据《中华人民共和国证券法》和《上市公司收购管理办法》，投资者及其一致行动人不是上市公司的第一大股东或实际控制人，其拥有权益的股份达到或超过公司发行股份5%，但未达到20%的应编制《简式权益变动报告书》；拥有权益股份超过30%，继续增持股份的，应当采取要约收购方式；收购人和出让人能证明本次股份转让是在同一实际控制人控制的不同主体之间进行，未导致上市公司实际控制人发生变化，可豁免要约收购。

2018年6月29日，万向德农、承德露露披露《关于公司实际控制人设立慈善信托的提示性公告》，航民股份披露《关于公司股东设立慈善信托的提示性公告》。航民股份因权益变动超过5%但不足20%，同时公告《简式权益变动报告书》。7月2日，万向德农、承德露露因权益变动超过30%，分别披露《上市公司收购报告书摘要》。三农扶志基金向证监会分别提交关于万向德农、承德露露的《要约收购义务豁免核准》行政许可申请。9月1日，万向德农、承德露露分别披露《鲁冠球三农扶志基金要约收购义务豁免申请文件一次反馈意见》的回复。9月19日，万向德农、承德露露分别披露《鲁冠球三农扶志基金要约收购义务豁免申请文件一次反馈意见》的回复（修订版）。9 月 29 日，三农扶志基金获得中国证监会关于承德露露和万向德农的《关于核准豁免鲁冠球三农扶志基金要约收购股份义务的批复》。随后，万向三农集团有限公司完成办理工商变更登记，万向三农集团有限公司的全部股权过户至三农扶志基金。10 月 8 日，承德露露和万向德农分别披露三农扶志基金“豁免要约收购义务获得中国证监会核准”及“万向三农集团有限公司完成工商变更登记”的事项，同时公告《收购报告书》及券商顾问报告和律所法律意见书。至此，三农扶志基金慈善信托的设立工作全部完成。三农扶志基金实际上成为承德露露和万向德农的间接控股股东。

在慈善信托的治理上，三农扶志基金采取董事会决策、受托人管理、信托监察人监督的制度。首届董事会既有家族成员，也有外部成员，现任成员为鲁伟鼎、李鹂、肖风、傅志芳、莫凡。首任信托监察人为家族的第三代成员鲁泽普。根据三农扶志基金的宗旨，慈善信托的财产和收益将全部用于开展慈善活动或由万向三农集团继续开展三农相关产业投资，以公益精神和社会参与的方式助力乡村振兴战略。在项目资助方面，除了将一部分资金直接给到受益人群，信托将更多参与符合慈善目的“三农”公益项目，以更好地实现“让农村发展、让农业现代化、让农民富裕”的宗旨。

鲁冠球三农扶志基金信托架构，见图 4-4。

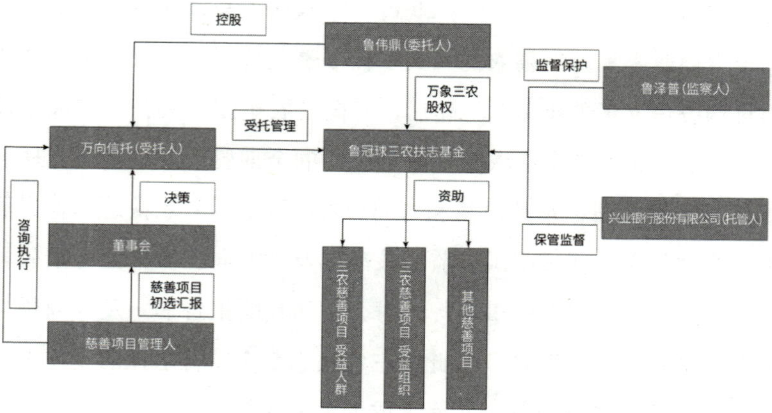

图 4-4 鲁冠球三农扶志基金信托架构

2019 年 7 月 8 日，在万向集团创办 50 年生日当天，万向集团董事长鲁伟鼎宣布：将万向集团公司截至 2018 年度审计报告的资产，全部捐赠设立鲁冠球万向事业基金。公益基金的全部收益将用于研发新技术、高端人才教育、开展科技研究、支持设立理工类应用型科研机构。公益基金依法设立完成后，正式对外披露公告，并按照《公司法》作为发起人，发起设立组建万向股份公司。根据上市公司 2019 年一季报，万向集团公司直接及间接持有万向钱潮、中色股份、顺发恒业、天赐材料等 A 股上市公司股份，这些公司目前市值合计超过 400 亿元，万向集团所持股份对应市值超过 145 亿元。目前，鲁冠球万向事业基金的具体资产规模和基金性质尚未公布。鲁伟鼎表示，鲁冠球万向事业基金依法设立完成后，将正式对外披露。如果鲁冠球万向事业基金正式成立，那将会是我国公益慈善以及家族传承领域具有里程碑意义的案例。

3. 何享健家族慈善信托案例

在家族基金会章节中将详细介绍何享健家族“和的”慈善捐赠体系，本节我们仅对何享健家族慈善信托内容做相关补充。

2012 年美的集团创始人何享健透露退休后将开启新的人生，即“做一些慈善事业，回馈社会，回馈国家和地方”。2013 年何享健捐资 5000 万元成立何享健慈善基金会（2017 年更名为和的基金会），2017 年 7 月 25 日，何享健在佛山市顺德区公布了一个 60 亿元的慈善捐赠计划，包括他及家人捐出持有的 1 亿股美的集团股票和 20 亿元现金，他准备构建一个立体、可持续的公益慈善体系，用于支持在佛山本土乃至全省全国的精准扶贫、教育、医疗、养老、创新创业、文化传承等多个领域的公益慈善事业发展。与鲁冠球三农扶志基金不同，和的慈善捐赠体系拟采用“慈善信托 + 基金会”的双轨模式，即由“和的慈善信托计划”与“和的慈善基金会”共同建立。[①]

2017 年 5 月 27 日，中信・何享健慈善基金会 2017 顺德社区慈善信托在广东省民政厅成功备案，备案编号 440000012017001，是迄今为止全国资金规模最大的慈善信托，信托由美的控股有限公司担任委托人，由和的基金会（何享健慈善基金会）与中信信托有限责任公司共同担任受托人，信托期限为永续，资产规模 5 亿元，信托的本金和收益将用于支持顺德区的扶贫、救济、养老、教育、文化建设、村居福利等综合性的公益慈善需求，推动公益慈善事业的发展与提升，建设更具人性和富有吸引力的顺德社区。

2018 年 4 月 27 日，华润信托・和园文化保育慈善信托在深圳市

① 谢舒．详解何享健家族慈善体系［J］．中国慈善家，2017，（08）．

民政局成功备案，备案编号440300-0-201802，信托由和的基金会担任委托人，华润深国投信托有限公司担任受托人，信托期限为永续，资产规模3000万元，信托的本金和收益将用于支持和园文化发展中心，由和园文化发展中心执行和园的运营管理和文化营造，助力和园成为岭南传统文化承载平台，促进岭南文化的传承、再造和发扬。

据了解，何享健拟捐出持有的1亿股美的集团股票设立“和的慈善信托”，该信托计划由美的控股有限公司作为委托人，设立一个永续的慈善信托，该慈善信托将在民政部门备案，计划由信托公司担任受托人，慈善信托财产及收益将全部用于支持公益慈善事业的发展。目前该慈善信托尚在继续推进中，考虑到此计划为股权类慈善信托，且不像“三农扶志基金”般在同一实际控制人下操作，并需结合家族、企业、监管、法律、税务等诸多因素进行综合考量，故其真正落地还需要等待很长时间。

和的慈善信托架构，见图4-5。

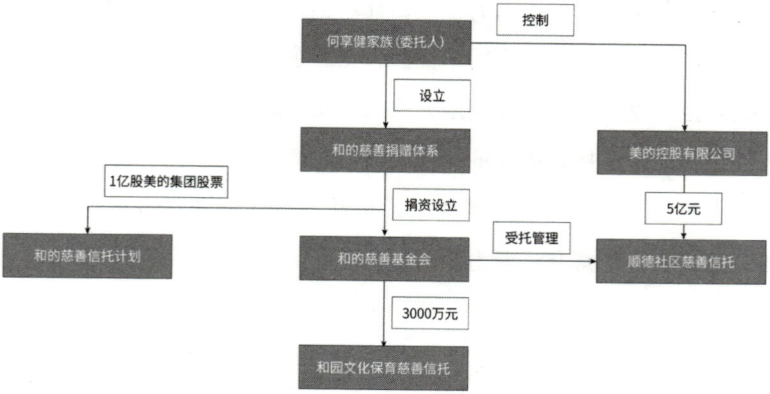

图4-5 和的慈善信托架构

第四节

慈善信托的设立、管理和运营

一、慈善信托的设立

慈善信托的设立过程相对复杂。宏观上需要进行全方位、多角度、系统性分析，确定家族慈善的愿景、定位、使命、目标的同时需考虑如何与家族、企业相互结合产生协同效应。在微观上需要考虑各种因素，如信托机构、信托当事人、信托财产、权利义务、利益分配等问题。本节将对慈善信托设立、管理运营、终止清算等内容及注意事项进行系统介绍：

1. 确定愿景、定位、目标

如果委托人有意愿奉献社会、从事公益慈善事业，首先应当进行自我梳理或与家族成员共同探讨，理清家族从事公益慈善的意愿、定位和动因。这一环节非常重要，不同的愿景、需求、目标将会直接影响到家族慈善事业动力性、可持续性、顶层结构设计、业务模式、社会影响、企业发展等诸多要素和内容。

一般而言，家族慈善的动因包括：价值观、人生经历、社会认同、践行承诺、宗教信仰、财务投资、遗产规划、风险管理、家族纪念与传统、代际传承、企业发展等等。在明确动因、需求之后，委托人还可思考希望从事慈善活动的领域、捐赠的资产类别、资产规模等问题。

2. 初步筹划、达成意向

设立慈善信托是一项极其专业的事务，需要借助专业机构的规划、设计和辅助服务。如果委托人自己有专业的顾问团队（如家族办公室），可以与专业顾问团队进行沟通，进行初步筹划。如果没有顾问团队，委托人可以向私人银行、信托机构、基金会、慈善咨询机构、律师事务所等专业机构进行咨询（建议选择有品牌影响力、实操经验丰富的专业机构），表达自身的慈善需求，了解慈善、投资、法律、税务、企业、财务等各个方面的信息，了解服务机构的胜任能力与合作资源。

初步筹划或者初步接触之后，委托人可以就相关事项与专业机构达成初步合作意向，签署合作意向书、保密协议、风险告知书、客户信息表等资料，专业机构还将进行尽职调查。

3. 确定系统架构与合同内容

达成初步意向后，专业服务机构将依据委托人的规划与需求，设计慈善信托的系统架构，起草信托合同，并经多次协商、调整后予以确定。在此过程中，通常需要考虑以下关键因素：

（1）信托名称与备案地点。慈善信托名称多为“某某信托·××××慈善信托”“某某信托·某某私行·××××慈善信托”“××××慈善信托”，××××部分可由委托人命名。

设立地点关系到信托设立后需要在何地民政部门备案，接受何地的监管。法律规定在受托人所在地民政部门备案，但由于各地监管和支持政策有所区别，所以要根据委托人意愿和实际情况确定。

（2）慈善目的。根据委托人自我需求，选择慈善目的，确定慈善活动范围（可多选）：开展扶贫、济困；扶老、救孤、恤病、助残、优抚；救助自然灾害、事故灾难和公共卫生事件等突发事件造成的损害；促进教育、科学、文化、卫生、体育等事业的发展；防治污染和其他公害，保护和改善生态环境；以及符合《慈善法》规定的其他公益活动（注意不包含宗教事业）。

（3）设计架构与信托合同。架构设计与信托合同是整个慈善信托的核心，包括业务模式、委托人、受托人、受益人、监察人、信托财产种类、资产规模、信托期限、慈善系统流程、投资系统流程、捐赠系统流程以及信息披露等内容。

①慈善信托业务模式：目前我国慈善信托的业务模式主要包括：慈善信托与家族信托等结合的双层架构模式、单一受托人模式、共同受托人（后文对业务模式进行详细介绍）三大类，采用何种模式需要依据自身实际需求结合可配置资源，在专业机构的辅助下进行设计。

②委托人：委托人是信托当事人之一，我们需要明确由谁担任委托人。是由企业创始人、家族继承人、家族企业还是家族基金会作为信托委托人？未来是否准备增加委托人？这同样关系到家族传承、治理与企业发展，需要周密规划。

我们还需明确委托人可拥有的权力，通常委托人拥有以下权利：按照自己意愿设立慈善信托、确定信托目的、确定受益人范围、了解信托财产运作处分收支情况、要求受托人做出说明、查阅抄录复制与信托财产有关文件、变更受托人或监察人的权力以及信托财产的求偿权等。

③受托人：慈善信托的受托人可由信托公司、慈善组织分别或者共同担任，不同的业务模式各有利弊，需科学规划设计。同样，受托人也具有相应权利义务，具体包括：基于对信托财产的所有权，享有信托财产转移的请求权，对信托财产的占有、管理、处分权等权

利；承担申请信托登记备案、谨慎管理、诚信尽责、申请税收优惠（如可）以及清算义务。

④受益人：信托需要依据慈善目的确定受益人的领域、范围、人群，受益人必须是非特定人群且不能与委托人存在利害关系。同时，信托合同中还需要明确受益人选定的程序和方法，是否采用决策委员会模式或者项目管理人模式等。

⑤监察人：监察人并非慈善信托架构中的必选项，监察人应该是具备完全行为能力的自然人或者是法人。一般情况下，监察人可以是委托人的家族成员，可以是律师事务所或会计师事务所，家族设有家族办公室的，也可以由家族办公室担任。

⑥信托财产的种类、金额及信托期限：目前而言，可捐赠的慈善信托财产可包括货币资产、实物资产、不动产、有价证券、知识产权等资产。由于股权和房产等需要登记过户的财产因制度体系不完善，需要按照交易过户处理并承担相应税负，因此在实际业务过程中，仍以货币资金形式交付的财产居多。慈善信托在财产金额上没有门槛要求且信托期限设计上也非常灵活，可设置为无固定期限或者永久存续。

⑦慈善决策、投资、捐赠流程：信托合同需要明确委托人慈善项目决策系统、财产投资系统、捐赠资助系统的流程和机制，内容包括但不限于：决策机制、年度慈善支出、是否设置监察人、是否设置项目管理人、是否设立投资顾问、财产投资决策与资产配置、各参与方的费用与报酬等。

如采用决策委员会模式，需要明确委员会构成，聘用方式，委员辞职、过世或丧失民事行为能力的处理办法，委员会管理及决策机制。

如采用慈善项目管理人模式，需明确项目管理人筛选受益人的范围及选定的程序和方法、管理人与委托人及受托人合作的模式与机制。

⑧信息披露的内容和方式：信托合同中应包含定期进行信息披露的具体内容和方式。

4. 受托人内部审批与报备

确定慈善信托整体架构与合同内容之后，受托人（信托公司、慈善组织）将进行内部立项、评估、决策。项目决策通过后，如果受托人为信托公司，信托公司需于信托成立10日前向银保监部门进行报备。

5. 签订合同

委托人与信托相关参与方正式签订合同法律文件，包括信托合同、保管合同、法律规定的其他书面文件等。

6. 民政部门备案

信托文件签署后七日内受托人向所在地民政局递交相关材料办理备案。备案材料包括：

（1）备案申请书；

（2）委托人身份证明（复印件）和关于信托财产合法性的声明；

（3）担任受托人的信托公司的金融许可证或慈善组织准予登记或予以认定的证明材料（复印件）；

（4）信托文件；

（5）开立慈善信托专用资金账户证明、商业银行资金保管协议，非资金信托除外；

（6）信托财产交付的证明材料（复印件）；

（7）其他材料。

7. 慈善信托成立

由受托人按照信托合同的约定和相关法律规定，办理慈善信托的成立流程。

二、慈善信托的管理、运营

1. 信息披露

慈善信托设立后，应及时对信托的运营情况进行披露。《慈善法》规定慈善信托的受托人应当每年至少一次将信托事务处理情况及财务情况向其备案的民政部门报告，并向社会公开。同时，民政部和银保监会联合下发的《关于做好慈善信托备案有关工作的通知》中也要求慈善信托加强信息公开。首先是在民政部门统一指定的平台（慈善中国 http://cishan.chinanpo.gov.cn/platform）公布真实信息，包括信托备案信息（初始、变更、终止）、检查评估结果、表彰处罚及其他公开信息（民政部门、信托公司）；其次是每年 3 月 31 日前，受托人需向备案的民政部门报告上一年度信托事务处理情况及财务状况（年度报告、审计报告），并在统一信息平台公布；再次是向信托的受益人披露信托的资助标准、工作流程和制度信息。

2. 信托变更

（1）变更受托人，《慈善信托管理办法》规定受托人有以下情形之一的，委托人可以变更受托人：违反信托文件义务或难以履行职责的，依法解散、注销或法定资格丧失的，被依法撤销或者被宣告破产的。变更后的受托人，应当自书面文件签订之日起 7 日内到原备案的民政部门重新备案。另外，委托人需注意慈善信托的受托人不得自行辞任（信托文件另有约定除外）。

（2）另外，《慈善信托管理办法》第三十八条规定：根据信托文件约定或者经原委托人同意，可以变更以下事项：增加新的委托人、增加信托财产、变更信托受益人范围及选定的程序和方法以及国务院民政部门和国务院银行业监督管理机构规定的其他情形。

3. 终止与清算

关于信托的终止与清算，《慈善信托管理办法》做出如下规定：

（1）慈善信托终止情形：信托文件规定的终止事由出现、信托的存续违反信托目的、信托目的已经实现或者不能实现、信托当事人协商同意、信托被撤销、信托被解除。

（2）受托人应当自慈善信托终止事由发生之日起15日内，将终止事由、日期、剩余信托财产处分方案和有关情况报告备案的民政部门。慈善信托终止的，受托人应当在30日内做出处理慈善信托事务的清算报告（慈善信托若设置信托监察人，清算报告应事先经监察人认可），向备案的民政部门报告后，由受托人予以公告。

（3）慈善信托终止，没有信托财产权利归属人或者信托财产权利归属人是不特定的社会公众，经备案的民政部门批准，受托人应当将信托财产用于与原慈善目的相近似的目的，或者将信托财产转移给具有近似目的的其他慈善信托或者慈善组织。

第五节

慈善信托业务模式

根据目前中国境内的制度环境，财富家族通过信托结构从事慈善事业的业务模式总体可分为三大类：单一受托人模式、慈善组织与信托公司作为共同受托人模式、慈善信托与家族信托等结合的双层架构模式。

一、单一受托人模式

1. 信托公司作为单一受托人模式

信托公司作为单一受托人在实务中有两种模式：一是捐赠人将慈善财产捐赠给慈善组织，由慈善组织作为委托人设立慈善信托，由信托公司担任受托人；二是直接作为委托人设立慈善信托，信托公司作为受托人，如有需要也可聘请慈善组织作为项目执行人参与慈善活动。

由信托公司担任受托人具有诸多优势如：信托公司是专业信托业务机构，无论在组织架构还是管理制度上均已非常成熟，建立了从风控合规、运营管理、信息技术到市场销售的综合治理体系，另外信托公司还具有专业资产管理能力及丰富的高净值客户资源。但同时，信托公司也存在社会知晓度不高、慈善项目经验不足以及税收优惠制度不明确的劣势。

在实际业务中，由信托公司担任受托人的慈善信托占大多数，具体模式包括：

（1）捐赠人将慈善财产捐赠给慈善组织，由慈善组织作为委托人设立慈善信托，由信托公司担任受托人，见图 4-6。此种模式的优势在于以慈善组织名义设立信托，发挥慈善组织的资金募集能力，由慈善组织为捐赠人开具捐赠票据，使捐赠人享受税收优惠。另一方面，信托公司作为受托人可方便设立专户，发挥其资产管理优势。弊端是慈善信托委托人为慈善组织，慈善组织将行使委托人权力。

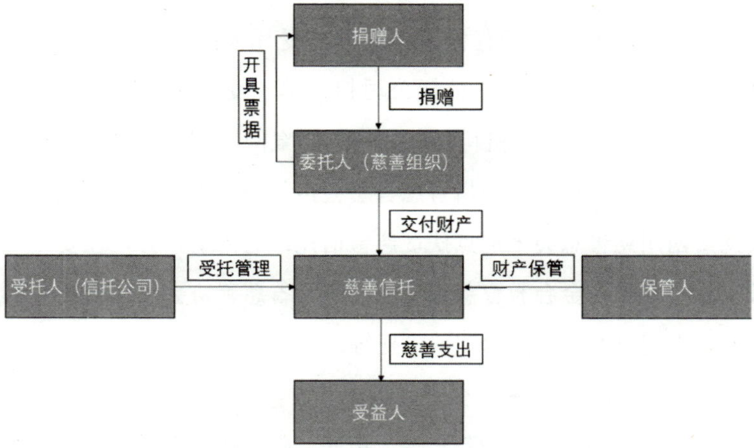

图 4-6 信托公司作为单一受托人模式 1

（2）直接作为受托人设立慈善信托，信托公司作为受托人直接开展慈善活动，如有需要也可聘请慈善组织作为项目执行人参与慈善活动，见图 4-7。此种模式的优势在于慈善组织以项目执行人介入，发挥慈善组织的项目管理经验，弥补信托公司在公益慈善领域的劣势，同时发挥信托公司优势，进行有效资产配置。

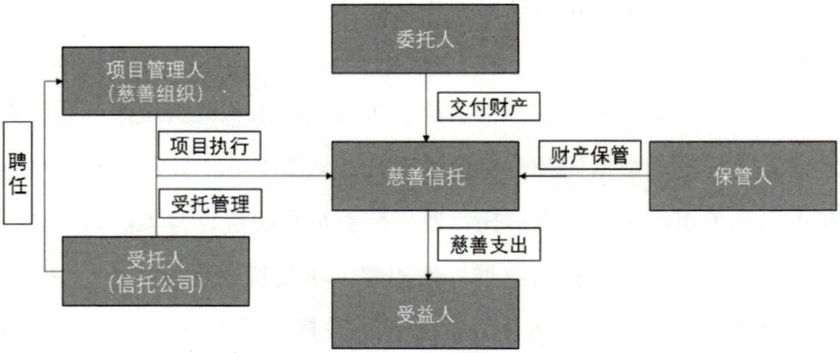

图 4-7 信托公司作为单一受托人模式 2

业内由信托公司担任慈善信托单一受托人的案例较为普遍，成功备案的慈善信托中，由信托公司担任单一受托人的案例占比超过80%。也有诸多由慈善机构担任委托人的案例，如长安国际信托股份有限公司担任受托人、四川省慈善总会担任委托人的中国信托业・长安慈・四川慈善总会・定点扶贫慈善信托；老牛基金会担任委托人的长安慈一老牛基金会教育慈善信托；陕西省慈善协会担任委托人的长安慈一山间书香儿童阅读慈善信托等。

2. 慈善组织作为单一受托人模式

由慈善组织（一般为基金会）担任慈善信托的受托人，见图 4-8。

由慈善组织担任受托人，具有很多优势：截至 2020 年 12 月 31 日，全国登记认定的慈善组织达到了 9920 个。它们具有丰富的项目运作经验和慈善资源优势，慈善组织熟悉公益行业，拥有广泛的社会基础，可发挥自身专长更好实现委托的慈善目的。同时国内很多慈善组织具有良好的声誉和影响力，委托人可借势打造自身的慈善信托品牌和公信力。但另一方面，慈善组织作为受托人也面临着诸多劣势：慈善组织缺乏运作信托业务的经验、制度和人才，不熟悉金融业务流程，资产保值增值的能力很弱，较难在银行开设信托专户等。此外，《慈善信托管理办法》对于慈善组织担任受托人的投资范围做了严格限定，只能投资于银行存款、政府债券、中央银行票据、金融债券和货币市场基金等低风险资产。如慈善组织作为单一受托人，那么信托财产的保值增值将受到比较大的限制。

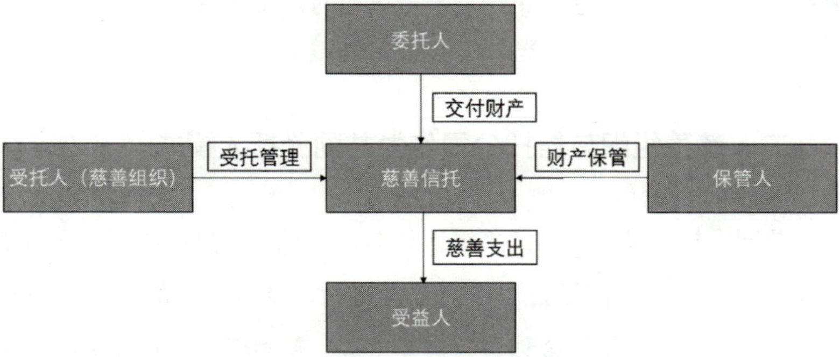

图 4-8 慈善组织作为单一受托人模式

2016 年 12 月 28 日，北京市企业家环保基金会（简称阿拉善 SEE 基金会）发布设立“北京市企业家环保基金会 2016 阿拉善 SEE 公益金融班环保慈善信托”，这是自 2016 年 9 月《慈善法》正式施行后，中国首例慈善组织作为单一受托人的慈善信托。该慈善信托委托人为阿拉善 SEE 公益金融班代表张泉，受托人为北京市企业家环保基金会，监察人为中伦律师事务所，保管账户设立在广发银行，信托资金 100 万元，将用于支持初创期的环保公益组织。该笔慈善信托于 12 月 27 日在北京市民政局完成备案，获得备案回执。

2019 年 7 月 5 日，新湖财富投资管理有限公司设立了“新湖财富·关爱儿童慈善信托”，该信托同样采用了慈善组织作为单一受托人的模式，受托人为深圳市社会公益基金会，信托资产规模为50万元，期限为永久存续，信托目的在于为改善中国儿童教育、健康、安全方面的现状，促进中国儿童的全面发展。这一信托的特点在于：设置了监督管理委员会，负责对信托财产投资、管理和分配的决策；同时将慈善信托财产委托专业投资机构进行投资，负责公益资金的保值增值，充分发挥了慈善组织与金融机构的系统效应。

二、慈善组织与信托公司作为共同受托人模式

共同受托人模式即由慈善组织和信托公司共同担任慈善信托的受托人，见图4-9。信托公司作为金融机构，具有专业的资产管理和理财服务经验，负责资金划拨等信托事务；慈善组织负责筛选、管理、实施慈善项目，确保资金真正运用到受益人身上，使慈善信托活动分工精细化、业务专业化。但要注意的是，《信托法》规定：“共同受托人之一违反信托目的处分信托财产或者因违背管理职责、处理信托事务不当致使信托财产受到损失的，其他受托人应当承担连带赔偿责任。”因此共同受托人之间要彼此互信，信任对方将严格遵照合同约定尽职执行信托事务。

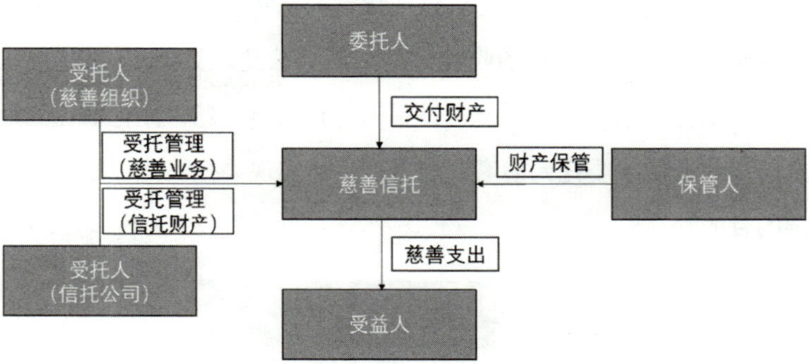

图 4-9 慈善组织与信托公司作为共同受托人模式

前文介绍的“中信·何享健慈善基金会 2017 顺德社区慈善信托”即采用了双受托人的结构，即中信信托与广东省和的慈善基金会担任共同受托人，该信托的慈善支出由广东省德胜社区慈善基金负责执行，意在建立人文性和富有吸引力的社区。双受托人模式不仅实现了对资产进行有效隔离保护，而且家族慈善基金会也对家族的慈善计划进行了统一部署，可以保证满足家族不同的慈善需求。

三、双层架构模式

现行法律规定，慈善捐赠的财产和收益须都用于慈善事业，但是实践中，有的家族希望兼容慈善和家族利益，希望家族财富每年一定的收益或一定比例用于慈善。针对此种情况，可以通过双层架构的模式来解决。

1. 慈善先行信托 + 慈善信托模式

该种模式下，由委托人用该部分资金设立慈善先行信托，同时用一部分财产设立慈善信托，将慈善信托设置为慈善先行信托的受益人，慈善先行信托可将每年取得的收益分配给慈善信托，见图 4-10。同时将慈善先行信托剩余财产的受益人设置为家族成员，慈善先行信托到期时，剩余财产将归属于委托人的家庭成员，从而实现委托人将一定财产用于慈善的目的。

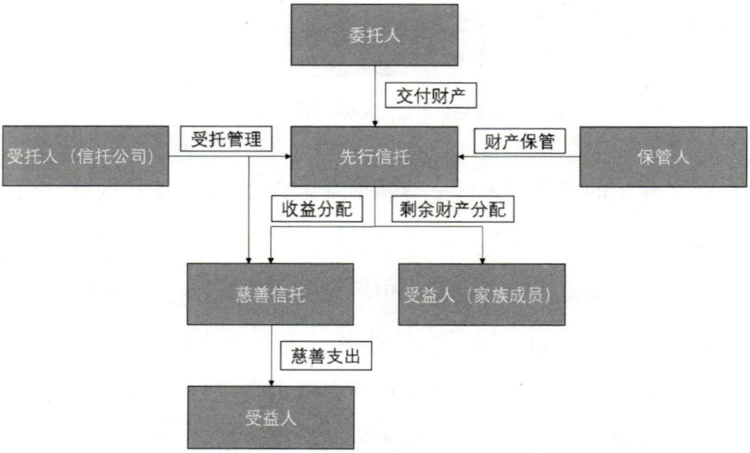

图 4-10 慈善先行信托 + 慈善信托双信托模式

长安信托设立的“长安慈—平安天年方舟慈善先行信托”“长安慈—平安天年方舟慈善信托”，是国内首单采取慈善先行信托 + 慈善信托的模式。慈善先行信托借鉴了欧美慈善先行信托的理念，慈善先行信托产生的收益优先用于慈善目的，将部分收益源源不断地支持“长安慈—平安天年方舟慈善信托”，以保障该慈善信托的持续性。同时，慈善先行信托的剩余收益可用于私益目的，兼顾了委托人财富传承与公益慈善的意愿。

2. 家族信托 + 慈善信托模式

此外，还可以同时成立一个家族信托和一个慈善信托：家族信托，将家族成员作为该信托的受益人，同时设立慈善信托，将慈善信托也作为家族信托的受益人之一，见图 4-11。在信托文件中约定每年将一定的金额或信托财产比例或收益分配给慈善信托用于慈善目的，亦可以在家族信托层面设置决策组织，由家族核心成员担任，来决定每年分配给慈善信托的金额。该家族信托同时兼顾家族成员的利益，保障家族成员的生活、教育、创业、养老等各方面的需求。①

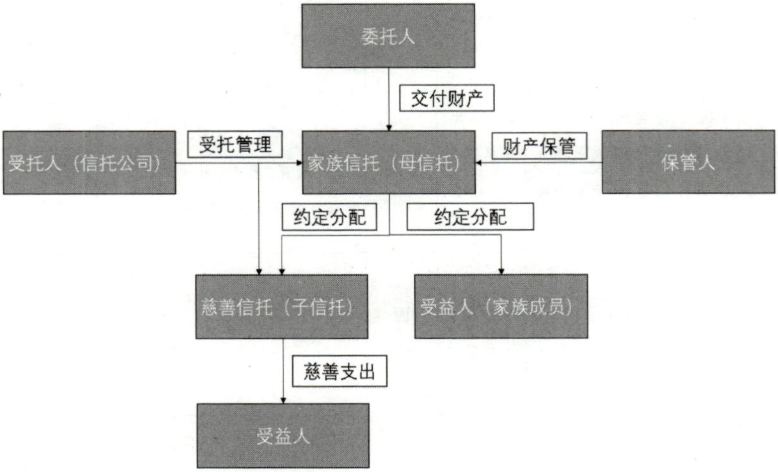

图 4-11 家族信托 + 慈善信托双层信托模式

家族慈善信托案例，见表 4-1。

① 蔡概还，邓婷．中国家族慈善信托发展的关键问题［J］．清华金融评论，2018-10.

表 4-1 家族慈善信托案例列表

编号	名称	委托人	受托人	期限	信托目的	初始规模（万）	备案时间
1	万向信托• 乐淳家族慈善信托	彭蕾	万向信托股份公司	永续	支持发展教育、科技、文化、艺术、体育、医疗卫生、环境及其他社会公益事业，扶贫、济困、扶老、救孤、恤病、助残、优抚、救助灾害事件及其他公益活动	2000	2016-9-26
2	中信·何享健慈善基金会 2017 顺德社区慈善信托	美的控股有限公司	中信信托何享健慈善基金会	永续	全面支持顺德的扶贫、济困、教育、养老、社区发展等综合性慈善需求	49200	2017-5-27
3	刑白家族－慈善信托		山东省国际信托股份有限公司	无固定期限	公益慈善	1000	2017-7-14
4	深圳壹基金公益基金会－林氏家族慈善信托	云南柏丰投资（集团）有限公司	深圳壹基金公益基金会	10 年	为潮汕地区（潮州市、汕头市、揭阳市及汕尾市，含地级市代管的县级市）的儿童提供支持和资助	1500	2018-5-16

续表

编号	名称	委托人	受托人	期限	信托目的	初始规模（万）	备案时间
5	鲁冠球三农扶志基金慈善信托	鲁伟鼎	万向信托股份公司	永续	为“让农村发展、让农业现代化、让农民富裕，以影响力投资、以奋斗者为本、量力而行做实事”，开展扶贫、济困、扶老、救孤、恤病、助残、优抚、救灾等慈善活动，促进教育、科技、文化、卫生、体育、环保等事业发展	60000	2018-6-29
6	长安慈－平安天年方舟慈善信托	不公开	长安国际信托股份有限公司	不设固定期限	本信托旨在扶老助幼，为老人、儿童等困难群体提供慈善服务，优先支持青岛市崂山区的老人帮扶事业	30	2018-9-28
7	山东信托·招行私行·嘉和路慈善信托	路斗恒、山东省鲁信公益基金会	山东省国际信托股份有限公司	无固定期限	资助中国境内贫困学生、优秀学生，扶贫，弘扬中华民族传统美德，支持社会公益组织发展及社会好人好事等慈善事业	1000	2019-2-12

第五章

家族慈善基金会

自地理大发现600多年以来，全球贸易和工业革命这两个重大历史进程，彻底地改变了人类社会的财富格局，并形成了今日世界的社会与市场结构。在这个物质财富积累的历史过程中，企业的发明和企业家的出现相应地发挥了重大作用。面临有史以来最多的财富积累，人类社会的分配机制发生了变化，逐渐形成了我们现在所熟知的第一次分配、第二次分配和第三次分配。①

到达19世纪后半叶，西方世界出现了诸如卡内基、洛克菲勒、赛奇、罗森沃尔德等拥有空前规模财富的商业巨富。这些巨富运用其个人财富或遗赠创办家族慈善基金会，资助创建高等学府、研究机构、图书馆、博物馆等公共设施，其慈善行为犹如“财富的福音”，对商界成功人士甚至是中产阶级的财富观产生了重大的影响。在2020年洛克菲勒慈善顾问机构对全球28个国家净资产超过1亿美元的201位财富人士的一项调研显示，有64%的受访者将家族基金会作为慈善捐赠的首要载体。②

中国改革开放四十年以来，带来了财富的创造和积累，以及宏观政策环境的鼓励，这些都在一定程度上推动了慷慨的慈善捐赠。③尤其是在进入21世纪以来，中国的先富人群开始面临家族传承的问题，如何提升家族财富的社会价值、培养积极的家风、传承良好的价值观，也成为许多高净值人士的重要目标。很多捐赠者希望以创建家族基金会的方式投身慈善，希望在积累和传承财富的同时能够承担社会责任，积极回馈社会，将更好的家庭精神和价值观传递给家族后代。在这一背景下，家族慈善作为一种相对独特的慈善样本，越来越多地受到人们的关注。家族基金会作为实现家族精神与家族财富同步传承的重要载体，对中国现代慈善事业的发展起到了直接的推动作用。

---

① 第一次分配是由市场按照效率原则进行分配，通过劳务、资金、知识贡献获取股息、红利、工资报酬等财富；第二次分配由政府按照兼顾公平和效率的原则、侧重公平原则，通过个人、公司所得税及消费税等方式，调节第一次分配中高收入者的收入，并将一部分税收集中用于公共事业、社会保障等支出，人们通过社会公共服务和福利获取财富；第三次分配是遗产和遗产税，欧美发达国家通过征收高额遗产税、赠与税等反向鼓励富裕阶层投身捐助等慈善事业，社会间接地通过公益慈善捐赠而达到再分配的目的。在中国也有观点认为，基于中国的实际情况，公益慈善属于第四次分配机制。

② RPA.Global Trends and Strategic Time Horizons in Family Philanthropy 2020[R].2020.

③ 2020年9月，中国慈善联合会发布《2019年度中国慈善捐助报告》。报告显示，2019年我国共接收境内外款物捐赠1701.44亿元人民币，现金捐赠连续两年突破千亿元。这些慈善捐赠投向教育、扶贫和医疗这三个领域的资金依然最多。

第一节

家族慈善基金会概述

一、家族慈善基金会的界定

迄今为止，家族基金会（Family Foundation）这一概念在很多国家并未成为法律术语，不同法律体系的国家对这一类基金会的理解和定义也有不同。[①]但随着一个多世纪以来家族基金会在世界范围内的实践，其形式不断创新，架构不断完善，社会对家族基金会的理解也逐步趋向共识。目前，对家族基金会这一慈善组织形式的判定标准，主要还是基于欧美的实践总结。

美国基金会理事会（The Council on Foundations）对家族基金会的判断标准是："由单一家族的成员出资；至少有一位家族成员必须在基金会任职或担任理事，并在基金会的治理和管理过程中发挥重要作用。"大多数家族基金会由自愿担任受托人或董事的家族成员管理，不获取任何报酬。[②]

① 汪跃云．是时候改变对公益慈善的理解了[J]. 中国基金会发展论坛，2018-09-06. http://www.cfforum.org.cn/content/798.

② 美国慈善组织专家乔安妮·弗里茨（Joanne Fritz）博士对家族基金会的定义："家族基金会是指其资金来源于同一家庭的成员的基金会；且至少有一位家庭成员能够无偿继任基金会的主管、董事会成员或捐助者的基金会。"这一定义也来源于美国基金会理事会。

英国慈善基金会协会（Association of Charitable Foundations）指出，在英国，基金会（Foundation）和信托基金（Trust）所表示的意义类似，“家族基金会”或“家族信托”这两个词仅是为了使用便利，并非专业的术语，在这项统计研究中，指的都是独立的慈善基金会，其资金主要来自个人捐赠者、家族企业或家族成员的个人捐赠。创始人或其家人及后代往往在理事会中担任职位。①

在中国，基金会中心网在2014年的一份报告中指出，家族基金会指的是由家族出资，进行公益服务的基金会。判断家族基金会的标准是：基金会名称包含家族名称，基金会发起人或出资人为个人或家庭，家族成员在基金会任职。②

深圳国际公益学院家族传承中心认为，家族基金会是满足如下条件的且不具公开募捐资格的慈善基金会：①由个人、家族或由个人、家族控股的非公有制企业出资设立，且个人或家族成员在基金会担任重要职务的慈善基金会；②由在政治、经济、文化、科技等领域具有重大影响力的个人或家族成员发起设立，且个人或家族成员在基金会担任重要职务的慈善基金会。

这里需要特别指出的是，在中国，根据《基金会管理条例》的规定，“基金会是指利用自然人、法人或者其他组织捐赠的财产，以从事公益事业为目的，按照本条例的规定成立的非营利性法人”。虽然家族基金会尚未有明确的法律定义，但是作为基金会这一法律形式，家族基金会的运作同样受到《基金会管理条例》的指导与规制。根据

① 英国慈善基金会协会网站 https://www.acf.org.uk/ 可下载相关报告。

② 中国基金会中心网．数说基金会：家族基金会二三事 [R]. 2014-11-07.

《基金会管理条例》的划分，基金会分为面向公众募捐的公募基金会和不得面向公众募捐的非公募基金会。根据这一规定，家族基金会的资产来源主要是由个人或者家族捐赠，因此属于非公募基金会的范畴。

二、家族慈善基金会溯源

家族基金会的起源可追溯到欧洲文艺复兴时期。许多著名的家族通过对公共事务的慷慨捐赠形成了巨大的影响力，直至今日依然留下了家族的美名。例如，美第奇家族、罗斯柴尔德家族、富格尔家族等。美第奇家族的资助对文艺复兴运动起到了举足轻重的作用，米开朗琪罗、达·芬奇、伽利略等巨匠都曾是其资助对象。美第奇家族通过对艺术、建筑、科学不遗余力的捐赠取得了惊人的成就，因而也被称为文艺复兴的教父。

秉承欧洲的慈善思想和传统，美国社会从17世纪中叶开始到19世纪，逐步建立了从早期慈善救济过渡而来的社会公益雏形，并发展出与之匹配的一套公益慈善思想。成立于1867年的皮博迪教育基金会（Peabody Education Fund）和成立于1882年的约翰F. 斯莱特基金会（John. Slater Fund）“开创了现代大基金的模式，使相对零散的捐赠演变为合理化、组织化和职业化的公益事业，把探索社会问题的根源和辅助弱势群体更多地建立在科学的、理性的基础上而不是主要诉诸仁爱和利他主义”[①]。其后，在20世纪初，诞生了被史学家称为“公益事业革命”的现代基金会运动。在这一过程中，赛奇基金会（Russell Sage Foundation，1907）、卡内基基金会（Carnegie Corporation of New York，1911）、洛克菲勒基金会（Rockefeller Foundation，1913）、罗森沃尔德基金会（Rosenwald Foundation，1917）等家族基金会堪称模范，这些基金会通过自身的积极作为，展示了家族基金会在现代慈善事业中的巨大潜能，在美国历史上留下了不可磨灭的印记。家族基金会的兴起，推动了美国现代慈善事业的发展，同时也为美国现代基金会的发展提供了样板，“为个人和家庭提供了无与伦比的机会，去好好地做成一件事……家族基金会不断集中的财富改变了公益机构的影响和责任，以及与政府之间的平衡关系，使个人有机会去直接地，也更有效地去影响变革”[②]。

英国早在1601年即颁布了世界上第一部慈善法规《慈善用途法》，其后的几个世纪，财富家族兴办了大量的慈善机构。19世纪早期，英国乌托邦社会主义者、企业家、慈善家罗伯特·欧文率先建立基金会以改善企业员工的工作、生活条件，成为这一时期私人基金会的先驱。进入20世纪之后，英国迄今为止仍具规模的一些家族基金会相继成立，其中佼佼者如成立于1936年的惠康信托（Wellcome Trust），其以制药业巨子亨利·惠康爵士（Sir Henry Solomon Wellcome）的遗产创办，主要关注生物医学和健康科学研究领域。

① 资中筠．财富的责任与资本主义的演变——美国百年公益发展的启示［M］．上海：上海三联出版社，2015：24.

② 〔美〕沃尔德马·尼尔森．大捐赠者传奇［M］．程迺欣，郑胜天．杭州：浙江大学出版社，2013：122.

2017 年，其资产达到 232 亿英镑，是全世界第二富有的慈善基金会。时至今日，英国的家族基金会以雄厚的资产、慷慨的捐赠和全球化的视野，为英国慈善事业提供了强大的助力。① 与此同时，在欧洲范围内，家族基金会已经建立起一套成熟和完整的治理、运营模式，著名的家族基金会还有英国的利华休姆信托基金、盖斯比慈善基金会、纪念碑信托基金、塞恩斯伯里家族信托，德国的墨卡托基金会、博世基金会，瑞典的宜家基金会等。

进入 21 世纪之后，比尔·盖茨和梅琳达与沃伦·巴菲特在 2010 年发起“捐赠誓言”活动，号召全球亿万富翁将个人财富的半数以上捐赠给慈善事业，以比尔及梅琳达·盖茨基金会等为代表的家族基金会的成立，在全世界引发了对家族基金会这一慈善形式的高度关注和普遍实践。

追溯中国古代最早的慈善基金形态，不得不提到“先天下之忧而忧，后天下之乐而乐”的千古圣贤范仲淹。他在“未贵显”之时，见族人生活困寒，已“有志于”设立一个基金组织以赈济族人。时任杭州太守的范仲淹，在其晚年宣布捐出他一生的全部积蓄，在祖籍地苏州购置了一千余亩良田，建立一个宗族福利基金，称作“范氏义庄”，除资助范氏族人外还周济乡亲。在范仲淹去世后，他的两个儿子又续增条款，田地也一直由范氏子孙中有能力者不断捐赠，使范氏义庄继续维持下去。② 范氏义庄堪称是我国慈善史上的典范，它是我

① 慈善蓝皮书：中国慈善发展报告（2018）[M]. 杨团主编 . 北京：社会科学文献出版社，2018：379-396.

② 〔元〕脱脱等 . 宋史 [M]. 北京：中华书局，1997：范仲淹传 .

国史料记载的第一个非宗教性民间慈善组织。它还创造了一个奇迹：虽然历经战乱，朝代不断更迭，但一直到清朝的宣统年间，范氏义庄依然有良田 5300 余亩，而且运作良好，义庄的慈善事业运行了 800 百多年。

进入现代，中国大陆家族基金会的发展始于改革开放后，与中国慈善事业的发展相同步。2017 年的一份专题报告曾显示，从发起人身份上看，较早的家族基金会主要是文化名人、爱国华侨发起的，如注册于 1984 年的潘天寿基金会、1986 年的福建省泉州贤銮福利基金会等。[①] 随着改革开放和经济的发展、财富的积累，一批由企业家、创富一代创建的家族基金会逐渐出现，他们积极参与慈善事业，致力于创建机会平等、可持续的和谐社会。

1988 年，《基金会管理办法》出台，这是改革开放后中国第一部专门规范中国民间组织登记管理的行政法规。次年（1989 年），吴作人国际美术基金会、马海德基金会先后在北京注册成立。

2004 年，《基金会管理条例》出台，进一步促进社会力量参与公益事业制定。这一年，中国第一家现代意义上的家族基金会——内蒙古老牛慈善基金会成立。老牛基金会家族特征明显：由牛根生家族捐赠资产，与他人或企业（包括家族企业）没有关联；家族全部成员参与慈善事业；财富和理念具有传承性，“有形资产”和“无形资产”代际相传。

---

① 基金会绿皮书：中国基金会发展独立研究报告 (2017) [M]. 邓国胜，陶泽主编 . 北京：社会科学文献出版社，2018：89-100.

三、家族慈善基金会在中国

2019 年，深圳国际公益学院家族传承中心发布了《中国家族慈善基金会发展报告（2018）》，首次系统、独立地呈现了中国家族慈善基金会发展状况。调研结果显示，截至 2018 年底，中国共有 268 家家族慈善基金会，在全国 6870 家基金会中，仅占 4%；而在美国的近 10 万家基金会中，家族慈善基金会则占到了半壁江山。

在 268 家家族慈善基金会中，大多为中小型基金会，半数（54%）以 200 万元最低注册资金注册，平均注册资金为 902 万元。注册数量最多的前三个地区分别是：广东（52 家）、北京（41 家）和福建（34 家），全国半数家族慈善基金会分布在这三个地区。如美的集团创始人何享健先生于 2013 年发起成立何享健慈善基金会（2017 年更名为广东省和的慈善基金会），注册基金 5000 万元，截至 2018 年净资产 5.1 亿元，过去五年每年公益支出超过 2 亿元。不同于将美的企业完全放手，交由职业化团队打理，对于基金会，何享健视其为家族慈善事业的里程碑，不但将接力棒交给儿子何剑锋，让其担任基金会主席，他的两个女儿也分别担任基金会的理事长和理事。何享健希望“成立一个考虑得更远、能够传承的家族慈善基金会”。

与我国公益慈善行业聚焦的首要社会问题一致，教育和扶贫也是我国家族慈善基金会首要关注的领域。2017 年度净资产排名前十的家族慈善基金会均或多或少对教育领域有所贡献。教育项目形式以发放奖、教、助学金为主，也有部分图书室、教学楼等基础设施建设项目。项目地区多为贫困地区，资助教育也常被当作扶贫的重要手段。但同时，作为家族基金会这样具有个性化特征的公益机构，其主要特色表现在对文化艺术、大学捐资、养老服务和资助社会组织能力建设等特色领域。

四、家族慈善基金会的价值

家族基金会的成立往往源于家族财富创造者或继任者高瞻远瞩的未来愿景和以天下为己任的人生格局。作为家族慈善的创始一代，他们希望把自己的传承铭记在某个他们非常关心的社会问题上，为家族慈善事业建立一个完整的捐赠传统。家族基金会不仅可以让显性的财富、价值观得以传承，更可以传承美德和家风这些隐性的家族特质。

同时越来越多的家族基金会创始人开始关心捐赠的有效性，安排重要的家庭成员专门负责慈善事务，更有甚者，例如腾讯的核心创始人陈一丹开始全情投入慈善事业。家族基金会为聚集更多慈善资源、吸引商界领袖和专业化人才提供了有效的载体，正在加速慈善事业的现代化转型，推动战略慈善时代的到来。

1. 承载战略慈善事业

深圳国际公益学院2017年《中国亿元捐赠与战略慈善发展报告》提到，对全球100个最大慈善家族的研究结果显示，成立一个或多个家族基金会或类似机构的比例超过90%。说明家族基金会是实施战略慈善事业的首选方式。中国正从传统慈善向现代慈善大步转型，这一转型大体将在2025年左右完成。[①] 而中国家族基金会是进一步推动现代慈善向战略慈善转型的具体实践者和有力推动者。

首先，家族基金会相比其他基金会是更独立、更纯粹、更可持续的慈善资源。资助项目除了广泛关注教育、扶老、公共设施、环保、文化和医疗等诸多社会公益领域，相比政府的政治制约和投资机构的商业利益，更能够承担社会创新的风险。

其次，家族基金会通常由成功企业家创办，善于利用商业成功路径来解决社会问题。在基金会的治理结构、资金管理、战略决策等方面更具专业性，有效提高了慈善资源的使用效率以及可持续的问题，同时兼具孵化其他慈善组织和项目的功能。

再次，家族基金会不仅可以产生外部影响力，还可以为家族内部关系带来和谐改变。慈善志业为财富的传承注入了一种利他的精神、荣誉感，让家族中不同地位、辈分的成员可以在这里平等对话，甚至家族中女性配偶、下一代往往成为基金会的议事者和决策者。

家族基金会在战略慈善的六个重要指标——“战略性、专业性、创新性、多赢性、长远性、引领性”等方面都具有显著影响力。

宜家家族基金会

宜家创始人英格瓦·坎普拉德[②]（Ingvar Kamprad）设立了资产规模巨

① 王振耀. 中国正从传统慈善向现代慈善大步转型 [EB/OL]. 腾讯公益，2010-09-25. https://gongyi.qq.com/a/20100925/000043.htm.

② 英格瓦·坎普拉德于1943年在瑞典南部的埃尔姆胡尔特市创办宜家家装公司，后来这家公司逐步发展成在全球47个国家共拥有370多家门店、年销售额高达2315亿元的商业集团——宜家家居集团。

大的慈善基金会——斯地廷·英格卡基金会、英特罗格基金会和宜家基金会。因而，宜家家族基金会实际上是以斯地廷·英格卡基金会为核心的基金会群体。

宜家家族基金会控制着资产总值高达370亿美金的宜家家居集团。其中宜家基金会是宜家实际控制者斯地廷·英格卡基金会的慈善部门，其资金也来源于斯地廷·英格卡基金会。在英格卡基金会“无冕之王”的光环下，宜家基金会的关注点十分具体——儿童。根据宜家基金会的官方资料显示，宜家基金会目前与31个国际性非营利组织都有合作，并且是联合国儿童基金会、联合国难民署、拯救儿童组织、克林顿健康倡议和众筹组织KickStart等国际机构的最大企业捐赠者。

英格瓦·坎普拉德在40多岁的时候就开始思考宜家王国和手中巨额财富的未来，他渴望宜家集团永续存在，为了避免资本控制或者攫取宜家的财富，他拒绝把企业上市；同时迫于遗产税的压力以及对未来可能发生的家族成员争产的可能，他最终决定在荷兰设立斯地廷·英格卡基金会，这家基金会的目标是“促进和支持建筑和室内设计创新”。坎普拉德本人将全部股权全部捐赠给了该基金会，从而使斯地廷·英格卡基金会实际拥有英氏控股集团（Inska Holding）。由于该基金会的非营利性，它的税率不是家具行业通用的18%，而是3. 5%，这就变相免除了宜家每年数十亿美元的纳税。在该基金会的五人董事会中，坎普拉德家族占两席，分别是英格瓦本人及其长子彼得。

英特罗格基金会和宜家基金会也在企业运营中出于资本运作和开展慈善的需要而相继设立。需要指出的是英特罗格基金会设立在列支敦士登，在这里设立的基金会既可以用来做慈善，也可以设定受益人，使家族成员得到股权分红，照顾一家人的生活所需。

诺贝尔基金会

1895年，阿尔弗雷德·贝恩哈德·诺贝尔立志创办诺贝尔奖的遗书公开后，曾引起了热烈的争论。当时的瑞典国王奥斯卡二世认为，把奖颁给瑞典以外的人是不爱国的；美国纽约时报也曾预言这个奖项将来给瑞典带来的麻烦远多于荣誉。几乎没人相信这一国际性的科技大奖能够公正地举办下去。

因为一生未婚也没有子嗣，诺贝尔的遗嘱由他的侄子、当时掌管石油公司的伊曼努尔做执行人，他在一片质疑声中坚定地支持了基金会的成立和奖项的设立。1900年6月29日，诺贝尔基金会正式成立。时至今日，其每年颁发的奖项在全世界范围被认为是最具分量的荣誉，获奖的成果也代表着人类科学研究的最新成就和最高水平。

历经120年，诺贝尔用大部分遗产捐赠的基金会资产增长了100倍。高额奖金背后，是诺贝尔基金会成功的专业投资能力和资金管理模式。诺贝尔基金会的管理者，一部分是工商企业界代表，其余来自瑞典皇家科学院、瑞典文学院等。

今天，诺贝尔家族（诺贝尔兄长的后代）已经发展到340名成员。虽然诺贝尔基金会引起世人瞩目，但是诺贝尔家族非常低调，并没有直接参与基金会的管理，“我们家族有一个非常严格的规定：任何试图以‘诺贝尔’牟利的行为都是严令禁止的”。

诺贝尔家族协会成立于1960年，至今没有网站。协会通过电子邮件与340个成员联系。每个人在家族中都有对应的编号，根据在家族中的代际位置决定，每增加一代人就增加一位数，曾任家族协会主席的托马斯·提登的编号是3133，他的第一个孩子编号就是31331。协会每五年召集一次家族会议，15岁以上的家族后裔都具有选举权。“每一主席任期为5年，最多可以连任两届，之后的主席一定是新的人选，候选人由家族的全体成员投票决定，董事会任命，非常民主。”家族协会有自己的档案馆。诺贝尔家族每年都能获得固定的座位数，参加颁奖典礼和晚宴。颁奖典礼的名额是8个，晚宴是22个。

诺贝尔家族经历了各种战争、革命，时代的起伏令曾经的财富烟消云散，但他们坚守的诺贝尔奖却成了整个人类的财富和遗产。而这一切仅仅起源于一个无比纯粹、简洁而又宏大的目的：奖励为人类做出杰出贡献的人。

墨卡托基金会

墨卡托基金会是由德国的施密特（Schmidt）家族创建，以杜伊斯堡著名地图制图学家、宇宙学家格哈德·墨卡托（Gerhard Mercator）命名。“墨卡托”这个名字是全球性思维、科学精确性和创业精神的代名词，而墨卡托的事迹更是向世人展示了跨越文化、跨越宗教的宽容的重要性——因此墨卡托基金会一直遵循并捍卫着这一价值观。墨卡托基金会是德国最大的私人基金会之一。作为德国领先基金会之一，墨卡托基金会活跃于德国内外。由于创始基金会家族来自德国鲁尔地区，并且基金会总部也坐落在该地区，因此墨卡托基金会始终对鲁尔地区肩负一种特别的责任感。此外，墨卡托基金会也在德国境内乃至全欧洲代表一级基金会的联合机构中占有席位，其中包括德国基金会联邦联合会以及欧洲基金会中心的管理委员会。

墨卡托基金会集独特的科研经验与项目实践经验于一身，其内部由科学、教育和国际沟通三个事务部组成。基金会围绕着三个跨基金会事务部的中心主题展开工作。墨卡托基金会围绕着“多元融合”“气候变化”和“文化教育”这三个主题群，目标明确地进行着社会改良实践，同时，也为公共社会政治话题进行议题倡导。墨卡托基金会致力于塑造开放、团结、机遇平等的社会。它努力加强欧洲内部的凝聚力、提高青少年（特别是具移民背景的青少年）的教育、改进文化教育的质量与成效、推进气候保护并促进科学研究。作为资助型基金会，墨卡托基金会每年为许多项目伙伴单位和子机构提供项目实施经费，其额度达到六千至七千万欧元每年。

墨卡托基金会的活动范围遍及世界各地，在中国，墨卡托基金会的工作领域颇为广泛，既促进欧洲与中国基金会之间的交流，也支持德中学生及青少年双向交流，同时资助跨文化教育方面的项目。此外，墨卡托基金会也促进德国学校的中国能力建设并资助许多教育及研究机构从事对现代中国的学术研究。

比尔及梅琳达·盖茨基金会

该基金会是由比尔·盖茨与梅琳达·盖茨资助的、全球最大的慈善基金会。基金会以美国华盛顿州西雅图市为基地，于 2000 年 1 月，通过盖茨学习基金会和威廉·盖茨基金会的合并而创立。

比尔·盖茨认为“催化式慈善”的愿景是推动政府、市场和慈善组织的合作，让市场为穷人服务，从而系统地、可持续地帮助有需求的人群，而盖茨基金会则是比尔·盖茨夫妇催化慈善的“催化剂”：

第一层次，盖茨基金会力求触及“资本不能及之处”的社会创新。一方面由于贫困人群的需求无法引起市场的足够重视；另一方面，虽然市场催生了许多创新，但市场极有可能因为巨大的风险而放弃巨大的创新机会；另外，虽然政府也致力于资助市场鞭长莫及的医学、科技等领域的社会创新，但是选举周期的限制导致政府的支持不能维持很长远，有可能只为取得进展的创新提供支持。

第二层次，盖茨基金会也致力于寻求行之有效的方案，催化式慈善就能利用政治和市场的力量将创新带给最需要它们的贫困或弱势群体，如向儿童疫苗的研发、生产和分发的初期提供支持，直至它足够引起市场和政府的注意。

第三层次，盖茨也在利用基金会的资金建立一套让市场力量为贫困人群服务的体系。比如，盖茨基金会发起成立的全球疫苗免疫联盟（Gavi），采用创新的运作模式，一方面筹集资金为受援国购买新疫苗，另一方面通过一系列手段重塑疫苗市场，激励疫苗的开发和扩大生产，使得发展中国家的贫困儿童也能够公平地获得免疫接种。自 2000 年成立以来，Gavi 持续为受援国 8. 22 亿儿童提供免疫接种支持，拯救了超过 1400 万生命。

2. 传承家族的价值观

家族的兴衰成败，往往是社会发展的一面镜子。一个家族在历史长河中延绵数百年甚至上千年而生生不息，这本身就是一种值得关注的社会、文化现象。进入现代以来，面对大量的财富，如何传承财富成为企业家与其家族需要面对的新挑战，家族的财富延续与文化传承成为家族传承重点关注的内容。

家族的传承，除了最基本的血缘传递，主要包含财富的传承、文化的传承两个维度。纵观家族传承的历史，能够生生不息的原动力往往不是财富而是精神价值。但凡传承久远的家族，无一例外都高度强调家族文化与价值观的传承。中国家族慈善的文化传统历史悠久，人们普遍认为家族的长盛不衰与家族善行息息相关，所谓“积善之家，必有余庆；积不善之家，必有余殃”（《周易·坤卦·文言》）。很多大家族常用一副对联训诫子孙：“几百年人家无非积善，第一等好事只是读书。”这可以说是中国家族文化传承的核心价值所在。中国传统文化由对家族传承的重视，对精神价值的强调，进而发展出一整套价值规范来进行家族治理和教育。这些重要的价值，往往体现在“家风”“家训”当中。相应地，西方家族的“家族宪法”“家族宪章”等也是一整套的规范家族成员行为、引导家族成员价值取向的价值体系。

香港中文大学教授范博宏研究家族传承多年。在他看来，家族传承中有一种特殊的无形资产即价值观，这种价值观往往来自家族创始人，其中蕴含了他们奋斗的目的和企业生存的意义。对于家族而言，无形财富才是最大的财富，是下一辈得以依靠并继续创造价值和财富的核心。[①]

从文化与价值传承这一维度考量，一方面是家族企业的传承从内部制度上不断完善，深刻地烙印上家族的精神特质；另一方面，是通过家族慈善事业，将家族的核心价值观、使命愿景、家族核心制度与规范等逐代内化与传递。

人们会更加注重价值观传递的意义：“随着时间推移，家庭成员会发生变化，项目优先顺序也会变化；让家族及其慈善事业团结一致的是其价值观的传承。这种传承提供了持续性，而我们的慈善家族相信正是这种持续性，即家族价值观，为家族慈善事业赋予了特殊性质。”[②] 在家族传承过程中，家族基金会发挥着积极的作用，传递家族

① 范博宏．交托之重［M］．北京：东方出版社，2014：64-65，142.

② Virginia M.Esposito.Adding New Voices and Raising Charitable Children:a Family Responsibility[EB/OL].NCFP,https://www.ncfp.org/2013/02/15/adding-new-voices-and-raising-charitable-children-a-family-responsibility/;Elizabath T.Boris,Carol J.De Vita,Marcus Gaddy.2015 TRENDS STUDY:Results of the First National Benchmark Survey of Family Foundations[R].2015-11.https://www.ncfp.org/wp-content/uploads/2019/03/Trends-in-Family-Philanthropy-Full-Report-NCFP-2015.pdf.

精神，实践家族慈善理念，从而形成家族传承的正反馈机制。

家训中的核心价值与家族团结

近代湖南曾氏家族的《曾国藩家训》中，总结了官宦之家、商贾之家、耕读之家、孝友之家四类家族的兴衰，作为晚清中兴的第一功臣，曾国藩认为，官宦之家最易衰败，“能庆延一二代者鲜矣”；商贾之家次之，“勤俭者能延三四代”；耕读之家则能够传承更久，“耕读之家，谨朴者能延五六代”；曾国藩最推崇孝友之家，“孝友为家庭之祥瑞。凡所称因果报应，他事或不尽验，独孝友则立获吉庆，反是则立殃祸，无不验者”。孝友之家，可绵延十代八代。曾国藩在家书中告诫子弟：“凡家道所以可久者，不恃一时之官爵，而恃长远之家规；不恃一二人之骤发，而恃大众之维持。”长远的规划和历代积累的家规、人才辈出的贤能子弟，这两者才是家族能够长盛不衰、传之久远的根本。同时，曾国藩也教育子弟，认为“家和则福自生”“和气蒸帮而家不兴者，未之有也。反是而不败者，亦未之有也”。对于治家而言，和睦与团结不仅在于家族内部，对于家族之外的社会关系，也需要维持和睦。

无独有偶，在罗斯柴尔德家族创始人梅耶·罗斯柴尔德的家训中，家族的团结占据了重要的位置，他明确提道：“在一起祈祷的家庭将凝聚在一起”“要坚持家族的和谐”。他去世前还反复叮嘱子孙：“只要团结一致，你们就会所向无敌；到分手的那天，也是你们走向衰亡的开始。”在罗斯柴尔德家族的家训中：尽管所有的一切都可以改变，但族人团结，是唯一不能改变的家族精神。[1] 这个发展了250余年的庞大的金融家族，历经时代的风雨变迁而依然不倒，正是出于坚守祖训。罗斯柴尔德家族的第六代成员大卫·罗斯柴尔德曾坦言：“经历了历次世界大战、纳粹的迫害、国有化冲

① 张建华，景一，薛梅．家族传承［M］．北京：机械工业出版社，2017：188.

击，我们始终都在。正是因为家族所有成员齐心协力的参与，使得罗斯柴尔德集团区别于其他金融机构得以在欧洲乃至世界茁壮成长。”

洛克菲勒基金会

洛克菲勒家族以“促进人类的一切福祉”为使命。在这一使命的指引下，洛克菲勒家族根据不同历史时期，判断并选出人类福祉最紧迫、最关键的领域作为关注议题，由此开拓出了广泛而卓越的慈善事业。

约翰·D. 洛克菲勒在“没有善举的信仰是无意义的”的核心信念指导下，一直遵循着对他巨大财富的“代管信条”。约翰·D. 洛克菲勒二世继承了父亲对于财富与慈善的理念，形成了自己的一套价值观，即“权利意味着责任，机遇意味着义务，财富意味着职责”。

约翰·D. 洛克菲勒提出像商业一样管理慈善，建立现代基金会对公益事业提供长期援助，以信托基金保障家族资产的增值传承，通过创新的慈善投资增强资金使用的效率，最终实现对家族慈善事业的全面专业化管理。与此同时，洛克菲勒家族还以严格的家庭教育、特定的家族治理和档案管理模式，保证了家族文化的传承。

从 1855 年约翰·D. 洛克菲勒捐出第一笔 5 美元开始，洛克菲勒家族累计在慈善事业上投入超过 1500 亿美元。通过这些慈善投入，洛克菲勒家族建立或直接资助超过 75 家基金会与慈善组织，其慈善事业涵盖了人类生活的各个方面。这些善业遍及世界各地，对美国乃至全球的社会、经济、文化等方面产生了巨大的影响。①

虽然慈善事业可作为一项重要的家族传统，但要长久维持家族名誉需

---

① 中国公益研究院资本精神研究中心．世界第一慈善家族：洛克菲勒家族慈善百年［Z］．赵延会编．2013.

要建立比简单的捐赠更为远大和具体的家族共同理念。洛克菲勒家族的慈善事业始终以核心价值为导向，包括关爱地球环境、支持并传播艺术之美，以及促进美国乃至全世界的公正、和平与民主进程的发展。

内蒙古老牛慈善基金会

2004年成立的内蒙古老牛慈善基金会是中国第一家现代意义上的家族基金会，由蒙牛乳业集团创始人、前董事长、总裁牛根生先生携家人将其持有蒙牛乳业的全部股份及大部分红利捐出发起成立。

作为中国改革开放以来白手起家的创业者代表，牛根生从养牛工、洗瓶工做起，直至担任伊利集团董事、生产经营副总裁，10年间（1987－1997年）将伊利打造成“中国冰淇淋第一品牌”；在“一无市场，二无工厂，三无奶源”的困境下创办蒙牛乳业，7年间创造了年均增长158%的“蒙牛速度”—— CCTV 2003“中国经济年度人物”对牛先生的颁奖词写道：“他是一头牛，却跑出了火箭的速度！”带领蒙牛乳业成为全球液态奶冠军、中国乳业总冠军。

2006－2009年，牛根生陆续辞去蒙牛集团总裁、董事长，从企业家转为慈善家。2016年牛根生先生接受沃伦·巴菲特及比尔·盖茨夫妇的邀请，成为中国大陆首位加入“捐赠誓言”（The Giving Pledge）的慈善家。

> 我前半生经商，通过渡己来渡人；后半生行善，通过渡人来渡己。我认为，做生意需要年富力强，做公益也不能“七老八十”，于是适时淡出蒙牛，让出这个舞台，开启我50岁之后的人生规划。
>
> ——摘录自牛根生的“捐赠誓言”公开信

在其影响下，家族成员全部投身公益慈善事业。牛根生认为商业虽然也可以改变世界，但这种改变对一些人是好事，对另外一些人可能就是坏事；但是慈善不同，它不存在竞争，慈善的目标永远是“共同幸福”。

老牛基金会初创之时，牛根生就有“百年传承”的愿景，所以他将基金会命名为“老牛”。他曾对儿子牛犇说：“我的父亲没有做过企业，但是他做过慈善。爸爸现在是老牛，我离开这个世界后，你就是老牛，你离开这世界后，你的子女就是老牛。这是咱们牛家代代相传的名字。”

有意思的是，2011 年，牛根生夫妇带着家人去美国拜访了当时已 98 岁的戴维•洛克菲勒。之后双方下一代多次进行交流。在老牛家族的价值观中同样体现了“财富的责任”。

> 家族价值箴言 / 慈善理念
>
> 小胜凭智，大胜靠德；财富越多，责任越大；予人帮扶，于己修善；倡导施者，感恩受者；人人行善，则事无不善；快乐大小看爱你人数多少。
>
> 从无到有，满足个人，这是一种小快乐；从有到无，回馈社会，这是一种大快乐！

3. 凝聚家族力量

一个家族的传承和延续，既取决于外部的社会环境，同时也决定于内部的合作无间与团结一致。家族因内部争斗、兄弟阋墙而衰败的例子不胜枚举，而因团结一致、恪守祖训而绵延数代的家族也并不鲜见。

与家族企业等其他家族事业的运营相比，家族基金会更有可能作为一个家族共同的志业来参与和实现。家族基金会与家族企业的传承有所不同，家族企业的传承一方面受事业规模、治理水平、权力分配等的限制，另一方面也受家族继承者的志趣、天赋、能力的制约。家族基金会则不仅为家族成员构建了一个共同协商、合作、开展慈善事业的持续性机制，同时也为家族成员营造了一个传承家族成就与家族精神的平台，其最重要的任务之一，就是需要团结家族成员、凝聚家族力量与共识。

一些经久不衰、可堪传承典范的家族，在其传承过程中，建立了一套自己的文化传承方式。家族长辈们通过代代相传的、严格的财富与慈善教育以及对孩子的磨炼与考验，让孩子从小形成良好的财富观念、独立意识与坚强意志。定期的家族聚会与特定仪式，为家族成员创建了增进彼此了解的渠道、加强联系的纽带。如著名的洛克菲勒家族，在100多年来的传承中一直坚守家族信条，并通过一系列的家族仪式增进家族凝聚力并传承家族慈善理念。[①] 其第三代成员戴维·洛克菲勒在回忆录中介绍："洛克菲勒家族的慈善传统朴实无华，他要求我们慷慨施舍，积极投身于我们的社会和国家事务中去。这是父亲年轻的时候自己学到并悉心教给我们的管理信条，我们有责任对我们的社会有所回报。"洛克菲勒家族在20世纪70年代前后曾遭遇严重的分歧和紧张的家族关系，但是，家族最终因为慈善而保持团结，"尽管存在着实实在在的分歧，但是我们至少还抱着一些共同的愿望：创造一个没有种族仇恨和偏见的更加公平的世界，消除贫困，改善教育，研究出人类不通过毁坏环境而得以生存的方法""随着时间的推移，基金会为我们提供了一起合作的机会，并形成了能够反映我们那代人价值观念和人生目标的一种慈善哲学"[②]。

① 中国公益研究院资本精神研究中心．世界第一慈善家族——洛克菲勒家族慈善百年[Z]．赵延会编．2013.

② [美]戴维·洛克菲勒．洛克菲勒回忆录[M]．曹彦博．北京：中信出版社，2004：150-156，340.

简言之，良好的家族关系和家族治理对家族传承产生了积极的影响，而家族基金会无疑为家族传承提供了一个长期持续、卓有成效的平台。

洛克菲勒兄弟基金会

1940年，洛克菲勒家族第三代洛克菲勒五兄弟：约翰·D. 洛克菲勒三世、尼尔森、劳伦斯、温斯洛普和戴维共同建立了洛克菲勒兄弟基金会（RBF）。基金会成立的初衷是进一步扩大家族慈善的影响力以及加强家族团结。

洛氏兄弟都是标准石油公司巨额财富的第三代受益人。在家族的耳濡目染下，从小就培养了良好的慈善意识，在青年时期就已经开始以个人名义进行社会捐赠，且有时会捐赠给同一个受助对象。因此，联合为一个集体既能进一步提升影响力又有助于避免重复性工作。协同合作的理念和集体决策的方式也因此成为基金会贯穿始终的制度文化。

1967年，他们支持成立了洛克菲勒家族基金（RFF），用以培养第四及第五代成员的基金会托管及管理技能。同时，他们也表示部分年轻的家族成员将来可以被纳入RBF理事会；20世纪70年代，RBF在其理事会中设置了两个无投票权的“访客”席位，第四代家族成员可以以自愿的形式轮流参加。基金会也会在合适的时机帮助家族成员开展个人感兴趣的慈善项目。有时，基金会还以提供指导和基础设施的方式来支持其他洛克菲勒产业。

李国贤基金会

在香港，新兴集团成立的家族基金会是实现家族团结的典范。

1967年，李国贤继承家业成为新兴公司主席，在其领导下，家族事业逐渐发展壮大。

20 世纪 80 年代中期，李国贤的兄长李仲贤向他表示其母校香港大学正在筹募资金扩建学生宿舍，并积极寻求资助者。李国贤答应资助扩建学生宿舍，在思考如何统筹规划该笔款项才能达到合理的节税效益之际，其税务顾问向他提议创立私人基金会。1985 年李国贤基金会成立，并决定贡献集团 10% 的年利润给基金会作为永续资金。

基金会成立了法定董事会，并委任四位董事，包括：李国贤和他的妻子李冯珙华、他的长子李嘉辉及一位家族密友陈求德医生（骨科）。自 20 世纪 90 年代起，基金会资助了一些中国香港、加拿大及中国内地的众多教育和保健相关计划。随着慈善资金的不断增长，家族第三代逐渐加入基金会的管理与决策。

李国贤于 2010 年 2 月与世长辞，家族从美国慈善顾问机构 TPI 请来一位高级顾问协助召开家族会议，并讨论基金会未来的方向和其管理结构。家族会议中，他们决定所有家族成员，不分性别、血缘和世代，都会是董事会的一分子，为子孙世代建立凝聚家族力量的平台。尤其是在海外的家族后代，也能参与更多基金会事务，并乐于和其他家族成员分享其经验。

4. 培育家族下一代

家族事业的成功与顺利传承的关键，是奉行长期主义的策略，而家族天生的血缘纽带，更容易产生对家族事业的忠诚，在面对外部困境的时候，能够让家族事业保持活力和进取心，从而“上下同欲者胜”。但是，对于传承家族事业而言，家族成员、继承者的培养和教育是更为基础的关键所在，这一过程并非一蹴而就，正如范博宏教授所言，家族事业“完全转型与传承需要 20 年，培养人和制度才是重点”。

罗伊・威廉姆斯和维克・普瑞瑟在《慈善、继承者和价值观》一书中，通过对3000多个家族和将近100个家族基金的研究结果，得出结论“让家族下一代有计划地参与家族慈善，可增加家族企业传承的成功概率”。同时，书中将慈善视为继承者的教育工具，并对不同年龄阶段的家族下一代参与慈善提出了具体的行动建议。[①]

家族基金会是大多数家族在传承过程中的一个重要组成部分，对家族成员来说关系重大。参与家族基金会的管理运作，可以让家族成员更早建立起与财富的健康关系，树立有意义的人生目标，学习解决矛盾、控制预算和领导团队的经验，以及有机会与上一代、家族其他成员沟通思想见解，这些对家族关系和企业传承来说都至关重要。家族基金会往往成为新一代家族成员学习和展现能力最好的训练场。在家族事业与成就的传承过程中不仅承担着枢纽的作用，也为家族成员的培养和教育发挥持续而积极的影响。

家族基金会对于家族传承的积极意义，不同的家族有不同的理解和表述，但共同点基本上都围绕着家族共识与家族精神展开。如美国当纳利家族第五代成员艾略特·埃利奥特认为：“学习如何做一个称职的慈善家，以及互相分享做慈善的经验，这是我们家族一个重要的价值观，也就是说要回馈社会，更多地关注大我，而不仅仅是小我，这是我们公司和家族长青的理由。”韩国现代财团家族成员郑京善表示：“我们要了解我们是社会的成员，水能载舟也能覆舟。做家族慈善的时候，一定要坐在一起经常对话、一起探讨，在每个人之间达成共识。”[②]在中国香港，一项研究显示，以家族慈善事业的模式来参与

① Roy Williams,Vic Preisser.Philanthropy,Heirs & Values[M].Robert Reed Publishers,2010.

② 家族基金会是最好的传承家族成就和精神的平台［EB/OL］. 中国网，2015-09-30.

公益事务的主要原因是：①透过建立传统来传承家族的价值观；②使一个家族传统得以薪火相传；③向下一代传授家族的价值观。慈善事业不仅为家族扩大了影响力，传承了先辈的遗志，也令每一代家族成员有机会凝聚其中。[①]

德菲家族基金会与下一代理事

德菲家族基金会（Durfee Foundation）由多萝西·德菲（Dorothy Durfee）和瑞·斯坦·艾利（Ray Stanton Avery）夫妻成立于1960年。瑞·斯坦·艾利是美国发明家、企业家和慈善家，曾在1929年大学时期来中国留学一年。其家族企业艾利丹尼森传承至今，在包括中国在内的全球50多个国家开展业务。

基金会目前资产约3000万美元，主要在加州洛杉矶郡资助社区创新领导者。凯丽·艾利（Carrie Avery）是家族基金会的主席，也是一名律师和家族的第三代继承人，兼任美国家族慈善中心的理事。

根据家族传统，凯丽通常会在新家族理事会成员20岁时找到他们，开始为期一年的理事“入职”培训——参与理事会议、了解捐赠申请流程、项目评估、受助人拜访与筛选。成为理事资格的候选人有明确的要求：热爱学习、想法新颖、对过去取得的成就充满感激、对家族基金会理事会提供的机会充满热情。

随着基金会影响力的增长，凯丽发现家族20岁以下的成员也显示出对家族慈善事业的热情向往，于是她转变了之前做法，每年一度为家族全体成员组织理事会周末务虚会，让孩子、年轻人、理事和老人欢聚一堂，共同商议基金会的未来发展，并从中发掘和培养下一代中的领导人才。

---

① 彭倩．家族基金会如何助力家族团结——以香港新兴集团为案例［J］．中国慈善家，2015-10.

北京老牛兄妹公益基金会

2011 年，牛根生携家人探访洛克菲勒家族。这次经历让牛犇、牛琼兄妹“第一次对家族慈善事业产生如此清晰和深入的体悟”，在走访洛克菲勒基金会和洛克菲勒兄弟基金会之后，他们开始思考年轻一代应该有探索社会创新的新方式，也有进一步扩展慈善影响力的责任。

在取得一致想法后，2015 年 3 月，二人共同发起成立了“老牛兄妹基金会”，将洛克菲勒下一代慈善的方式引入中国，为青年“善二代”参与家族慈善提供实验性模式。

区别于老牛基金会关注环境保护、文化教育、行业推动、扶贫救灾四方面，老牛兄妹基金会致力于“传承慈善之业，创新慈善之道”，把重心放在“关注下一代发展，以有效慈善推动社会进步”。在支持儿童福利和青年创业、中国倡导和推动现代家族慈善的发展三个方面开展工作。受其资助的儿童艺术启蒙教育、乡村儿童性教育、篮球季乡村体育帮扶计划、大学生双创项目、社会创新实验室、洛克菲勒学人计划等具有鲜明的现代慈善、有效慈善特色。

香江救助基金会与下一代接班人

香江社会救助基金会由女企业家、慈善家，香江集团总裁翟美卿女士创立，聚焦“教育、扶贫、救助、赈灾”四大领域。翟美卿的女儿刘椒妍毕业于乔治·华盛顿大学，因受父母慈善行为的影响，她热衷公益慈善，为此还去美国纽约洛克菲勒兄弟基金会实习，学习慈善组织的运营管理；回国后她一方面进入香江集团参与家族事业，另一方面出任香江社会救助基金会秘书长。

她将国外学习到的现代公益理念和专业化运作模式，逐步融入香江社会救助基金会的各项管理和创新，建立一系列有影响力的公益活动；2018

年，开始推动基金会聚焦乡村教育，解决教育扶贫的均等化；并携手 11 家公益组织，首创发起“美好阅读公益联盟”共创平台。

翟美卿的儿子刘根森毕业于美国波士顿大学，目前担任基金会的副理事长，也是前海香江金融控股集团的董事长。他从五岁开始，就跟随父母往返四小时山路去参加慈善活动、筹建希望小学。刘根森大学毕业短短一年后就已是深圳市同心俱乐部青年委员会（下称“深圳同心青委会”）主席。

翟美卿和丈夫每年拿出企业利润的 10% 投入基金会公益事业，她认为“物质再多是带不走的，但是精神的力量是无限的。如果我们做企业都是为了追求物质的话，那可能真的是富不过三代，我们做企业的目的就是办好实业、回报社会”。

兄妹二人还共同推动深圳同心青委会的青年企业家积极参与公益事业，曾组织“同心青年荧光夜跑”、捐资助学活动等，引领“富二代”走向“创二代”。这些公益慈善事业的社会影响力对青年一代自身的成长和传承家族事业是无价的。

第二节
家族慈善基金会的设立

一、发起筹备

对于具有家族传承功能的基金会，在创立之前首要考虑的几个重大问题是创始捐赠的额度和资产类别，基金会共同坚守的信念、态度和行为模式（价值观），对未来社会理想图景的描述（愿景）以及基金会存在的价值、承担的责任义务（使命）等。尤其值得关注的是“价值观、愿景、使命”，这些是完全个性化的、不可复制的，需要认真发掘整理而不是套用照搬。它们由创始人独特的经历决定，并在创始团队中达成共识，是创始人点燃继任者和组织成员、走向事业成功的基石。

1. 创始捐赠

在做出成立基金会决定之前，创始捐赠人需要决定捐赠的资产份额。有的创始人会一次性捐赠大额基金创办基金会，之后不再追加拨款；有的会设定在非公募基金会的最低原始基金额度 200 万元，然后定期再捐赠一定资金到基金会（例如，一些家族企业规定年度利润的 10% 捐赠至基金会）。这些不同的选择一方面受到创始人可自由支配资产额度和税前抵扣政策的影响，另一方面取决于创始人对基金会的使用规划（如是否已有了明确的资助目标）。具体采用哪种方式需要与律师、财务顾问等进行综合筹划。

另外，国外的基金会可以接受多种形式的捐赠，除现金外，股票、股份、不动产、艺术品等都可以捐赠到基金会。在我国，根据《基金会管理条例》规定，基金会的原始基金必须为到账货币资金。以股权捐赠形式成立基金会的相关规定，则是在“中国股权第一捐”的曹德旺先生的推动下实现了突破。

曹德旺捐35亿元股票推动完善股权捐赠制度

福耀集团董事局主席曹德旺先生早已萌生捐股意愿。2007年8月，他向福建省领导表达了捐福耀股权成立慈善基金会的想法。但是股权捐赠面临各种制度障碍。2009年2月，曹先生正式在福建省证监局举行的福建辖区证券期货监管工作会议上表示希望捐出其家族所持有的部分福耀玻璃股权用于创建慈善基金会。4月正式向民政部递交了捐赠股票成立河仁慈善基金会的申请书。2009年10月，财政部出台《关于企业公益性捐赠股权有关财务问题的通知》，捐股限制被打破。

但是按《基金会管理条例》的规定，非公募基金会的原始基金必须为到账货币资金而不是金融资产（股票），中国还没有通过股权捐赠成立非公募基金会的先例和相关法规流程。因此“河仁慈善基金会”面临注册、纳税和上市公司控股股东等诸多体制障碍。为此，民政部主管副部长带领国务院法制办、国务院侨办、财政部、国家税务总局、证监会等单位组成联合调研组，专程向曹德旺了解捐赠意愿以及所面临的困难，探讨了以金融资产（股票）形式成立基金会的创新之处及解决路径。2009年财政部发布《关于企业公益性捐赠股权有关财务问题的通知》，规定经过合理程序审议的股权可以用于公益性捐赠。直到2010年6月7日，曹德旺先生最终决定出资2000万元，先在国家民政部登记注册成立了河仁慈善基金会，然后在2011年5月的成立仪式上正式宣布向“河仁慈善基金会”捐赠了个人持有的3亿股福耀玻璃股票，时值35.49亿元人民币，至此，他才完成了捐股计划，也正式开启了捐赠股权创办个人基金会的先河。

这一事件影响深远，不因其捐赠额再刷新高，而是这笔捐赠产生了7亿多元税负，将“不捐赠不纳税，巨额捐赠反而被课以巨额税款”的悖论抛向了制度设计者：按照当年法律，这笔股权捐赠视同销售，因而产生了7亿多元企业所得税。这一结果让有意捐赠的慈善家望而却步，也推动了股权捐赠税收制度的继续完善。2016年，《慈善法》通过后，财政部、国家税务总局联合下发《关于公益股权捐赠企业所得税政策问题的通知》，这一文件的核心意义是，股权转让的价格核算从公允价改为成本价，这样企业捐赠人在捐赠环节就不用承担税负了。①

2. 价值观

作为一名捐赠者，捐赠多少、捐赠给谁、如何捐赠，这在本质上是一种由价值观驱动的系列决策。让明晰的价值观贯穿个人与家族慈善事业整个过程，才能做出理念与实践一致的战略决策。家族价值观的提炼是创建家族基金会的重要前提，也是一个不断探索与自我发现的旅程。

中国传统文化倡导修身、齐家、治国、平天下。所以在中国，传承数代的家风家训是与家族价值观同根同源的，同时带有深深的家

① 更多有关股权捐赠的信息详见：《关于公益股权捐赠企业所得税政策问题的通知》（财税〔2016〕45号）《财政部、税务总局关于公益慈善事业捐赠个人所得税政策的公告》（财税〔2019〕99号）。

国情怀。有名望的家族创始人往往都会给后世子孙留下家书、遗言，其中很多历千百年而不衰，例如诸葛亮的《诫子书》、魏晋南北朝时期的《颜氏家训》、五代十国的《钱氏家训》、明末清初的《朱子治家格言》、清朝的《曾国藩家训》等。

家族的价值观很多时候是潜移默化地发挥着影响力，它塑造了一个家族的精神和品格。但是除了明确的世代传承的家风家训，大多时候我们很难用语言说清它具体是什么，这就需要认真思考并挖掘整理。美国家族慈善中心提供了以下建议，帮助厘清与建立价值观：①

（1）时间和耐心。价值观并不是我们日常讨论的话题，需要设计特定的场合（例如基金会筹备会议、家族务虚会）进行专门讨论。

（2）引导者。选择一个有威信的引导者（家庭长者或外部专家）来启发大家进行价值观的探讨，并形成一份共同信守的价值原则。

（3）讲述故事。启发多代成员讲述祖辈对于金钱和人生的态度以及对自己成长的触动，从不同的角度找出家族共性的特质。

（4）避免冲突。在建立有关价值观的对话时，家族成员会有不同甚至相左的观点，需要引导者避开潜在的矛盾，把话题聚焦在建立共识的讨论上。

（5）档案记载。如果有可能，用文字、声音、视频、家族纪录片等多种手段详细记录下这一过程，保存在理事会或者家族的历史文件中。

① NCFP. Five Ways to Get Started, Splendid Legacy[EB/OL]. 2017.

建立价值观这一过程的价值会随着时间的流逝越发弥足珍贵，有的家族甚至会对外公布这些资料以增加透明度和影响力。

中国具代表性家族基金会的价值观描述（摘录）

（按照成立时间排序）

内蒙古老牛慈善基金会价值观：渡人渡己，心怀感恩；树人树木，责任天下。

华民慈善基金会：坚持以人为本的主客体观、坚持以科技为基础的时空变化观、坚持以协同发展为目标的物质精神相互转化观，构建诚信、创新、规范、高效的慈善基金会。

广东省和的慈善基金会：上善若水，顺道直行。

北京三一公益基金会：

EFFECTIVE：我们相信专业精神使公益机构卓有成效；

EASY：我们相信充分赋能使公益的事简单易行；

ENJOYABLE：我们相信公益事业使参与的人乐在其中。

健坤慈善基金会：天行健，君子以自强不息；地势坤，君子以厚德载物。

福建省林文镜慈善基金会：根基在人，以爱担当。

3. 愿景

愿景是你对未来理想图景的描述，是家族慈善事业取得成功时所达到的理想境界。对于安德鲁·卡内基，它是“增进和传播知识，并促进美国与世界其他国家的相互了解”；对于约翰·D. 洛克菲勒，它是“提高全人类的福祉”。愿景为你指出努力的方向和目标，勾勒成功的画像。

愿景应该是一个宏大的梦想，但并不是空洞的倡导，而是在家族成员共识的基础上形成，并与家族价值观协同一致。愿景的形成可以遵循以下三个步骤：

（1）把你的愿景描述出来。面对的现实是什么？理想的境界是什么？

（2）向参与慈善事业的家族成员和创始团队阐述你的愿景。

（3）综合创始团队的意见共识，形成基金会的愿景。

单纯写在章程里和挂在网站上的愿景是无法动员组织成员的，只有将愿景清晰地传达给基金会的全体成员，才能制定出达成愿景的使命宣言以及更为具体的战略和工作计划，才能将具有同样理想的人才和团队聚拢起来，指引他们向着共同的理想世界迈进。

中国具代表性家族基金会的愿景（摘录）

（按照成立时间排序）

内蒙古老牛慈善基金会：为人类的健康生活和平等发展做出贡献。

广东省和的慈善基金会：民胞物与，天人和谐。

健坤慈善基金会：让每一个家，拥抱幸福、充满爱！

华民慈善基金会：全世界的慈善人联合起来，共同为21世纪慈善和共享文明的发展与进步而努力奋斗。

北京三一公益基金会：以科学公益理念引领重要社会议题的公益创新和实践，成为支持中国公益发展的独特力量；比肩世界一流基金会，助力中国公益发挥国际影响力。

4. 使命

当确定了慈善事业的愿景，下一步是确立基金会对应承担的责任义务是什么：通过什么行动，为哪个群体、哪个领域解决什么问题，带来什么改变。拟定一份高质量的基金会使命宣言，是一切实际工作开展的依据：

（1）为慈善资产的受托人提供指引。受托人、管理者可以依据使命宣言制定长期的发展战略，按照既定的方向推进工作；

（2）聚焦捐赠的核心领域。以使命为驱动力，集中各方资源在特定的领域发挥影响；

（3）为组织管理提供框架。保证组织的治理模式、人事架构与使命相一致；

（4）确定慈善资产的投资组合。确定使命一致型投资策略，投资给具有相同社会使命的企业可以放大慈善的效应。

国外较早创立的慈善基金会往往会使用“造福人类”这样非常宽泛的使命描述。随着慈善的专业化，新近设立的基金会往往用更准确的、更详细的描述。有的使命宣言会在慈善事业的起始阶段拟定，有的慈善创始人在事业的开端还不能清晰描述使命，会在广泛地参与慈善活动中逐步摸索和聚焦自己的慈善使命。

价值观往往有着长久的生命力，世代传承下去，但使命宣言的价值在于不断进化，通常每三到五年会随着形势变化做出调整，由慈善事业的创始人和理事会决定。有的使命宣言非常详尽，有的简短有力。但是一份深思熟虑的使命宣言通常包括如下共性的元素：[①]

---

① NCFP. Elements of a Mission Statement, Splendid Legacy[EB/OL]. 2017.

（1）家族的历史：创富的历史、家族的脉络、兴趣领域、公益慈善传统等，在国外多代传承的家族基金会最为多见；

（2）关注的领域：致力于在哪些领域、哪些地域创造变革；

（3）主要的目标和期待的成果。

美国具代表性家族基金会的使命宣言（摘录）

比尔及梅琳达·盖茨基金会（Bill & Melinda Gates Foundation）：确保未成年人茁壮成长；增强妇女和儿童改善生活的能力；帮助贫困人群遏制传染性疾病；激励人们行动起来改变世界。

西蒙斯家族基金会（Simons Foundation）：推动数学和基础科学研究的前沿。

梁氏家族基金会（The Long Family Foundation）：用真心和资源来支持中美之间的项目、计划和合作。

索布拉托家族基金会（Sobrato Family Foundation）：提升索布拉托家族成员共同的慈善追求，为当地（硅谷）创造高质量的教育机会、就业途径和基础公共事业。

中国具代表性家族基金会的使命宣言（摘录）

内蒙古老牛慈善基金会：教育立民族之本，环境立生存之本，公益立社会之本。

广东省和的慈善基金会：倡导、实践符合现代文明价值规范的公益之道。

健坤慈善基金会：以“弘扬优良家风，让中华好家风引领社会风气”为己任，倡导通过陪伴和聆听，促进家庭和睦、亲人相爱、向上向善，为下一代健康成长、老年人老有所养、共同创造美好幸福家庭、凝聚社会和谐奉献绵薄之力。

华民慈善基金会：提升弱势群体，弘扬资本精神；关注人类发展，促进共享文明。

北京三一公益基金会：推动科学公益，助力公益实现价值，创造世界真实改变。

具体到项目如何选择、如何规划我们会在第九章进行详细介绍。

5. 基金会命名

家族基金会一个明显区别于其他基金会的特征，就是通常会选取一个与家族相关联的名称。对于家族来说，这个名称可以承载很多意义。对一些人来说，这是一个可识别的品牌，为整个家族和更广泛的社区建立联系和传递力量；对另一些人来说，它象征着家族的传承，或许还象征着一种义务，这种义务将延续到下一代。不管怎样，一个家族如何使用自己的姓氏名称会引起关于隐私、透明度和影响力的问题。

国外的家族基金会大部分会以家族姓氏或者夫妻双方的名字命名，如洛克菲勒基金会、大卫与露西·帕卡德基金会、比尔及梅琳达·盖茨基金会、西蒙斯基金会等等；中国大陆带有家族性质的基金会除以创始人姓名命名之外，还有其他一些不同的命名方式：

（1）以创始人姓名命名。如内蒙古老牛慈善基金会，以牛根生先生家族名称命名；广东省国强公益基金会，以碧桂园创始人杨国强先生名字命名；浙江马云公益基金会，以阿里巴巴创始人马云先生名字命名；宁夏燕宝慈善基金会，选取宁夏宝丰集团创始人党彦宝和夫人边海燕的名字组合。

（2）以上一代名字命名。如河仁慈善基金会，由曹德旺先生发起，名称是纪念其父亲曹河仁（虽然曹德旺先生已经申明基金会不作为家族基金会运营，但是在成立之初带有明显的家族特征）；黄奕聪慈善基金会，由金光集团创始人黄奕聪先生之孙黄杰胜先生与孙媳虞蘅女士发起成立。

（3）以下一代名字命名。如昆山昱庭公益基金会，由中国的“厕所先生”、社会企业家钱军先生创办，“昱庭”来自儿子的名字，希望基金会成为传承给下一代的事业；上海亲和宇宙老龄事业发展基金会，由中国养老产业社会企业家、“亲和源”创始人奚志勇先生创办，“亲和”来自企业的品牌，“宇宙”来自两个孙子的名字。

（4）以寓意作为名称。如美的集团创始人何享健先生创办的广东省和的慈善基金会。基金会原名何享健慈善基金会，践行何享健家族“低调、务实、感恩、回馈社会”的价值观，贯彻“少说，多做，悄悄干”的原则和主张。但何老先生并不希望基金会成为个人品牌的载体。于是在 2017 年，基金会正式更名为“广东省和的慈善基金会”，用“和”字集中阐释何氏家族慈善体系的理念和愿景。

家族慈善本身就是一个充满个性特色的领域，不管是否使用家族名称符号都无可厚非。选取家族特征明显的名称，将家族的姓氏名称与一项造福社会的公益慈善事业联系在一起，本身就是一种公开的社会承诺和责任的践行宣言；选取低调不张扬、理念为先的名称则带有中国人对传统智慧的继承，以及美美与共的大同理想。这些美好的名称和传承的精神为舶来的家族基金会赋予了新的特点，在中国落地生根、和谐共荣。

二、设立流程

2004 年国务院颁布了《基金会管理条例》，并在 2016 年进行了修订，《基金会管理条例》是基金会设立和监管的专门法规（以下简称《条例》）。家族基金会设立应当遵循《条例》中的流程和步骤。

1. 设立家族基金会应当符合以下条件

第一，为特定的公益慈善目的而设立；第二，不以营利为目的；第三，基金会的原始基金不低于 200 万元人民币，必须为到账货币资金；第四，有规范的名称、章程、住所、组织机构以及与其开展活动相适应的专职工作人员；第五，能够独立承担民事责任。

在国务院民政部门登记的基金会除符合上述规定以外，还应当具备下列条件：①注册资金不低于 8000 万元人民币；②面向全国以资助慈善组织和其他组织为主要活动方式；③发起人在有关领域内，具有全国范围内的广泛认知度和影响力。

2. 设立家族基金会应当遵循以下流程

第一步，确定基金会的宗旨。宗旨是该基金会成立的总目标、主要方向和总的指导思想，结合使命和愿景综合陈述。

第二步，组建理事会。理事会是基金会的决策机构，理事为 5 人至 25 人，具体人数由章程规定；基金会理事中相互间具有近亲属关系的总数不得超过理事总人数的 1/3；在基金会领取薪酬的理事不得超过理事总人数的 1/3。

第三步，起草章程。基金会的发起人或者筹建者应当根据法律规定和基金会成立的初衷起草章程。基金会章程必须明确基金会的公益性质，不得规定使特定自然人、法人或者其他组织受益的内容。基金会章程应当载明下列事项：①名称及住所；②设立宗旨和公益活动的业务范围；③原始基金数额；④理事会的组成、职权和议事规则，理事的资格、产生程序和任期；⑤法定代表人的职责；⑥监事的职责、资格、产生程序和任期；⑦财务会计报告的编制、审定制度；⑧财产的管理、使用制度；⑨基金会的终止条件、程序和终止后财产的处理。

第四步，准备注册需要的原始基金。家族基金会发起人应当按照预先的承诺或者设想，准备原始基金，原始基金不得低于法律规定的最低限额，而且原始基金应当是实际到账的货币。

第五步，寻找办公场所，招募合适的工作人员。家族基金会发起人或者筹办者应当为基金会选择一个独立的场所，从而确保基金会运行的独立性。秘书长应当为专职，不能由理事长兼任。

第六步，填写法人登记申请书，确定在哪个民政部门登记，向民政部门提交法人登记申请书。国务院民政部门和省、自治区、直辖市民政部门是基金会的登记管理机关。申请设立基金会，申请人应当向登记管理机关提交下列文件：①申请书；②章程草案；③验资证明和住所证明；④理事名单、身份证明以及拟任理事长、副理事长、秘书长简历；⑤业务主管单位同意设立的文件。

第七步，进行战略规划。家族基金会获得登记之后，应当结合基金会宗旨和章程制定基金会战略规划，战略规划应当注重长期规划和近期重点规划相结合，具备实操性和可行性，并突出自身的特点和优势。

第八步，制定预算计划和资源开发计划。结合基金会战略规划，编制符合本基金会现状的预算和资源开发计划，确保基金会资源得到充分合理的利用。

第九步，建立基金会正式文件的存档体系。登记文件、理事会会议记录、财务报告和其他正式文件都应该妥善存档。

第十步，建立会计制度。大型的家族基金会应当建立独立的会计核算体系，确保资金使用科学透明。小型的家族基金会如果不具备建立独立会计核算体系的能力，亦应当聘请兼职会计从事会计核算。

第十一步，缴纳税收减免资格申请。熟悉我国税收优惠政策，根据相关文件要求向税务部门申请税收减免资格。

三、治理团队

治理是指为基金会的中长期发展和运营方向提供战略性指导决策，监督与审议基金会的绩效成果。基金会治理包括外部治理和内部治理，外部治理指法律规制和政府监管、行业规范、媒体公众监督等他律机制；内部治理一般指基金会自身的治理／监管层（如管理委员会、理事会、监事会等）进行的确保组织正常有效运行的活动。

有效的内部治理能够保障基金会按使命行事，保障其合法性、公益性、非营利性、志愿性、独立性，提高组织效率和公信力。理事会作为家族基金会治理的第一主体，通常有以下六项主要任务：

1. 任用、支持和评估秘书长；
2. 制定机构战略并把握发展方向；
3. 确保治理与公益慈善目标、使命和社会需求一致；
4. 安排战略优先项和重点关注事项；

5. 管理资产：财务、人力、声誉和有形资产；

6. 遵守法律和道德标准。

《基金会管理条例》关于理事会的规定（摘录）

第二十条 基金会设理事会。理事会设理事长、副理事长和秘书长，从理事中选举产生，理事长是基金会的法定代表人。

第二十一条 理事会是基金会的决策机构，依法行使章程规定的职权。

第二十二条 基金会设监事。监事任期与理事任期相同。理事、理事的近亲属和基金会财会人员不得兼任监事。

监事依照章程规定的程序检查基金会财务和会计资料，监督理事会遵守法律和章程的情况。

理事会的构成通常包括：出资人、家族成员、领域专家、具有社会影响力的名人、执行团队代表（通常为秘书长）。我国现行法律规定，理事中相互间具有近亲属关系的总数不得超过理事会总人数的三分之一。所以，理事会成员除了家族成员，可以更多开放给不同领域的专家、社会知名人士，特别应包括基金会项目规划领域专家和了解投资理财的专业人士；理事可以是创始人信任和彼此了解的人，以保证基金会可以贯彻创始人的价值观和使命愿景，也可以让创始人的配偶或他们的子女参与到慈善事业中来。

需要对比说明的是，以美国为例，美国法律对理事会家族成员的比例没有限制，可以全部由家族成员担任，因此在治理方面美国的家族基金会强调逐步引入外部专家进入决策层，以保证治理层的多样性和透明度。2020 年美国家族慈善中心的调研显示：在所有家族基金会中，71% 的理事会职位由家族成员担任。

而在我国，为保证家族基金会的家族特性和传承功能，则应特别强调家族成员的紧密参与度，保证创始人的价值观得以传承，保证家族慈善事业的使命得以贯彻，保证代际的权力交接一脉相承，保证家族后代持续为基金会投入精力和资源。毕竟，作为以家族姓氏或者创始人之名创办的基金会，失去了家族成员的关注和支持，就难以点燃家族后代的激情和使命感，这一段辉煌的公益历程便失去了应有的生命力。

广东省和的慈善基金会治理架构

（实行理事会领导下的秘书长负责制，推动规范的理事会治理架构）

发起人／荣誉主席：何享健

基金会主席：何剑锋

理事长／法定代表人：何倩兴

执行理事长：周培文

秘书长：汪跃云

理事：

何倩兴（家族成员）

何剑锋（家族成员、盈峰集团／董事长）

何倩嫦（家族成员）

方洪波（美的集团／董事长）

周志坤（顺德区人大常委会／原主任）

赫恒乐（美的置业集团有限公司／总裁）

赵　军（美的控股有限公司／执行总裁）

周培文（和的慈善基金会／执行理事长）

汪跃云（和的慈善基金会／秘书长）

监事：任凌艳（美的控股有限公司／财务总监）

荣誉理事：

冯润胜（佛山市人大常委会／原副主任）

吴海恒（顺德农商银行／名誉董事长）

国外成熟的家族基金会，一般会建立由理事会、职业管理者、专业投资经理、内部审计委员会、律师团等组成的相互制衡的内部治理架构。理事会负责监督资产保值增值情况、重大事项的决策和审议，内部审计师监督财产使用和内控效果，管理者负责基金会日常事务，形成便于信息沟通、有效监管的内部治理结构。①

新建家族基金会理事会易犯的十大错误②

（1）简单问题复杂化。初创的理事会往往希望尽善尽美，从制度体系到管理机制上力求完善，这时候有必要问问自己：这一决策是否真正优化了执行流程？有没有更省时省力的简化操作？

（2）混淆管理和治理。理事会的作用是治理，这包括清晰阐释愿景和使命，制定战略方向和建立制度，保管基金会财产。要避免插手基金会事务和员工的管理，除非执行层提出了请求。

（3）不能有效管理和支持秘书长。理事会，尤其是理事长有义务通过公开有效的沟通机制保证秘书长对基金会的运营与理事会的战略框架保持一致，同时为秘书长提供战略支持，让秘书长了解向理事会寻求帮助是正

---

① 樊子君，谭少思．英国家族基金会内部治理及启示 [J]．中国注册会计师，2012-06.

② NCFP.10 Mistakes New Foundation Boards Make and How to Avoid Them[EB/OL] .2018.

常有效的沟通方式。

(4) 带着贫穷的心态工作。理事会所能做的最糟糕的事情就是混淆勤俭与节省，或者将节省误认为效果。省钱的心态意味着制约资源的投入和效果的产生，要用富足的心态投入资金和时间在培训、技术、创造力、能力、关系建设和专业发展上，会使得基金会的运作产生更大影响力。

(5) 混淆理事职权和法律义务之间的关系。理事会有责任保证基金会的运营符合法律法规的规定，例如，《条例》中对理事会家族成员的比例、理事是否领取薪酬都有明确的规定，必须依法执行。

(6) 不能跟随组织学习成长。为了提升治理的水平，有必要学习远景规划、战略协作和资源调配等各方面的知识。如果你的基金会专注于某个特定的兴趣领域，比如教育、医疗或环保，通过各种渠道增加相关的专业知识和网络资源。

(7) 误解权力关系或者被其左右。作为一个拥有资金分配能力的家族基金会，它与所在社区、受助机构、当地政府等利益相关者的关系是不可忽视的，各种求助信息涌来会影响基金会的决策，偏离其既定的使命目标。这时一方面要恪守公平，另一方面需要不断回顾并坚守初创时设定的“价值观、愿景、使命”，也有可能审视后需要适时调整使命和战略。

(8) 把自己当成尊贵的施主。一定会有某个片刻，傲慢、自满飘过你的脑海，认为基金会的慈善财产是你对这个世界的恩赐，永远不要让这样的念头停留，谦逊是家族慈善创始人最大的美德，也是清晰传达给家族后代和管理团队的准确信息。

(9) 忽视了所在社区的真实需求。不管你的理事会成员来自哪里，没有人比受助社区/群体更真实地了解自身的困境和需求。建立一种沟通机制或者组织文化，让受助者的建议可以被纳入战略决策和资助计划的考虑中，向以“渔”为生者授之以“渔”才让慈善发挥效用。

（10）没有相互问责机制。理事会要确保个人的意愿不会盖过整体的判断，但是往往出于礼貌和尊重，理事们不愿意表达相反的观点或立场，而一个形式上的理事会是没有价值，甚至会影响基金会走向成功的。创立一种良性争论的机制，让理事们发挥应有的作用。

好理事应该怎么做?

（摘录自《中国基金会理事指南》）

理事对基金会的贡献是多种多样的，不限于某一种模式，但是一个受欢迎、对基金会有贡献的理事，其行为也有规范可循。美国、英国、新加坡等国家曾出台过类似理事行为规范的文件，这些标准对中国基金会理事同样有借鉴意义。①

总体预期：

（1）始终站在公共利益的立场，尽可能地保持公正、公平和独立性；

（2）了解慈善事业的发展趋势和规律、原则，并与之保持一致；

（3）熟悉基金会的愿景、使命、价值观、章程、管理制度和主要项目，了解组织的竞争优势和挑战；

（4）负责、勤勉地履行理事职责，乐意、有热情承担特殊任务；

（5）为人诚实、正直，践行法治、民主、尊重、守信等价值观；

（6）具有团队精神和协作能力，在理事会决策中或行使理事权责时不会唯我独尊、独断专行；

（7）珍惜、重视并尽力提升基金会的公信力，维护基金会合法权益。

对于理事会会议，应该：

（8）尽可能出席所有理事会会议并服务于指定的委员会或工作组；

① 参考 *Statement of Individual Board Member's Responsibilities*（by SSI）。

(9) 提前阅读理事会和委员会会议备忘录及配套材料;

(10) 确保理事会的所有决定都与基金会的目标和使命一致。对某些提议有疑问或感觉不清晰时，应当及时质询或提出意见、建议，确保理事会集体决策经过充分辩论、审议;

(11) 关心理事会议题和制度建设，积极参与决策并承担决策责任;

(12) 在基金会正式公开信息前，对理事会会议内容履行保密义务;

(13) 不管是否投反对票或弃权票，均接受并支持理事会根据投票结果做出的最终决定;

(14) 定期对理事会和委员会会议议程提出建议，确保重大的、与治理和管理制度相关的问题得到解决;

(15) 必要时根据章程及内部制度规定提议召开专门或临时会议。

在筹资与财务管理方面，需要:

(16) 利用个人资源或影响促成基金会募捐收入或投资收益的增长;

(17) 在管理、控制和转移组织资金、投资和其他资产的过程中，保持谨慎与廉洁;

(18) 认真审查基金会的预算计划和财务报告，留心同基金会密切相关的事项;

(19) 关注重大捐赠事项，确保捐赠的接收和使用合法合规、符合捐赠人意愿。

对于利益冲突:

(20) 为基金会的整体利益而非特殊团体或个人利益服务，在任期内不计报酬，以廉洁、独立的道德标准维护基金会公信力;

(21) 一旦利益冲突或发生冲突的可能性出现，应当说明可能和基金会开展的商业交易、合同或合作业务及个人的既得利益，并且在讨论、决策和交易、合同事项的表决中回避、弃权;

（22）说明同工作人员或新理事的亲密关系，避免在招聘过程或绩效评估、薪酬决策中施加影响；

（23）在履行理事职责的过程中，不违规接受任何利益组织、政治团体、工作人员提供的个人帮助或酬礼。

与员工保持适当的关系：

（24）与员工有特殊关系应主动说明，必要时回避与之相关的决议；

（25）不介入秘书处职责范围内的事务；

（26）必要时对秘书长及高级员工提出建议，或支持其工作；

（27）作为理事开展工作时，避免对基金会员工要求特殊帮助或提过分请求，包括未经同秘书长协商给予员工特殊的指示；

（28）按照制度和程序处理对基金会或者员工的投诉，避免未经正当调查仅仅基于单方信息做出带有偏见的判断。

*** 手册全文内容可在 www.bnu1.org 下载。**

四、管理团队

根据《基金会管理条例》规定，基金会设置秘书处，秘书处在秘书长领导下工作，组织实施理事会决议和章程赋予的其他职权。秘书长应当为专职，可以担任理事；不担任理事的秘书长则应列席理事会。

理事会成员不参与管理团队的日常工作，除非对紧急意外情况的处理。所以秘书长是理事会领导下基金会管理的第一负责人，在国外的职务一般称首席执行官或者总裁。

理事会与管理层的关系，见表 5-1。

表 5-1 理事会与管理层的关系[①]

职能	秘书长	理事会
发展决策	组织实施、执行理事会的各项决议	决策
发展规划	起草战略规划	审议
工作计划	拟定年度计划和预算	审议
团队管理	组建秘书处及执行团队	支持

理事会成员通常都承担着多项商业、社会职务，如果不能在重大事项上与基金会管理层保持有效沟通，则很难保证执行团队按照既定的战略方向行进。尤其对于家族基金会，一项重要的独特使命包括家族价值观、使命、愿景的传承，这更要求基金会发展与家族特色保持一致，这也是保证家族长期支持、可持续运营的重要一点。因此有的家族基金会会选择家族相关企业的高管，他们与创始人在商业上有长期的信任关系，有的会邀请家族下一代承担管理重任，作为培养继承人的手段。不过更多的情况下，是聘请公益慈善界专业人士担任秘书长。

与其他类型基金会的秘书长相比，家族慈善基金会的秘书长需要兼顾和平衡好捐赠家族、基金会以及社会三方面的权益，能够清晰地界定个人、家族、基金会以及社会四者“权、责、利”的边界，并妥善处理好它们之间的关系。所以，家族慈善基金会秘书长既需要过

① 商务社会责任国际协会（BSR）等．中国基金会发展指导手册 [Z]．2011.

硬的专业能力，又要认同家族的慈善理念和价值观，具备事业心、责任感乃至牺牲精神，以及谦逊而坚韧的性格特质。

老牛基金会的首任秘书长雷永胜曾经追随牛根生先生多年，曾担任蒙牛的首席行政官，他在《如何做好家族基金会秘书长》一文中总结说，执掌家族基金会应该处理好三大关系：家族与基金会、基金会与社会、家族与社会。

洛克菲勒兄弟基金会的总裁斯蒂芬·汉兹（Stephen Heintz）认为他的首要身份是首席执行官，其次是理事会的理事。当两者角色发生冲突时，他会退一步考虑并尊重理事会的决议。[①] 在汉兹看来，开诚布公、相互信任，以及共同的价值观和使命感是处理意见分歧的基础。

一个基金会存在的目的是为了服务于社会，而不是服务于自身。基金会就像是一辆汽车，朝着一个特定的目标、在使命的驱动下全速前进，并且在其全球定位系统上配有一张清晰的路线图。这辆汽车归理事会“所有”，但主要由管理团队和员工驾驶。这就要求家族基金会设立明确的组织架构、运行规则，保证各司其职。

香港陈一心家族慈善基金会设计开发了整体治理体系，并制作有一本明晰的“治理章程”指导手册，在此手册里，详细阐明了基金会的管理架构、运作流程、岗位职责，甚至具体到 NGO 的项目评审标准。

当一个机构将办事规则运作流程比较清晰地规定在手册上，并保有一

① 徐会坛．洛克菲勒兄弟基金会的治理之道 [J]．中国慈善家，2015-11.

定灵活性，最直接的好处就是提高工作效率，公正透明。基金会网站应有公开的关于 NGO 申请资金的规定，清晰地列出申请标准和流程，陈一心家族慈善基金会的申请表格可以很好地体现这一点。申请表格中提出的问题可以让 NGO 清楚他们在项目设计的时候需要注意什么。

家族基金会大部分为资助型基金会，也有一些基金会会运营一些自己的项目。因此相应的管理团队架构设置和人员数量跟基金会的资金规模和运营模式有关，项目操作型的基金会部门设置和管理岗位较多，而资助型的基金会结构相对简单，管理团队比较精练。

广东省和的慈善基金会架构，见图 5-1。

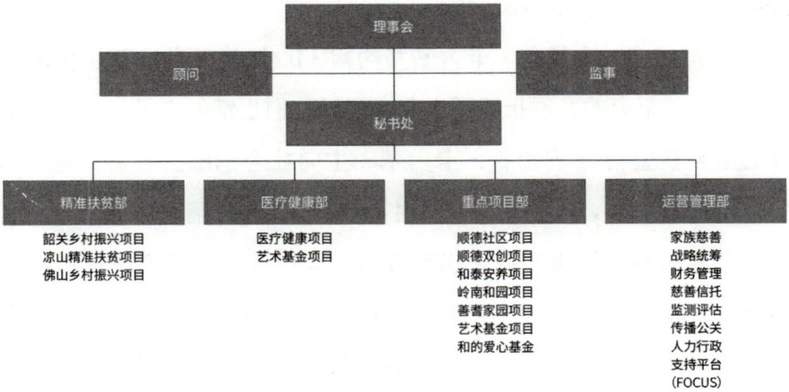

图 5-1 广东省和的慈善基金会架构（资助型基金会）

第三节

家族慈善基金会的运营

一、战略时间范畴：永世长存还是止于当止

很多基金会都没有关注的一个问题是——机构应该长久存在吗？即便是希望在家族中传承下去，那么大概的时间范畴呢？因为这直接决定着基金会的战略决策。

20 世纪初，安德鲁·卡内基与约翰·D. 洛克菲勒这两位美国先驱为现代基金会的发展指明了方向，同时他们也都创立了日后影响世界的家族基金会。安德鲁·卡内基一生向社会捐赠的财富高达 3.3 亿美元。1889 年，卡内基通过《财富的福音》[①]这篇著名的文章，提出了全新的慈善思想和慈善捐赠方式，直接推动了美国现代慈善基金会的兴起。其中名言“人在巨富中死去是可耻的”，对后来的慈善家们产生了巨大的影响。卡内基看重长远，认为必须突破只重视慈善事业和财产积累的传统基金会观念，应该大力资助有一定风险但是从长远来看有发展前途的研究与发明创造。1911 年，卡内基设立纽约卡内基公司，即后来的卡内基基金会（Carnegie Corporation of

① 《财富的福音》（*The Gospel of Wealth*）在 1889 年 6 月曾以《论财富》（*Wealth*）为题发表于《北美评论》（*North America Review*）杂志，后于 1900 年集结其他几篇文章成书出版。

New York），其使命为“促进知识的进步与传播”，基金会的资金规模在当时达到 1.25 亿美元。

安德鲁·卡内基的思想直接影响了约翰·D. 洛克菲勒。洛克菲勒困惑于捐赠的有效性和巨额财富的负担，在其朋友弗雷德里克·盖茨建议下，捐赠建设了芝加哥大学、洛克菲勒医学研究院①、教育总会等一系列机构，并于 1913 年正式注册成立“洛克菲勒基金会”。洛克菲勒为这些慈善机构总共捐赠约 5 亿美元。时至今日，洛克菲勒基金会传承超过五代，其捐赠时间之长、规模之大和成就之卓越，被誉为“世界第一慈善家族”。②

如果从卡内基、洛克菲勒算起，美国的家族基金会发展历史已经超过一百年。不仅是在美国，在欧洲或是其他地区，家族基金会的一个显著特色，就是其创建时目标即希望“永世长存”。一个永续传承的基金会对于绝大部分捐赠者而言有着难以言喻的魔力。宾夕法尼亚州基金会的董事契约书如此表述：“一种高尚宏伟的热情燃起了理想之火，去创立一个世代相传的慈悲为怀的基金会，在不幸的世界上广施厚赠，直到永远、永远、永远。”③

在美国，这类长久存在的基金会被称为永久型基金会（Perpetual Foundation）。这类慈善基金会的捐赠人要求基金会的管理人员必须永远遵守其为基金会所规定的宗旨与原则，必须

---

① 1965 年改名为洛克菲勒大学（Rockefeller University）。

② 中国公益研究院资本精神研究中心．世界第一慈善家族——洛克菲勒家族慈善百年 [Z]. 赵延会编，2013.

③ 〔美〕沃尔德马·尼尔森．大捐赠者传奇 [M]. 程迺欣，郑胜天．杭州：浙江大学出版社，2013：181.

做到使基金会的资本金保值、增值，所有的内部开销和对外的捐助只能出自基金会资本金的投资赢利或红利。这就保证了基金会资本金的稳定，从而就从原则和经济上保证了该基金会的长期存在。洛克菲勒基金会、卡内基基金会、凯洛格基金会等属于永久型慈善基金会。①

与之相对应的，也有一种基金会并不追求永世长存，而是在一定时间满足一定条件后就予以终止，这种基金会被称为终止型基金会（Liquidating Foundation）。人们通常用“捐赠用尽”（spend-down）或“日落”（sunset）来表述这类基金会。这些基金会绝大多数是一些资本金较少的小型慈善基金会，经过一段时间的运作之后，其固有资本金就会使用殆尽，该基金会也就不复存在。有少数大基金会也会根据捐赠人的要求而终止。创建于 1917 年的朱利叶斯·罗森沃尔德基金会（Julius Rosenwald Foundation），其创始人朱利叶斯·罗森沃尔德（Julius Rosenwald）是一位成功的商人和著名慈善家，在美国捐赠者中罗森沃尔德是早期最强烈反对设立永久性基金的人。他深信“那些继承我们的人一点儿也不比我们差，也一样充满人性、开明进步、有干劲、有能力。未来的需要应该放心地交给未来的一代来安排”。罗森沃尔德要求基金会的全部财产必须在其死后 25 年内用完，他强烈主张所有的公益事业“都应当在慈善家的生命终结时结束，最多在他去世后延续一代人的时间”，其热诚的倡导

① 李韬．沉默的伙伴：美国现代慈善基金会研究 [M]．北京：中国社会出版社，2008-10：43-44.

和身体力行影响了一些捐赠者。[①]

家族基金会应该选择永世长存还是止于当止，这关乎个人信仰、价值选择、社会观念与文化传统。在不同的文化背景、社会发展阶段、家庭价值精神、外部政治因素等综合作用下，捐赠人的选择可能会有所不同。洛克菲勒慈善顾问机构《2020 家族慈善的全球趋势和战略时间维度》报告中调研指出，2000 年以后成立的基金会有三分之二选择了非永续型基金会。这一趋势表明了新一代慈善家越来越倾向于“确保今天的社会问题在当世得到解决”。

比尔·盖茨已经多次公开表示，在他和梅琳达去世 20 年后，他们创办的比尔及梅琳达·盖茨基金会将会关闭。这一案例，可以视为大捐赠者们对罗森沃尔德思想的新回应。总体而言，“在慈善事业中，存在对永久性问题的一些争论，但最终没有一种适合所有捐赠者的正确方法。为长期或为当前而创造基础的决定是一个高度个人化的选择，它应以捐赠者及其家属制定的慈善目标为指导。最重要的因素是，一些慈善目的需要紧急关注，而其他的则会影响好几代人。这两种问题都应有慈善资源来应对”[②]。

中国的慈善捐赠活动与世界上其他国家一样，在很大程度上是

① 〔美〕沃尔德马·尼尔森．大捐赠者传奇［M］．程迺欣，郑胜天．杭州：浙江大学出版社，2013：85-186.

② Virginia M.Esposito.Embracing the Power:Perpetuity or Immediacy[EB/OL].NCFP, 2013.https://www.ncfp.org/2013/10/15/embracing-the-power-perpetuity-or-immediacy/;Elizabath T.Boris,Carol J.De Vita,Marcus Gaddy.2015 TRENDS STUDY:Results of the First National Benchmark Survey of Family Foundations[R].2015-11.https://www.ncfp.org/wp-content/uploads/2019/03/Trends-in-Family-Philanthropy-Full-Report-NCFP-2015.pdf.

一种个人行为。捐赠者从事慈善、创建家族基金会，受到内部动机和外部因素的影响。其内部动机包括：创建和谐社会的愿望、通向个人幸福的途径、宗教及世俗价值观的体现、感恩及回馈社会的表现、人类的义务、家庭价值观。其外部影响包括：国家愿望和中国的“软实力”、全球慈善活动的影响、政府影响、个人愿望的作用。[①] 家族基金会是家族精神和慈善观念传承的重要载体，同时在某种程度上也被认为有利于家族财富的传承，因此也成为家族传承最好的工具之一。从精神与价值传承这一角度而言，选择一个长期存续的家族基金会，其意义明显要比用尽捐赠、中道而绝更加重要。

二、资助目标定位：在真正关心的领域创造改变

建立家族基金会最主要的目的就是选择一个承载财富的工具，团结家族的成员共同创造一些成功的改变，所以“资助”就是基金会最核心的目标和工作，即如何让捐赠人的资源获得最有效的利用，在捐赠人真正关心的领域创造改变。

在资助方向的确定上并没有“唯一”的标准和方法。现实中，各基金会在选择捐赠方向和资助项目时大体上有三种选择：

1. 关注重大的社会问题与挑战。首先需要选择一个主要领域，例如贫困、教育、环保等等，然后再深入到更具体的方面来，确定

① 哈佛大学肯尼迪政府学院艾什民主管理与创新中心．价值与愿景：二十一世纪的中国公益慈善［R］．香港瑞银集团，2017-06.

要解决的社会问题和面对的挑战。比如，老牛基金会把“环境保护”列为重点领域之一，支出超过 4.67 亿元，开展了生态修复与保护、湿地保护、环保政策倡导及行业标准建设等项目，为推动生物多样性保护、减缓和适应气候变化进行了积极的探索和尝试。

2. 选择在特定地域开展捐赠。通常为家族企业成长壮大的地区，希望回馈社区和带动地区共同发展。美国 2010 年以前建立的家族基金会超过 60% 都是仅面向社区捐赠，例如，美国第二大基金会礼来家族基金会的捐赠地域限定在家族所在地印第安纳州；和的基金会在美的集团所在地广东顺德区开展养老、文化、青年创新等公益慈善项目资助，共投入逾 20 亿元善款。

3. 选择特色领域开展项目。比如，有些基金会倾向于资助艺术交流、创新创业、体育事业、文物保护，有些则资助公益行业能力建设、智库研究、政策倡导、法律实施。例如，深圳陈一丹公益慈善基金会持续关注和推动中国传统文化和民族文化的保育及活化，先后资助非遗书籍的编纂出版并举办文化体验展，支持高校采风创作、纪录片摄制、手艺人扶持和村落改造等，探索以多元化、立体化形式向公众呈现中华民族传统。

上述确定捐赠方向和项目的方式并无优劣之分，但对于家族基金会的决策者而言，最关键的是避免广泛撒网，而要集中资源、缩小聚焦，找到一个清晰的关注点，实现想达到的成功目标。这个决策过程除了考虑社会需求，还有两个基本的家族因素需要综合分析：首先是创始人的愿景和使命描述，其次就是家族成员的共同志向与兴趣领域。

比尔及梅琳达·盖茨基金会与全球议题

盖茨基金会关注的项目分布于五大板块涵盖三十多个具体领域。五大板块分别是：全球健康、全球发展、全球增长和机遇、全球政策和倡导以及美国项目。

（1）全球健康板块包含：探索与转化科学、肠道和腹泻疾病、艾滋病、创新技术解决方案、综合开发、疟疾、孕产妇、新生儿和儿童健康探索及工具、被忽视的热带病、肺炎、肺结核和疫苗开发及监测等。

（2）全球发展板块包括：应急响应、女性自主计划生育、全球图书馆、整合交付、孕产妇、新生儿和儿童健康、营养、小儿麻痹症等。

（3）全球成长与机遇板块包括：农业发展、贫困人口的金融服务、性别平等、水、卫生和个人卫生。

（4）美国计划板块包括：中小学教育、经济流动性和机会、第二课堂的成功、华盛顿州。

（5）全球政策和倡导包括：烟草控制、发展政策和财政、全球教育项目。

在战略开发方面，盖茨基金会的做法是每个部门在分配资源和投资之前会制定目标和战略。他们不断收集和分享进展数据，总结经验教训，并根据需要进行修正。这个过程的关键是与受益人和合作伙伴的持续对话——这贯穿于盖茨基金会的战略生命周期。

基金会每年会对每项战略进行反思和审查，并对实施计划进行调整，以实现特定目标。

李国贤基金会—长者基金

李国贤基金会的基金架构规划耗时一年，直到 2008 年年初，基金会才准备实行其首批基金相关计划。基金会和咨询委员会定下了两大主题：离院长者照顾服务和老年痴呆症服务。首项计划与基督教联合医务协会合作进行，为刚出院的长者提供过渡照顾服务。第二个计划和老年痴呆症有关，其目标受患者为轻度认知功能损害患者，并旨在制定一套解决方案，为他们提供早期预防保健服务，以防恶化成为老年痴呆症。

基金会的主要目标是发掘未被公共福利组织和非营利私人组织负责的社会问题，并制定解决方案，以便日后交给政府做长期处理。当一个计划由政府接手负责后，基金会就会着手解决新的社会问题。视乎目标社会问题的复杂程度，每个问题的处理周期约为五到六年。

广东省和的慈善基金会与典范社区建设

广东省和的慈善基金会在 2017 年发布 60 亿元（其中包括 1 亿元美的集团股权捐赠和 20 亿元现金捐赠）重大慈善捐赠体系，其捐赠领域和公益发展理念非常值得借鉴的特色就是将乡村振兴与社区全方位发展结合，寻求建立一个企业家回馈社会、解决地区发展不平衡、带动社区和谐共融的社区发展模式。

支持设立 4 支专项基金，面向广东省、佛山市、顺德区、北滘镇等 5 个慈善会进行了捐赠，扶持当地慈善组织的能力提升。

支持成立 4 家慈善基金会——广东省德胜社区慈善基金会（捐赠 5 亿元）、顺德区创新创业公益基金会（捐赠 3 亿元）、广东省德耆慈善基金会（捐赠 2 亿元）、韶关市乡村振兴公益基金会（捐赠 2 亿元）。在青年创新创业培育、文化艺术（岭南和园与和艺术馆）、品质养老、医疗健康各个方面投入巨资，成为政府公共事业支出之外有力的公益补充。

2020年疫情冲击期间，和的基金会分别于2月6日启动“和衷共济”2亿元小微企应急支援计划；2月21日，启动“和善同心”2000万元社区抗疫计划。帮助当地社区居民和小微企业渡过难关。

加州大学的研究团队曾经在加州圣地亚哥地区做过一项关于“慈善家捐赠与地区经济增长”相关性的调查，结果显示：公益慈善通过赋能地区人力资本建设、文化资本注入、金融资本创新和社会资本杠杆化这四种途径可以有效推动地区经济发展，并继续反哺公益慈善，从而可持续地推进社会总体和谐发展。①

心平公益基金会——做专注于阅读推广的资助型基金会

2008年9月，非公募基金会——心平公益基金会（2016年更名为心和公益基金会）注册成立的时候，就将“帮助青少年和儿童享有公平的阅读和学习机会，推动中国教育事业的均衡发展”作为宗旨。心平基金会创办人段永平是步步高集团创办人。他认为机构要想取得成功，一定要专注于某一个领域和项目并长期坚持。成立之初，基金会将工作限定在阅读推广和大学生公益项目这两个核心议题上。作为资助型基金会，心平基金会在做出资助决定时，也将受助机构能否专注作为考核条件。成立至今，心平基金会一直没有改变过资助方向，也从不担心机构定位过窄的问题。

心平基金会秘书长伍松坚信“16%理论”，即“如果要推动一个社会的变革，要解决一个社会问题，做出改变的相关群体大约最小比例为

① Mary L. Walshok, Daniel B. Davis, Josh D. Shapiro. The Role of Philanthropy in Regional Economic Development: The Donor View[EB/OL]. NPQ, 2019-07. https://nonprofitquarterly.org/the-role-of-philanthropy-in-regional-economic-development-the-donor-view/?hss_channel=tw-61206610.

16%”。按照中国30多万所中小学学校的数量规模，其16%就是4万～5万所。迄今为止，在全国通过阅读项目与心平基金会合作过的组织共100多家，持续合作的核心组织30多家，它们形成了心平阅读联盟，共同为推动教育变革而努力。而中国目前包括心平在内的致力于阅读推广的公益机构共覆盖了全国大概有5000所左右的学校，距离实现目标还任重而道远。

三、放大家族慈善影响力

基金会事业在捐赠社会、有效利他的过程中，可以对某个社会问题、某个地区或者群体产生延续百年的持续影响力。最近几年，国外慈善界几个重要的话题围绕包容慈善创新的风险、家族基金会透明度、有效的资助者与受助者关系，以及使命与战略一致性等议题展开。关注这些方面有可能撬动更多的资源，创造更多有效的社会影响力。

1. 识别风险，包容失败

解决当今的社会问题需要不断创新，这必然涉及风险。而家族基金会的独立性使其在风险创新方面具有得天独厚的条件，同时家族创始人的商业成功经历也往往使得基金会更具创新意识。但这并不意味着放弃尽职调查和审慎决策，而是首先要识别潜在风险的来源，然后正确应对。

洛克菲勒慈善顾问机构（RPA）认为，对于基金会，风险主要有以下五类：

（1）投资 / 财务风险：理财收益损失，影响力投资尝试没有取得预期成果，投资理财产品方向与基金会使命背离。例如，基金会致力于环保，而理财投资于石油化工污染行业；

（2）运营风险：不恰当的人力结构、管理流程、体系与制度安排造成潜在的财务和管理效率的损失；

（3）资助风险：每个基金会都会有资助失败的案例。与商业投资一样，并非所有资助都会取得预期的结果，尤其是当投向创新的领域。要容许“试错成本”，并从失败中总结经验；

（4）声誉风险：由于以上领域的风险叠加或无法与政治环境取得一致，对基金会的形象产生了负面影响；

（5）创新风险：当基金会采用、支持或者提出创新理念、方案或新科技应用而带来的潜在风险，这些创新往往突破了公众认知的局限。例如，老牛兄妹基金会倡导“农村支教带上性教育”、三一公益基金会推动“科学公益”。

资助者应足够重视谨慎的风险，并主动承担创新的风险。风险往往与机会并存，是实现成功的一个必要因素，尤其是在应对大规模的社会问题方面。

美国基金会行业支持机构 Candid（由美国基金会中心与指南星合并而成）提供以下建议帮助基金会积极应对风险：①

（1）加强与志同道合的行业伙伴沟通合作，构建合法性与新

① Olga Tarasov, Kalyah Ford. How Foundations Are Transforming Risk Into Opportunity[EB/OL]. PND by Candid, 2019-05. https://pndblog.typepad.com/pndblog/2019/05/how-foundations-are-transforming-risk-into-opportunity.html.

机会；

（2）鼓励基金会内部实践创新与允许试错的组织文化；

（3）明确指定一定比例的资金用于高风险的创新实践；

（4）规定一定比例的资金用于风险投资；

（5）建立与捐助社区、群体的信任感和平等合作的关系；

（6）改变招聘方式，聘用所服务社区 / 群体的人员代表；

（7）与利益相关者分享风险的知识和信息。

希望工程创办人徐永光曾说过，来自个人和企业的大额捐赠不同于大众捐赠，在资金安排上有更多自主性，因此建议大额捐赠者和个人、家族基金会大胆创新、包容失败，放开手脚去探索。战略慈善设计“长远性”指标，本意也是强调社会问题的复杂性和一个好解决方案需要耐心资本和敢于承担风险。

2. 透明度与影响力

根据《中国家族慈善基金会发展报告（2018）》，家族基金会的透明度综合得分高于全国基金会平均水平。家族慈善基金会的利益相关方沟通渠道主要是官方网站、年报、新媒体渠道（微信、微博）以及公开活动等。

家族慈善的透明度反映着家族创始者如何思考、如何行事以及他们的开放程度、对外界的接纳程度。相比公募基金会，家族基金会的透明度需要考虑捐赠人 / 家族的个人隐私需求，但及时有效进行信息披露，对于公共责任履行和实践可有效增强基金会的公信力，是提升基金会品牌形象、防控风险的有效措施。如果使用得当，透明度是一种强大的力量。

美国四代成员参与的特蕾西家族基金会（Tracy Family

Foundation）认为“从捐赠的角度来看，我们的流程一直都是透明的。受助人可以在官网上清楚地了解到捐款申请的流程，以及我们基金会做出的每个资助决定”。该基金会注重社交媒体的使用，为家族成员设立了一个私人 Instagram 账号“让他们参与并了解基金会的捐赠项目和组织架构”。此外，该基金会还在其官网上有一个“仅限会员”部分，其中列出了第三代的赠款明细、资助政策、指导方针以及照片等信息。同时还会把工作中的失败案例与公众和行业分享。①

但是，罗素家族基金会则认为要在广泛的接触和互动中决定什么是“合适的”，而不是全盘透明。他们认为非公募属性的家族基金会在支持创新方面自主性较高，愿意尝试创新项目，而传统的政府资助机构会认为这些项目太有争议或风险太大。在这种情况下，太多的透明性可能会使有希望的项目偏离轨道，导致额外的成本，或者更糟的是削减资助。这变成了为了透明而透明。

罗素基金会借鉴苏格拉底的“三重过滤器”来过滤出值得分享的信息。第一个过滤器是“真理”。苏格拉底会问别人想要分享的消息是否绝对真实。第二个过滤器是“善良”。这些信息是正面的还是负面的。第三个过滤器是“有用性”。这些信息是否实用或必要。如果过滤器显示出信息既不真实，也不好，也没用，那么苏格拉底会问：为什么要分享它？

① Elaine Gast Fawcett. Transparency Case Study: Tracy Family Foundation[EB/OL]. NCFP, 2019-02-28. https://www.ncfp.org/2019/02/28/transparency-case-study-tracy-family-foundation/.

本着同样的精神，当你参与一个项目时，问自己一些过滤问题，以帮助你判断是否需要更透明或更不透明。① 如：

我真正的目标是什么？

有多少利益相关者？

他们的角色和观点是什么？

什么样的信息是最相关和/或最有用的？

哪些额外的细节可以提供信息、支持或鼓励？

3. 组织文化创新

基金会作为资金和资源的掌管者很容易滋生“傲慢”的文化或以家族成员为核心的决策机制。目前，有三分之一的美国家族基金会在其当前和未来计划中包含了多元化、公平和包容（DEI）的倡议，有的基金会，如麦克奈特基金会（Mcknight Foundation）在网站公示这一声明。25% 的家族基金会使用 DEI 目标/策略来指导捐赠，16% 的家族基金会使用外部 DEI 专家，15% 的家族基金会说 DEI 的考虑对他们的捐赠方式有很大影响。在最近 10 年中创立的家族基金会中，DEI 的考虑更为普遍。②

多元化、公平和包容（DEI）倡议是提升基金会有效慈善和影响力的三个维度。③

---

① Richard Russell, Richard Woo. Nurturing Relationships with Transparency[EB/OL]. NCFP, 2019-09. https://www.ncfp.org/2017/09/28/nurturing-relationships-with-transparency/.

② NCFP. 2020 Family Philanthropy Trends[R]. 2020.

③ 详见 Arabella 慈善顾问机构的 DEI 指南，下载地址：https://www.arabellaadvisors.com/company/diversity-equity-inclusion/。

多元化（Diversity）指“人类差异的广度和深度，包括但不限于种族、性别、宗教、性取向、种族、国籍、社会经济地位、语言、能力、年龄、宗教信仰或政治观点的差异表达”，简单说就是尊重“和而不同”，激发多元化善的力量。

公平（Equality）是在机构或系统的程序、过程和资源分配中促进公正和公平。解决公平问题需要理解我们社会内部结果差异的根本原因。

包容（Inclusion）是一种结果，以确保那些多样化的表达受到欢迎。只有当你、你的机构和你的项目真正吸引所有人的时候，包容的结果才会实现。在一定程度上，不同的个人能够充分参与组织或团队内的决策过程和发展机会。

在我国，浙江敦和公益基金会奉行的“谦卑精神”与DEI原则有异曲同工之意，认为践行谦卑精神最重要的原则是开放，海纳百川、容纳异己、殊途同归；对领导者来说，最重要的原则是为公，有大局、有远见、有定力；对员工来说，最重要的原则是恭慎，在言谈和处事上体现出内在谦卑的力量，将“责任、忍让、修炼、平等”等特质融入机构文化中。

在具体的项目资助工作中，因为资助型基金会的定位，敦和基金会的项目人员要特别注意“五慎五戒”，见图5-2。

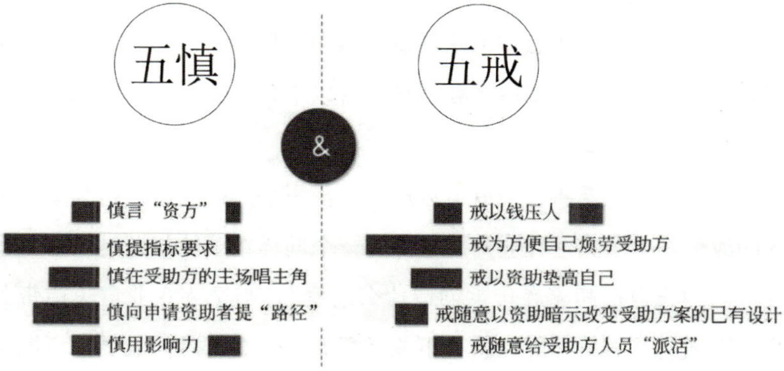

图 5-2 敦和基金会“五慎五戒”

此外，在工作中还要考虑谦卑与责任、权利、是非、能力、抗争之间的关系。承担责任中的自我警惕，明确权利后的一种谦让，辨明是非中的“恕”道，做好理解与沟通，做到行义知命、见义勇为而“忿思难”。在权利面前要讲责任，以责任界定权利；在责任面前要讲谦卑，以谦卑充实责任，见图 5-3。

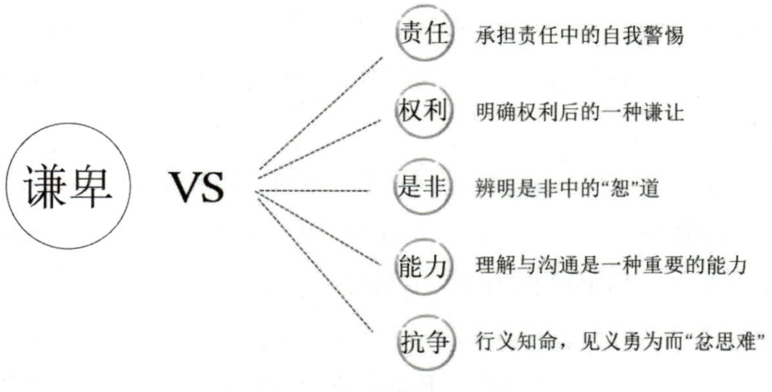

图 5-3 敦和基金会的谦卑精神

4. 使命与行动，知行合一

作为以基金会为载体的家族慈善事业，使命与行动的一致性和协同效应是放大慈善资本的重要杠杆，有以下几个方面需要认真考虑并配合制定一致性策略：

首先，家族慈善事业既可以产生外部影响力，也可以带来家族内部的改善，除了关注社会问题之外，一个同样重要的问题是“慈善事业可以为我自己和家族传承创造什么改变”，与家族企业避免裙带关系、隔绝利益纷争不同，慈善事业是配偶、子女、后代成员都可以紧密参与的纽带平台——家族慈善指南视角源自不同的生活经历、价值观和目标。遵循这种方法，可以绘制出丰富的家族慈善景观，有助于实现家族的内部和外部目标。

其次，基金会的投资理财决策与使命目标是紧密关联的，甚至起到放大效应。而基金会很多时候往往忽视了这一点，资金有时会投资于与基金会的使命相悖的公司。例如，一个促进健康的基金会可能会投资烟草股票，一个致力于弱势群体赋能的基金会可能会购买血汗工厂的产品，一个应对气候变化的基金会可能会投资煤炭公司。慈善资本的投入不仅要避免与使命的矛盾，更要有助于使命的实现。

自 2015 年以来，美国开展使命相关投资 / 影响力投资的家族基金会数量增加了一倍。从 2015 年开始，开展或继续扩大使命相关投资 / 影响力投资的计划总体上也有所增加，近四分之一的家族基金会表示将在不久的将来开展使命相关投资 / 影响力投资，近 30% 的家族基金会计划扩大这类投资。同时，影响力投资理念致力于投资解决某些特定社会目标、问题，同时又会有经济回报，这对那些想做好事同时也想把好事做好的人来说是一项极具吸引力的选择。本指南“影响力投资”一章有专门的介绍和指导。

最后，慈善事业本质上是乐观的——在社会分裂和不确定性加剧的时期更是如此。慈善事业表达了这样一种信念：我们可以对自己的生活、他人的生活以及重要的社会问题产生积极的影响。慈善行为使捐赠者有能力保持乐观——找到有创意的、令人振奋的和有前景的解决方式来调集资源，迎难而上地应对社会挑战。就像盖茨夫妇说的：“我们是致力于消灭不平等的乐天行动派。”

第六章

捐赠者服务基金

捐赠者服务基金（Donor-advised Fund，简称 DAF）作为一种高效的公益慈善捐赠工具，近年来在全球发展迅猛。根据美国国家慈善信托（National Philanthropic Trust）2018 年发布的行业最新数据，捐赠者服务基金 2017 年慈善资产总额为 1100 亿美元，捐赠收入总额为 292 亿美元，捐赠支出总额为 190 亿美元，较 2016 年数据同比增幅分别达 27.3%、16.5% 和 19.9%。其捐赠账户数量增速尤为显著，从 2016 年的 28.9 万个增长到 2017 年的 46.3 万个，增幅高达 60.2%。①

2017 年底，《慈善纪事报》（*The Chronicle of Philanthropy*）发布的美国公益慈善 400 强榜单显示，公众募捐能力排名前十的公益组织中，有六家是采用捐赠者服务基金模式的基金会，位居榜首的富达慈善基金会（Fidelity Charitable）正是一家专门提供捐赠者服务基金服务的公益机构。② 同年，《经济学人》杂志发表了文章《美国公益慈善生态圈中雷鸣暴涨般成长的 DAF》，也详细报道了捐赠者服务基金的高速增长。③

捐赠者服务基金在改变美国公益捐赠生态的同时，也吸引着越来越多的高净值人群。2018 年《美国高净值人群慈善报告》显示，美国 90% 的高净值人士会进行慈善捐赠，其中最常使用的捐赠工具就是捐赠者服务基金，其使用比例与家族基金会、慈善信托及其他捐赠工具的比例之和持平，而且报告称捐赠者服务基金的使用率仍呈上升势头。④

有趣的是，美国越来越多的科技亿万富豪也开始使用捐赠者服务基金。Facebook 创始人扎克伯格于 2012 年捐赠 5 亿美元价值的股票给硅谷社区基金会 (Silicon Valley Community Foundation) 下的 DAF 账户，并且在 2013 年追加捐赠 10 亿美元。⑤ 微软公司前首席执行官鲍尔默 2016 年捐赠 19 亿美元在高盛慈善基金会（Goldman Sachs Philanthropy Fund）设立 DAF 账户⑥，另外如埃隆・马斯克、雪莉・桑德伯格等业界精英也都纷纷设立有自己的 DAF 账户。

无论从行业发展数据、慈善机构排名或者捐赠人选择看，近些年捐赠者服务基金已经成为美国发展最快的慈善捐赠工具。

---

① National Philanthropic Trust.2018 Donor-advised fund report[R].2018.https://www.nptrust.org/wp-content/uploads/2018/11/2018-DAF-Report.pdf.

② The Chronicle of Philanthropy.The 2017 Philanthropy 400[Z].2017.

③ The Economist.A philanthropic boom: "donor-advised funds"[J].2017.

④ Richard Russell, Richard Woo.Nurturing Relationships with Transparency[EB/OL].NCFP,2019-09.https://www.ncfp.org/2017/09/28/nurturing-relationships-with-transparency/.

⑤ David Callahan.Mark Zuckerberg's $2.5 Billion Foundation[EB/OL].Inside Philanthropy.2014-07.https://www.insidephilanthropy.com/home/2014/7/25/mark-zuckerbergs-25-billion-foundation.html.

⑥ 更多信息详见 https://www.ocregister.com/2018/03/14/billionaires-funding-a-goldman-philanthropy-charity-unmasked-by-irs-snafu/。

第一节

捐赠者服务基金概述

一、概念、历史及运营机构

1. 捐赠者服务基金的概念和运营模式

在美国，DAF 是由公共慈善机构（Public Charity）管理的一种捐赠模式，它是由捐赠人出资，在慈善机构下设立一个子基金，见图6-1。从表面看，DAF 就是捐赠人的慈善钱包，它是慈善账户和储蓄（或投资）账户的结合，捐赠人在基金会设立账户，然后将慈善资产放入其中。此时，从慈善账户角度看，捐赠人拥有对账户资金慈善资助方面的建议权，而从储蓄投资账户角度看，捐赠人也可以对账户中暂时还未支出的资金提出保值增值建议。

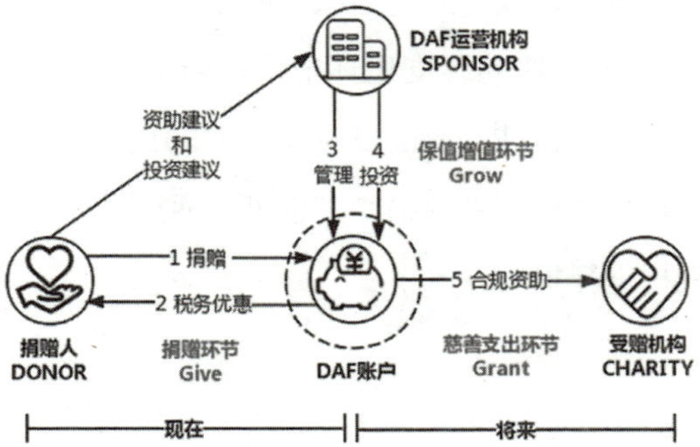

图 6-1 DAF 运营模式

美国2006年《退休金保护法案》(*Pension Protection Act of 2006*)中对DAF的官方定义为：DAF是一个基金或账户，按照捐赠人的捐赠独立设立；由运营机构拥有并控制；捐赠人可以拥有对捐赠资产投资或慈善支出的建议权。[①] 符合上述三条标准的基金或账户一般被视为DAF。可见，DAF是捐赠人的专属慈善账户，捐赠人有权对此账户的慈善支出和投资提出建议，而慈善基金会拥有最终慈善捐赠的处理权。尽管捐赠人放弃了账户的所有权，但在实践过程中，基金会一般会在最大程度上尊重捐赠者合理的投资和慈善支出建议权。

DAF的核心运营模式包括三个环节（3G）：捐赠环节（Give）、保值增值环节（Grow）、慈善支出环节（Grant）。在捐赠环节，捐赠人将资产捐赠至自己设立的专属账户中，捐赠一旦完成不可撤销，捐赠人立时享有捐赠的税务优惠。捐赠的资产除现金外，也可以是不动产、股票、债券及字画古董等。在保值增值环节，捐赠人可以将慈善资产进行投资以实现保值增值，基金会提供不同类型或不同周期的投资产品，捐赠人根据自己的风险偏好及慈善计划做出具体投资选择。对于大额捐赠，基金会还有专门的慈善投资顾问来为捐赠人打理捐赠账户内的资产，以建立更为综合的投资组合，实现捐赠人的整体捐赠与投资目标。在慈善支出环节，捐赠人可以选择向任何符合美国国税局（Internal Revenue Service）501(c)(3)条款或基金会白名单中的公益慈善机构进行捐赠，也可以通过美国境内的慈善机构向境外慈善机构进行捐赠。

---

① 更多信息详见https://www.congress.gov/109/plaws/publ280/PLAW-109publ280.pdf。

2. 捐赠者服务基金的发展历史

在美国，DAF 并非一出现就受到大众青睐，它的兴起经历了一个漫长的过程。第一支 DAF 诞生于 1931 年美国纽约社区信托（New York Trust），是由爱迪生实验室总经理威廉·巴斯托先生（William Barstow）发起设立。当时巴斯托夫妇想将自己的财富捐给慈善机构用于贫困儿童的科技教育，他们努力寻找一种捐赠模式，希望在实现捐赠目标的同时，不被烦琐的文书和制度困扰。最终他们决定使用 DAF 模式达成捐赠，并命名为巴斯托夫妇基金。相比家族基金会，DAF 可以使巴斯托夫妇有效地实现捐赠自由，而且避开了烦琐的程序和复杂的管理。值得一提的是，巴斯托夫妇基金是一支永续基金，尽管巴斯托夫妇及独子早已离世，但这支 DAF 现在依然存在，仍按照捐赠人的意愿发挥作用。①

重大的改变来自 1987 年的美国国家基金公司（National Foundation, Inc.，简称 NFI）起诉国税局的官司，NFI 是一家运营 DAF 模式的公司，诉讼的目的是为了获得 501(c)(3) 条款的公益机构的资格，进而取得税务上的优惠。而美国国税局坚持认为 NFI 是一家纯粹的商业公司，因为它没有具体的公益慈善目标，只是作为捐赠人的“中间通道”并收取管理费，而且捐赠人的资助建议权类似家族基金会，它不应该成为“规避税务责任”的工具。最后法院判决前者胜诉，法院认为 NFI 的捐赠来自公众，而且捐赠人的所有慈善支

① Joanne Florino. Giving Made Easy[J]. Philanthropy Magazine, 2015. https://www.philanthropyroundtable.org/philanthropy-magazine/article/spring-2015-giving-made-easy; https://www.nycommunitytrust.org/wp-content/uploads/2018/03/William-S.-Francoise-Duclos-Barstow.pdf.

出是在 NFI 的严格监督下资助给了符合 501(c)(3) 条款的公益机构，NFI 的运营模式事实上是属于公益慈善机构范畴，可以取得最大程度的税务优惠。[①] 这一判例为运营 DAF 模式的机构提供了法律先例，同时也为新的参与机构降低了市场风险。

NFI 的胜诉促使美国一些大型商业公司开始进入 DAF 领域，纷纷设立慈善机构提供 DAF 服务。1991 年，第一个纯粹运营 DAF 的全国性慈善基金会——富达慈善（Fidelity Charitable）成立，富达慈善也是第一个拥有金融背景的慈善基金会，捐赠人可以通过富达慈善的发起机构富达集团的金融产品进行 DAF 账户的保值增值。其后几年，富达慈善利用富达集团的商业顾问帮助推广 DAF，并配合大量的媒体广告进行公众宣传。富达慈善的成立标志着美国公益慈善行业第一次有了自己的商业销售团队，捐赠人开始拥有 DAF 账户的投资建议权。从此 DAF 开始高速成长，成为个人捐赠的主要工具之一。

从第一支 DAF 到单纯只运营 DAF 的平台基金会出现，用了整整 60 年，而 DAF 第一次出现在政府法律文件中更是在“新千年”之后，见表 6-1。2006 年，美国颁布的《退休金保护法案》正式让 DAF 的管理有法可依，其中详细规定了管理规范，包括 DAF 认定标准、慈善支出范围和限制等。

2016 年，成立仅 15 年的富达慈善基金会就超过美国老牌慈善

---

① National Foundation, Inc. v. The United States of America[EB/OL].Planned Giving Design Center,2000-04.https://www.pgdc.com/pgdc/story/national-foundation-inc-v-united-states-america.

机构联合劝募（United Way）成为全美公众吸筹能力第一的慈善机构。同时，富达慈善基金会也成为全美第二大的资助型基金会，仅次于盖茨基金会。[①]富达慈善基金会目前是全美最大的DAF运营方，根据2018年年报显示，其管理270亿美元的慈善资产，服务20多万的活跃捐赠人。仅2017年，富达慈善基金会的捐赠人就通过DAF账户为美国各州及全球范围内的12.7万个慈善机构资助了约48亿美元。[②]

表6-1 DAF演化过程中的五个里程碑事件

时间	事件
1931年	纽约社区信托设立第一支DAF
1987年	DAF由法院裁定符合501(c)(3)条款，取得税务优惠
1991年	第一个纯粹运营DAF的全国性慈善基金会成立
2006年	《退休金保护法案》正式将DAF的管理纳入法律
2016年	富达慈善超过联合劝募成为全美公众筹款能力第一的慈善机构

3. 捐赠者服务基金的运营机构

目前在美国，DAF的运营机构一般分为三类，见表6-2。

第一类是社区基金会。社区基金会的特点主要在于地域性，传统上都是向社区内的公众筹款，慈善目标也是解决本社区的问题。截至2017年，美国超过600家运营DAF的社区基金，慈善资产超过

① 富达慈善基金会2016年慈善捐赠报告详见https://www.fidelitycharitable.org/docs/giving-report-2016.pdf。

② 富达慈善基金会2018年年报详见https://www.fidelitycharitable.org/content/dam/fc-public/docs/annual-reports/2018-annual-report.pdf。

386 亿美元。许多社区基金会鼓励捐赠人线下开户，它们希望捐赠人能亲自参与到社区慈善活动中。

第二类是单一议题的慈善基金会。这类慈善组织主要是围绕某种身份、信仰或社会问题来开展慈善活动。它们可以将相同利益、身份或关注点的捐赠群体联系起来，最常见的包括高校、医院或基于信仰的慈善基金会，还包括关注特定问题或特殊人群的基金会。2017 年全美有 340 多个单一议题的 DAF 基金会，慈善资产总额达 128.2 亿美元。由于单一议题的 DAF 基金会有明确的关注领域，通常它的慈善支出率是三类 DAF 基金会中最高的，因此其资产总额的增长相对较慢。

第三类是全国型的慈善基金会，它们重点面向全国筹款，对资助的领域也没有特别偏向，范围广、规模大。例如富达慈善基金会和国家慈善信托。2017 年，美国有 50 多家运营 DAF 的全国型慈善基金会，慈善资产总额超过 580 亿美元。虽然全国型的慈善基金会是三类 DAF 基金会里数量最少的，但它的慈善资产规模最大。这类慈善机构不与具体的地区或问题挂钩，这意味着捐赠者可以在当地、全国，甚至某些情况下在国际上开设一个 DAF 账户，向任何符合要求的慈善组织捐款。相比其他两类 DAF 基金会，全国型的慈善基金会一般会提供给捐赠人更专业的在线平台和投资选择，由于规模大，通常它们收取的管理费也较低。

表 6-2 DAF 运营机构的类型和典型优势

类型	典型优势
社区基金会	捐赠人向居住地捐赠，可以获取深度的社区信息和工作人员的线下帮助
单一议题的基金会	捐赠人加入一个志同道合的群体，可以关注并探讨同一社会群体或议题
全国型的基金会	捐赠人通常支付较少的管理费，并可以通过专业的在线平台进行捐赠和投资，且可资助范围广

需要注意的是这三类 DAF 运营机构之间的界限并非绝对，尤其是一些大型社区基金会在发展过程中受到 DAF 冲击，往往显示出跨界的特点。例如，硅谷社区基金会目前是全美最大的社区基金会，它是由两家受到 DAF 冲击的当地社区基金会合并而成，后来硅谷社区基金会积极借助 DAF 模式，成为全美慈善机构的龙头之一，2015 年 DAF 在其捐赠所得的占比就高达 99%。① 社区基金会的特点之一是有相对固定的地理区域，但因为在 DAF 的影响下，这一特点也有所改变。例如硅谷社区基金会在 2016 年的 13 亿美元慈善支出总额中，约 1/3 是资助给了加州以外的项目和机构，另外还有 1500 万美元是资助到了海外。② 从这个角度看，硅谷社区基金会俨然已具有全国型 DAF 基金会的特点了。

---

① Donor-Advised Funds Reshape the Philanthropy Landscape[N]. The Chronicle of Philanthropy, 2016-11:26.

② 更多信息详见硅谷社区基金会官网：https://www.siliconvalleycf.org。

二、典型服务与对比优势

1. 捐赠者服务基金的典型服务

DAF 提供多样化的服务，典型的服务主要包括以下几方面：

（1）便捷的账户管理服务。大多数 DAF 运营机构会提供简单方便的在线平台，从开户到资助的整个慈善捐赠流程，捐赠人都能在网上完成。DAF 在线平台就像一个网络银行账户，包括资金余额、慈善支出历史记录、存钱和支出选项等，捐赠人可以随时随地轻松管理账户以达成慈善目标。通常，捐赠人只需在线访问基金会门户网站，选定资助机构及金额，等待审核批准，即可完成慈善捐赠。

（2）接受并处理不同类型的捐赠资产服务。DAF 是非常灵活的慈善捐赠工具，它接受包括现金、股票、房地产等多种类型的资产，有时甚至接受更加复杂的虚拟货币或古董等资产。如果捐赠人捐赠非现金类资产，运营机构会帮助估值变现。如果捐赠有价证券或实物资产，比原来的购置成本高，还可以节省把资产变现时需要缴的资本利得税。因此，这不仅丰富了捐赠类型，也使捐赠人在税务优惠及增值保值方面取得更大效益，让捐赠人有更多的慈善资产用于未来的资助。

（3）慈善资产保值增值服务。DAF 提供多样的保值增值选项，捐赠人会根据投资期限及自己的风险偏好进行选择。通常，社区基金会提供的投资选择比较简单，而有商业背景的 DAF 基金会能提供更加丰富和专业的投资选择。对于大额捐赠，基金会还会提供专门的投资顾问给予服务，如果大额捐赠人有自己的私人投资顾问，基金会也有相应服务接受其提出的投资建议。不仅如此，DAF 基金会还提供同时考虑社会价值和投资回报的权益类投资产品，鼓励捐赠人做影响力投资，使慈善资产在保值增值的同时也能回馈社会。据全球影响力投资网络 GIIN 的调研，97% 的捐赠者认为通过 DAF 账户能够达到甚至超越他们对于影响力的期望。①

（4）慈善资助管理服务。DAF 允许捐赠人资助符合美国国税局 501(c)(3) 条款的慈善机构，基金会一般会提供一个详细的慈善机构白名单，如果捐赠人指定的受赠机构在此名单中，那么慈善支出建议会被立即采用并执行。如果，捐赠人指定的受赠机构不符合 501(c)(3) 条款，基金会也能通过等效性判定（Equivalency Determination）等服务满足资助需求。此外，很多基金会也和一些第三方评估机构（如 GuideStar）或国际捐赠机构（如 Give2Asia）合作为捐赠人提供服务，帮助捐赠人筛选慈善机构或进行海外捐赠。

（5）定期反馈报告服务。基金会定期向捐赠人发送报告，列出期间所有慈善支出和捐赠反馈情况。这样就方便捐赠人同时资助多个慈善机构，而不必自己花精力跟踪每笔善款的使用情况。有些基金会甚至提供捐赠人感兴趣领域的年度捐赠调研报告，也会邀请捐赠人实地参访被资助机构。

（6）慈善顾问服务。基金会还提供慈善顾问服务，在捐赠过程中，慈善顾问帮助捐赠人梳理慈善理念、规划慈善生涯、评估慈善机构及测量捐赠影响等。慈善顾问在 DAF 整个生态系统中是很重要的一环，慈善顾问在捐赠和慈善支出环节都会发挥专业人士的作用，帮

① RenPSG. Amplifying Philanthropy Impact with Donor- Advised Funds[R]. https://cdn2.hubspot.net/hubfs/496627/COPY%20of%20DRAFT%20of%20white%20paper.pdf.

助捐赠人做长期的、策略性的捐赠。

（7）捐赠人教育和交流服务。许多DAF运营机构会给捐赠人提供在线慈善知识科普，也通过举办线下讲座、论坛等方式引导捐赠善款的科学使用。特别是社区基金会将相同兴趣的捐赠人聚集起来形成大大小小的捐赠圈（Giving Circle），共同讨论社区问题并集体捐赠，可以有效扩大慈善影响力。

（8）继承和遗赠服务。DAF账户是可以传承给后代的，这样就能使捐赠人的慈善事业在家族内永续进行。在美国，许多捐赠人设立DAF表达他们个人或家庭的价值观，通过指定家庭成员作为账户的建议人或继承人，能将孩子、家庭、社区和遗产联系起来。另外，如果捐赠人没有指定账户继承人，也可以选择一到两个慈善机构作为账户遗赠受领人。在捐赠人百年之后，基金仍可以按照捐赠人意愿一次性或分期将账户余额捐完。

（9）将其他慈善资产转化为DAF的服务。由于DAF属于501(c)(3)条款规定的公共慈善机构，因此，美国法律允许将家族基金会或慈善信托转化为DAF，这一过程可被视为慈善捐赠。许多DAF运营机构就提供这种服务。一般，捐赠人在指导下将自己的家族基金会部分或全部转为DAF，DAF能继续使用原有基金会名称，而基金会管理人员也能以DAF建议人（Advisor）的身份继续管理慈善资产。

综上可见，DAF服务的表现形式是多样的，体现了其核心理念是以捐赠人服务为导向，最大程度尊重和满足捐赠人的意愿。DAF可以使捐赠人更加专注于慈善事业本身，基金会帮忙处理背后烦琐的流程。

2. 捐赠者服务基金与其他捐赠方式的对比

（1）与直接捐赠的比较。与直接捐赠相比，DAF可以帮助捐赠人进行长期的和策略性的捐赠。DAF 的一大特点就是善款在捐赠与慈善支出上存在的时间差。捐赠人将善款存入 DAF 账户后，可以在一段时间以后再进行慈善支出，这种时间差就给了捐赠人时间做思考和决策，避免了冲动和盲目的捐赠，有利于实现有效的策略性捐赠。

慈善捐赠和支出的时间差也使 DAF 账户成为一个慈善资金的“缓冲池”，可以方便捐赠人在收入充足时多捐，保持收入不足时仍能继续捐赠。在美国，许多捐赠人就会在工作时持续将资金捐入自己的 DAF 账户，这样就能保证退休后有足够的资金捐给想要帮助的慈善机构。同时，持续的捐赠也可以帮助被资助机构在关键时刻渡过难关，特别是经济不景气的时期。2009 年，受全球经济危机影响，全美捐赠总额同比降低 3.6%，经历了近 50 年来最大的降幅[①]，而当时 DAF 捐赠者仍能持续资助慈善机构，当年 DAF 慈善支出总额已超出捐赠总额，前者同比减少率只有后者的不到三分之一。[②]因此，DAF 是慈善捐赠领域的一个有效的减震器，它能降低经济波动对捐赠人持续捐赠的影响。

此外，许多慈善机构没有直接接收或处理复杂资产的能力，DAF 在处理这些资产上也是优势明显。

---

① The Center on Philanthropy AT INDIANA UNIVERSITY. GIVING USA 2010:The Annual Report on Philanthropy for the Year 2009[R]. GIVINGUSA Foundation, 2010. https://www.americansforthearts.org/sites/default/files/GivingUSA_2010_ExecSummary.pdf.

② Andrew W. Hastings. 2010 Donor-Advised Fund Report[R]. Nation Philanthropy Trust, 2010.

（2）与慈善信托的比较[①]。在美国，慈善信托与DAF各有其特点，但近年来DAF的快速发展也说明其在某些方面确实有一些对捐赠人来说更为便利的优势。仅就四个方面来看：

首先，慈善信托相较DAF行政成本高。设立慈善信托需要有专门的、有资质的受托人，需要起草单独的信托法律文件，存续期间每年还需要向美国国税局进行税务申报，填报相关报表。[②]而DAF则没有这样的问题。

其次，一般慈善信托的税收优惠低于DAF，因为DAF基金会被认定为公众慈善机构，无论是捐赠金额的上限，还是捐赠资产管理的相关税收减免，都是比较好的。

再次，慈善信托的灵活性低于DAF。慈善信托的运营包括受益人指定、信托资产管理方式等均需通过信托文件约定，一旦签署完成后变更成本很高。DAF则完全不受此影响，捐赠人可以根据自己的需要，随时通过线上或线下的方式更改已捐赠资产的增值保值方式或指定不同的接受捐赠对象。[③]

最后，以金融集团为背景的DAF可以实现捐赠人的DAF账户与其已有的资产账户相连，财富管理与慈善捐赠管理挂钩，大大增加了用户使用的便捷性。

（3）与家族基金会的比较，见表6-3。相比家族基金会，DAF的优势主要体现在三个方面：

---

① 谢进，舜益咨询．美国慈善信托与捐赠人建议基金的发展趋势[EB/OL]. 2018-05. http://blog.sina.com.cn/s/blog_626393e60102xg69.html.

② Michael J. Hussey. Avoiding Misuse of Donor Advised Funds[J]. Law Journals, 2010.

③ 同上。

①从设立及管理角度看，DAF 的设立程序非常便捷，大多可以在线上完成开户。而家族基金会的申请和审批过程相对复杂，一般需要数周至数月的时间。DAF 的捐赠门槛也较低，普通人没有足够资金成立家族基金会，而一般仅需 5000 美金就可以在全国型的 DAF 基金会设立一个专属的基金账户。家族基金会设立完成后，捐赠人也会承担烦琐的行政管理责任，需要筹建专门的团队管理资产、提交纳税申报单、保存会议纪要等，而 DAF 基金会能帮忙完成这些复杂的行政工作，捐赠人只需要专注于慈善事业即可。

②从税务优惠角度看，由于 DAF 基金会属于公共慈善机构，捐赠人的慈善捐赠能够享受最高的税务减免。根据不同捐赠资产类型，DAF 能享受调整后总收入的 30% ～ 60% 的税收减免，而家族基金会仅为 20% ～ 30%。而且 DAF 在捐赠估值及节省资本利得税等多方面，较家族基金会也有明显的优势，这都可以帮助捐赠人有更多资金进行慈善资助。

③从强制要求角度看，美国法律规定家族基金会每年必须有 5% 的净资产强制慈善支出，而 DAF 则没有这种强制规定，捐赠人可以更加灵活的根据自己的慈善规划进行资助安排。另外，家族基金会每年必须向国税局提供纳税申报表，列明理事会成员、员工工资等，因此捐赠人无法匿名捐赠。而 DAF 基金会虽然也要提交纳税申报表，但无须列出每个 DAF 账户的详细信息，所以 DAF 捐赠人可以匿名捐赠，捐赠人隐私可得到有效保护。

表 6-3 捐赠者服务基金（DAF）和家族基金会的对比 [1]

项目	DAF	家族基金会
设立时间	即时	数周或数月
设立费用	无	法律费用及其他（通常很高）
管理费用	一般 0.8% 以下	2.5% ~ 4%
现金类捐赠税务优惠	调整后总收入的 60%	调整后总收入的 30%
不动产及股票类捐赠税务优惠	调整后总收入的 30%	调整后总收入的 20%
捐赠估值方式	市场公允价值	公开交易股票以市场公允价值估值，其他以历史成本估值
强制慈善支出要求	无	每年 5% 的净资产
商品国内消费税	无	每年 1% ~ 2% 的净投资收益
隐私	捐赠人账户及捐赠都可以匿名	每年必须向美国国税局提供详细纳税申报表，列明理事会成员，员工工资等
捐赠人管理责任	只需指定慈善支出即可	管理资产、记录备案、提交纳税申报单、保存会议纪要等

通过 DAF 与三种不同捐赠方式的对比，可以发现 DAF 是一种非常灵活、便捷的捐赠工具。它的设立过程简单，启动和管理成本低，还能享受最高的税务优惠。同时 DAF 以捐赠人服务为核心，能为捐赠人节省更多时间、精力和资金。

① National Philanthropic Trust. Giving Vehicle Comparison[EB/OL]. https://www.nptrust.org/donor-advised-funds/daf-vs-foundation/#daf-advantages-and-limitations.

诸多的优势加上产品化的服务模式，也使得DAF能够更加快速地发展，这种规模化、专业化的运作，又更容易降低人工及管理成本，从而达到一种良性循环。

三、DAF与家族传承

DAF鼓励捐赠人联合家人共同参与慈善规划，这对孩子的成长有积极的影响，不仅可以鼓励孩子接触社会，培养助人品质，学会用行动承担公共责任，也有助于家庭成员的沟通，有利于家庭价值观的传递。根据富达慈善基金会的报道，八成以上的DAF捐赠人会与家人一起规划慈善。① 如此高比例的家庭慈善参与率与DAF对家庭提供的多样的便捷服务是分不开的。

首先，DAF捐赠人享有账户命名权。在账户设立之初，捐赠人可以为自己的专属慈善账户冠以家人或家族名，这样会让参与其中的捐赠人更有荣誉感和使命感。尤其是，捐赠人还可以建立“纪念基金”（Memorial Fund），以此纪念某个已经离世的亲人，继续其支持的慈善事业。富达慈善基金会就有这样的案例，埃伦·戈卢布（Ellen Golub）在2012年患癌症去世，她的父亲为了继续女儿生前热衷的慈善事业，便以女儿的名字在富达慈善基金会建立了一个DAF纪念基金，这支基金每年会在女儿生日前夕进行慈善资助，目前已经支持了许多

① Fidelity Charitable.2016 GIVING REPORT[R].2016.https://www.fidelitycharitable.org/content/dam/fc-public/docs/insights/2016-giving-report.pdf.

医学研究、饥饿救助等领域的慈善组织。埃伦的孩子现在也开始向该基金捐赠，外祖父希望他能将基金延续下去。①

其次，DAF 捐赠人享有账户共享管理权。许多 DAF 基金会提供一个账户多人共享（尤其是家庭成员的共享）的操作。第一账户持有人以外的他人可以用“附加账户持有人”（Additional Account Holder）或是建议人（Advisor）的身份加入到账户的管理中，便于多方共同商议制定慈善决策。一方面，这可以避免个人做决策的局限性，扩大参与群体的范围；另一方面，通过家人共同参与慈善决策，有利于加强代际交流和传递家族价值观。

再次，前面也提到了 DAF 捐赠人享有指定账户继承权。DAF 允许捐赠人指定家庭成员作为慈善账户的继承人。当捐赠人离世，DAF 可以作为一项遗产存续下去。通过慈善账户的传承，后代可以清晰地看到家族的慈善轨迹，可以实现家族慈善的爱心永续。

另外，DAF 基金会还专门为父母提供方便孩子参与慈善捐赠的服务，富达慈善就特别设立了“捐赠礼物”项目（Gift4Giving），父母通过自己的 DAF 账户创建 50 ～ 5000 美金的“捐赠礼物”，由基金会转发邮件或短信给孩子，孩子接收到礼物后可以像使用电子购物券一样进行慈善“消费”。②

---

① Fidelity Charitable. The Joy of Giving[EB/OL]. https://www.fidelitycharitable.org/articles/joy-of-giving.html.

② Fidelity Charitable. Gift4Giving[EB/OL]. https://www.fidelitycharitable.org/giving-account/gift4giving.html.

第二节
捐赠者服务基金实践

一、家族利用 DAF 慈善传承的实例

由于 DAF 良好的家庭慈善参与体验，美国许多富裕家庭都会选择设立 DAF 账户进行慈善捐赠。本章引言中提到的扎克伯格夫妇就主要采用了 DAF 进行慈善捐赠，他们早在 2012 年及 2013 年就捐赠了价值约 5 亿和 10 亿美元的股票给硅谷社区基金会下的 DAF 账户。2015 年底，为纪念第一个孩子的出生，扎克伯格夫妇更是发表声明，计划捐出脸书 99% 的股份用作慈善，他们通过成立一家特殊的有限责任公司[①] 陈-扎克伯格倡议（Chan Zuckerberg Initiative，简称CZI）来实现目标。这样做的好处一方面可以避免股权分散，一方面也可以灵活选择符合目标的各种工具。例如在慈善支出方面，该机构就采用三种不同的方式：设立于硅谷社区基金会的同名 DAF 账户（CZI DAF）、家族基金会以及一家专门做政策宣传的机构。值得注意的是，CZI 披露的 2018 年初至今的 919 笔慈善支出中，通过 DAF 进行

① Limited Liability Company 中文直译是有限责任公司，但其并非完全对应我国的有限责任公司，其在美国是一种较为特殊的公司形式。

的支出就占823笔，而采用家族基金会方式的支出仅有68笔。[①] 可见，DAF目前仍是扎克伯格夫妇重要的慈善捐赠方式。

DAF不仅可以为家庭提供便利的联合捐赠，也可以让一个家族的多代人会共同参与慈善事业。阿克伦社区基金会（Akron Community Foundation）就有家族三代人借助DAF进行慈善传承的例子。[②]

维纳格（Venarge）夫妇凭借努力工作取得成功，他们平时也会积极慷慨地回馈社区。他们想将这种努力拼搏的家族价值观和乐于付出的精神延续下去。1999年，维纳格夫妇找到一个解决方案，就在阿克伦社区基金会以他们名字设立了家族DAF，旨在帮助社区弱势群体，建立并传递这种回馈社会的优秀家族传统。通过十几年的努力，这支家族基金帮助了当地许多女性和孩子，现在维纳格夫妇的儿女和孙女也都参与进来。

社区基金会定期预约维纳格家族成员时间，将他们邀请至会议室。基金会事先做足功课，会在维纳格家族关注的慈善领域筛选十个优秀慈善机构或项目，并做好尽职调查。家族成员在充分获取项目信息的情况下，讨论慈善选择并参与投票。维纳格夫妇的六个孙女也会参与讨论决策，他们通过给墙上的不同项目贴纸的有趣方式进行投票。维纳格夫妇很高兴看到助人的价值观在所爱的人中继续传递。他们说这种捐赠方式让他们感到快乐，基金会负责运营家族DAF基金，家

① Chan Zuckerberg Initiative 官网截至2020年5月22日数据：https://chanzuckerberg.com/grants-ventures/grants/。

② Akron Community Fundation. DAF Impact Story:Family Fund Empowers Three Generantions of Giving[EB/OL]. NCFP, https://www.ncfp.org/2019/02/04/family-fund-empowers-three-generations-of-giving/.

庭成员只需要专注于慈善事业，完全不用像运营家族基金会那样操心烦琐的行政事务。而且，即使他们去世之后，子孙后代也能以他们的名义继续捐赠，从而将家族慈善事业一直传承下去。

不同于社区型 DAF 基金会对家庭捐赠人社区实际参与的重视，全国型 DAF 基金会一般会提供给家庭成员便捷的网上操作选项。在嘉信慈善基金会（Schwab Charitable），一个一家四代人共同参与慈善捐赠的案例使用的就是此种方式。

美国加州的伊丽莎白夫妇热衷慈善，他们希望能持续地做慈善捐赠，特别是帮助贫困的孩子。他们在嘉信慈善基金会设立了自己的 DAF 账户，伊丽莎白和家人共同决定如何使用慈善资金。为了培养孩子的捐赠习惯，当他们上高中的时候，伊丽莎白开始从自己的 DAF 账户中定期划分出 2000 美金的捐款，让孩子决定怎么使用这笔善款。这些操作都是在网上进行的，便捷高效的方式也得到了孩子的积极响应，现在孙辈也加入了他们的捐赠活动。伊丽莎白表示，四代人共同参与家庭基金的管理，对家庭而言是一件十分有意义的事。[①] 可见，无论通过线下还是线上的方式，DAF 都可以帮助捐赠人实现家庭共同参与慈善捐赠的意愿。

此外，一些家族基金会也将 DAF 作为家族慈善事业传承的“预备班”。在孩子接手家族基金会前，父母通过建立一个 DAF 账户培养后

① Four generations of giving[EB/OL].SCHWAB CHARITABLE.https://www.schwabcharitable.org/public/charitable/maximize_your_impact/donor_stories.

代的公益慈善理念与能力。[①] 通常，父母会请孩子帮忙分配一些慈善捐赠，但不允许他们随意挑选被资助的慈善机构。他们会要求孩子在 DAF 的服务下做好尽职调查，不仅考虑慈善机构的使命，还要考虑它是如何运作和花钱的。这样可以帮助孩子形成策略性的慈善习惯，有利于未来继承家族的慈善事业。

在美国，越来越多的捐赠案例都表明 DAF 是一种有效连接数代人的家族慈善传承方式。家族成员不仅可以通过慈善账户共同参与捐赠活动，也可以使后代了解前辈们的慈善历史，增强家族认同感和凝聚力。甚至有些 DAF 开始只是个人使用的慈善账户，在设立人去世后，后代为了表达纪念或致敬，仍会以他们的名义继续帮助慈善机构，这就在事实上达成了家族慈善事业的传承。

二、美国 DAF 基金会在抗灾救援中的实践

DAF 基金会积极关注紧急事件救援，重视减灾防灾。很多全国型 DAF 基金会在官网有专门的抗灾救援页面，实时关注和应对重大突发事件，推送灾害情况和需求。此外，灾害发生时，基金会还会给捐赠人发个人邮件，鼓励捐赠。

因此，在美国自然灾害频发的年份，DAF 基金会的抗灾资助额会

---

① Ken Nopar. The Growth of “Side-Car” DAF Accounts [EB/OL]. Wealth Management, 2018-04. https://www.wealthmanagement.com/philanthropy/growth-side-car-daf-accounts.

比较可观。例如富达基金会2018年度捐赠报告显示，在上一年大西洋飓风和加利福尼亚野火之类自然灾害的影响下，有将近1/5的DAF账户（超过两万个）支持救灾事业，为救灾事业提供了近6000万美元的资助。①

面对2020年年初新型冠状病毒疫情的暴发，一些美国DAF基金会也有及时关注与支持。例如，富达慈善基金会与嘉信慈善基金会就在其抗灾救援专题中显示，它们与专业第三方抗灾救援慈善机构合作，为捐赠人提供了与抗击疫情相关的NGO清单，以供选择资助。②

与本次疫情相关的推荐机构就包括：Give2Asia、Project HOPE、美国国家疾病控制与预防中心、国际医疗队等。它们与中国都有直接或间接的联系，例如，Give2Asia就与中国红十字会、湖北省红字会建立了合作关系；Project HOPE早在2001年就和武汉大学共同成立了希望护士学校，疫情当下，其武汉团队协助政府积极帮助一线医护人员。

硅谷社区基金会更是在其官网首页以大图显示新冠病毒，设立新冠病毒应对基金（Coronavirus Response Fund）进行募款，善款将支持美国疾病控制中心基金会的工作，并通过与Give2Asia合作，

---

① Fidelity Charitable.2018 Giving Report[R].2018.https://www.fidelitycharitable.org/insights/2018-giving-report.html.

② Fidelity Charitable.Giving guidance for the coronavirus(COVID-19)[EB/OL].https://www.fidelitycharitable.org/guidance/disaster-relief/how-to-help-novel-coronavirus.html;Maximize your charitable impact:COVID -19[EB/OL].SCHWAB CHARITABLE,https://mkt.schwabcharitable.org/COVID-19-2.html.

向中国疫区一线捐赠物资，见图 6-2。[①]

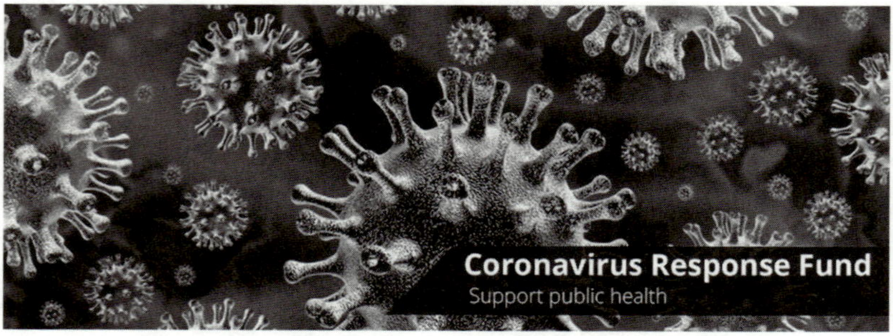

图 6-2 硅谷社区基金会设立新冠病毒应对基金[②]

1. DAF 基金会如何引导捐赠人进行抗灾资助

下面以富达慈善基金会为例，介绍 DAF 如何引导捐赠人进行抗灾资助。

（1）救灾的四个阶段

首先，富达慈善将救灾的过程分为四个阶段：紧急救援阶段、稳固阶段、重建阶段、风险控制和预防阶段，见图 6-3。每个阶段都有不同的目标和持续时间，物资及救助需求也各不相同。前两个阶段偏于中短期，后两个偏于长期。第一阶段从灾难发生时就立即开始，着重于恢复灾区秩序。当灾区居民朝恢复日常活动的方向发展时就进入第二阶段。第三和第四阶段的特点是以当地社区主导的重建和持续的备灾教育，以便通过更好的建设和防灾教育来减轻未来可能再次发生的灾难损失。

---

① 更多信息详见 https://www.siliconvalleycf.org/coronavirus-fund。

② 硅谷社区基金会官网。

其次，富达慈善建议捐赠人将救灾捐赠纳入整体捐赠计划的一部分，一种可行的方式就是将救灾捐赠在相应的阶段定向到自己感兴趣的慈善领域。比如捐赠人主要关注动物保护和灾难教育，那他/她就可以在第一和第二阶段中资助与动物保护相关的NGO，在第四阶段资助提供灾难教育服务的NGO。

从富达提供的图示中可以看出，很多领域的资助可以贯穿不同的救灾阶段，而不仅仅是在第一个紧急救援阶段提供。当灾难发生时往往最能吸引公众的捐赠热情，但公众容易忽略掉在紧急救援阶段之后，受灾地区和相关群体会面临长期的物理重建和心理重建过程，甚至时间长度可以达到十年以上，持续的关注和对相关公益项目的资助是至关重要的。

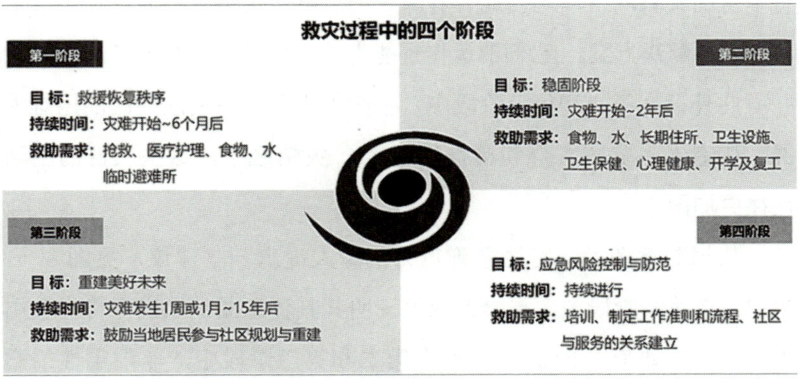

图6-3 富达慈善基金会用DAF引导捐赠人进行抗灾资助[①]

① 富达慈善基金会官网。

（2）资助合适的慈善机构

灾难发生时，在短时间内会涌现出大量慈善机构，捐赠人如何在众多慈善机构中进行选择显得尤为重要。许多捐赠人倾向于通过提供即时资助迅速响应紧急需求。尽管对于紧急救助工作而言，立即提供援助至关重要，但也要考虑灾难四个阶段的不同需求。富达慈善为捐赠人提出以下几点建议：

第一阶段适合支持全国或国际慈善组织，这样可能会更好地实施紧急救援，如美国红十字会、无国界医生等。这些慈善机构往往能迅速从未受影响地区收集救援物资，而且它们有足够的能力和专业知识立即采取行动并产生影响力。

第二阶段的资助重点是灾区当地的慈善组织。这些机构在当地具有丰富的关系网络，对当地有着深入的了解，使得它们能够提供合适和有效的解决方案。它们的运作也能为该地区居民创造更多就业机会。

此外，在第二和第三阶段中，捐赠人也要考虑关注灾区的困难人群，如老人、贫困人群和精神病患者。灾情之下，这些人群的生活往往更加困难。

从捐赠意图上，富达慈善也为捐赠人提出一些建议，见图 6-4。例如，在第一阶段中，捐赠人应该说明其具体意图，以确保将资金用于与特定灾难有关的工作。而在第二和第三阶段中，非限定性捐赠可能会更有助于慈善组织为受灾地区提供持续支持，这些灵活的资金使强大的管理团队可以将善款用于最需要的地方。①

① Fidelity Charitable. The four phases of disaster relief[EB/OL]. https://www.fidelitycharitable.org/guidance/disaster-relief/four-phases-of-disaster-relief.html.

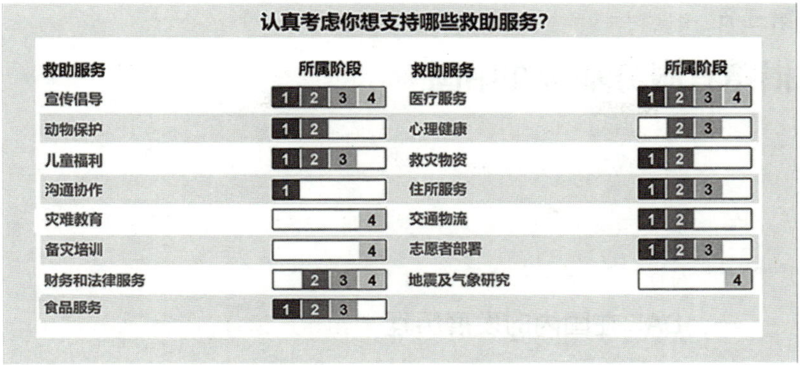

图 6-4 富达慈善基金会用 DAF 引导捐赠人进行抗灾资助①

综上，富达慈善不是个案，它代表了典型的DAF基金会在抗灾救援中的做法，其他如嘉信慈善、硅谷社区基金会也都有类似的抗灾捐赠服务指南。在救灾过程中，DAF引导捐赠人不仅仅关注于灾情本身，也要考虑该地区原来的困难人群，这样可以防止慈善资源集中到个别机构或领域，有助于实现更全面的慈善目标。此外，有研究表明，90%的捐款会在灾难发生后的90天内流向救灾工作，之后捐款会大幅减少，而后期的灾区恢复和重建工作也非常重要。②DAF就鼓励捐赠人长期关注灾难事件，不仅要响应紧急需求，也要考虑后期的重建和防灾的规划，从整个灾难生命周期角度长期规划自己的善款使用。

① 富达慈善基金会官网。

② Robert G.Ottenhoff.We Are All Disaster Philanthropists[EB/OL].Center for Disaster Philanthropy,2014-03.http://disasterphilanthropy.org/blog/about-cdp/we-are-all-disaster-philanthropists/.

第三节

捐赠者服务基金在中国

一、DAF 在国内的发展历程

DAF 这一模式近几年在国内发展迅猛，一些公益及金融机构已经开始关注和探索 DAF 这种新型慈善路径，据不完全统计，已有以下机构开始在国内践行 DAF 模式，见表 6-4。

表 6-4 目前国内践行 DAF 的模式

时间	事件	机构类别	实现形式
2017 年 4 月	北京市永源公益基金会宣布成立两支永续传承 DAF，这是国内 DAF 的首次尝试	公益慈善	专项基金
2017 年 6 月	深圳慈善会宣布成立冠名的捐赠者服务基金，随后设立“中国捐赠者服务基金网”	公益慈善	专项基金
2017 年 11 月	明湾资产通过中国证券基金业备案设立私募的公益金融类捐赠者服务基金	金融	私募基金
2018 年 1 月	北京圣商慈善基金会宣布启动捐赠者服务基金系统	公益慈善	专项基金

续表

时间	事件	机构类别	实现形式
2018 年 1 月	上海市慈善基金会设立大爱福（DAF）专项基金	公益慈善	专项基金
2018 年 9 月	深圳市递爱福公益基金会正式宣布成立，这是国内第一家纯粹以运营 DAF 为主的基金会	公益慈善	非公募基金会
2018 年 10 月	山东大学教育基金会设立国内教育基金会中的第一个 DAF“梦竹爱心基金”	公益慈善	专项基金
2018 年	上海联劝公益基金会设立了三个团体或个人发起的 DAF 专项基金	公益慈善	专项基金
2019 年 3 月	深圳市慈善会和建设银行合作的“善行公益”DAF 捐赠者服务基金平台启动	公益慈善 + 金融	专项基金
2019 年 5 月	灵山慈善基金会和金百临慈善基金会共同发起“邻家公益计划”	公益慈善	专项基金
2020 年 2 月	万向信托金融科技团队自主研发 DAF 智慧系统，助力慈善组织开展抗击疫情的工作	金融	慈善信托
2020 年 4 月	北京益行者公益基金会设立了 10 个抗击疫情 DAF 项目	公益慈善	专项基金

从 2017 年永源基金会设立国内第一支 DAF 到现在，三年多的时间内，已经有十多家机构参与 DAF 的落地实践，其中大多还是公益慈善机构，包括公募、非公募基金会，慈善会，企业基金会及教育基金会多种类型。同时，也有嗅觉灵敏的金融机构结合自身业务特点积极参与其中，比如万向信托就很好地结合了慈善信托业务来落地 DAF 模式。

从实现形式角度看，目前公益慈善领域多数的DAF是以专项基金的形式实现的。这也不难理解，国内专项基金从架构上看也是基金会下设的子基金，与DAF的模式比较相似。但传统的专项基金和DAF模式也是有区别的，两者最明显的不同在于：传统专项基金是以公益项目操作型为主，往往是将募集的资金用于自己的项目；而DAF摆脱了专项基金的这种“公益闭环”，它扮演的角色是纯粹的资方，资助领域不设限，实施慈善款物募用分离的模式。值得注意的是，DAF规模化、产品化的特点也对以专项基金运营DAF模式的基金会的管理能力提出了新的挑战。

除了专项基金外，国内还有纯粹以运营DAF为主的捐赠者服务基金会。深圳市递爱福公益基金会是由深圳国际公益学院、北京中伦公益基金会、中顺易金融服务有限公司联合发起，获得了深圳市民政局颁发的基金会法人登记证书，是中国首家正式批准成立的捐赠者服务基金会。

由上可以看出，DAF不是一种固定不变的单一模式，它在国内的实现路径十分灵活，不同的机构要结合自身的特点去落地实践。但无论以何种形式实现，DAF最终落脚点还是要回到其慈善内核：尊重捐赠人，以捐赠人的意愿为核心。

目前，中国正进入财富代际传承的密集期，越来越多财富群体开始关注到家族慈善事业的重要性，公益慈善参与热情持续升温。借助DAF模式，以捐赠人服务为导向，结合慈善顾问提供专业化的慈善服务，可以有效提升慈善家族的捐赠体验。

首先，DAF的专业分工和募用分离有利于家族便捷管理慈善事业。DAF对慈善家族而言可以算作是一个“虚拟基金会”，家族成员只需要专注于慈善事业本身，而不必处理基金会的烦琐事务，“虚拟基金会”背后的管理机构在听取家族的慈善意愿和建议后，帮忙处理好杂务和把控法律要求。同样，募用分离也使得专业的人做专业的事，有效提升善款使用效率。

其次，DAF 通过慈善顾问为家族提供专业的咨询服务。慈善顾问定制化地帮助家族发掘潜在的慈善需求，设计合理的慈善计划，评估捐赠的影响力，从而调动家族成员持续地、策略性地参与慈善事业，有理由相信慈善顾问会在未来家族慈善事业的发展过程中占据一个相当重要的角色。

此外，DAF 接受多种类型的慈善资产也极大方便了家族慈善事业的开启，一些 DAF 也允许捐赠人对慈善资产提出保值增值的建议权，这也有利于为慈善事业提供持续的资金支持。

尽管中外的公益生态和社会文化有许多不同，但有理由相信，DAF 模式中提倡智慧捐赠，以及为捐赠人提供便捷高效的服务是有其前景的。而财富家族能够通过 DAF 这种便捷的载体让慈善事业得以持续传承，也会为国内家族慈善事业的公益生态打开新的契机。

二、实践案例：深圳市递爱福公益基金会

深圳市递爱福公益基金会（以下简称为“递爱福基金会”）是由深圳国际公益学院、北京中伦公益基金会、深圳中顺易金融服务有限公司三方机构共同发起设立的不具有公开募捐资格的基金会，于 2018 年 6 月 21 日在深圳正式注册成立。

递爱福基金会以“百年慈善、永续传承”为战略目标，以“助力捐赠者善的传承”为使命，以“愿捐赠者基业长青”为愿景，以“诚信、专业、创新、共享”为核心价值观，以管家精神“服务捐赠人”为主要业务定位，在家族财富管理、家族财富传承、企业长远发展规划的基础上，以设立捐赠者服务基金慈善账户的模式，致力于将捐赠人的慈善捐赠工具化、便捷化，使慈善财产的捐赠成为捐赠人整体财产战略配置的重要组成部分。旨在为捐赠人提供独立、透明、便捷的捐赠、投资、捐助等服务，帮助专业人员便捷建立与客户的公益慈善服务关系，倡导以专业建立公信力，鼓励民众（尤其是高净值人群）投身公益慈善事业。

作为中国首家采用“捐赠者服务基金”方式运作的基金会，递爱福基金会重视捐赠人通过慈善账户顾问对慈善财产使用的建议权，在符合基金会章程及内部相关指引的前提下，递爱福基金会将充分尊重慈善账户顾问就合适的投资方案、向合格受赠组织的捐助提出的建议，做出最终的投资决定或捐助决定。捐赠人的财产捐赠、捐赠财产投资的累积、具体捐助建议的提出、基金会内部的审批、捐赠财产的最终划转，将最大限度地实现捐赠人的捐赠目的。此种方式是在中国法律框架下，参考国际经验对国内公益基金会运作模式的有益尝试。

递爱福基金会向捐赠人提供的慈善服务范围，主要集中在捐赠、投资、捐助及捐助后的服务四个方面，历经三年多的探索，递爱福基金会已初步形成了一套较为完整的制度架构和服务体系，致力于从多角度为捐赠人提供服务，见图 6-5。

制度设计层面：递爱福基金会设计了一套规范化的业务实操流程，形成了中英双语近 50 万字、20 多份的管理制度文件；

专业服务层面：递爱福基金会鼓励专业人员参与慈善活动，倡导以专业建立公信力，建立了以专业人员服务为基础的风险管控制度；

技术层面：递爱福基金会搭建了一个共享化的专业管理技术平台，开发了“递爱福（DAF）账户服务系统”。

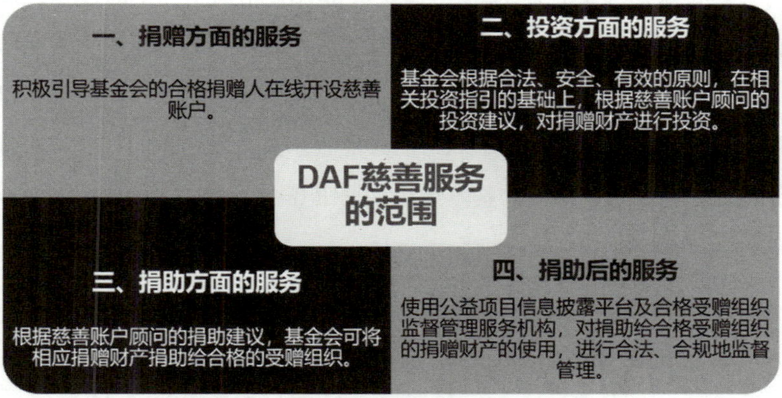

图 6-5 为捐赠人提供慈善服务的范围

以下将从制度设计层面、专业服务层面以及技术层面分别展开介绍：

1. 制度设计层面

借鉴海外捐赠者服务基金“3G”的运作模式，递爱福公益基金会的整体业务流程，主要分为 Give、Grow、Grant 三个方面。

（1）捐赠（Give）环节。合格捐赠人可在递爱福基金会开设慈善账户，每个 DAF 慈善账户，可被视为一个“慈善钱包”。捐赠人可随时向该“钱包”进行捐赠，进行“存款”，也可以通过慈善财产的投资，使“钱包”保值、增值，还可以在合适的时机，通过向合格受赠组织捐助，来花费“钱包”中的慈善财产。同时，捐赠人可通过此“钱包”慈善财产的传承，将慈善的理念和价值观传承给后代。

慈善账户持有人申请设立的“慈善账户”，可以理解为一家特殊目的载体（SPV，Special Purpose Vehicle），慈善账户持有人有权对“慈善账户”进行命名。慈善账户持有人相当于SPV的股东；慈善账户顾问相当于SPV的总经理；慈善账户督导员相当于SPV的兼职监事；第三方合格捐赠人向SPV的捐赠，相当于第三方股东向SPV出资；慈善账户查阅人相当于SPV的其他股东委托或选举的代表，监督SPV的活动。慈善账户的基本结构，见图6-6。

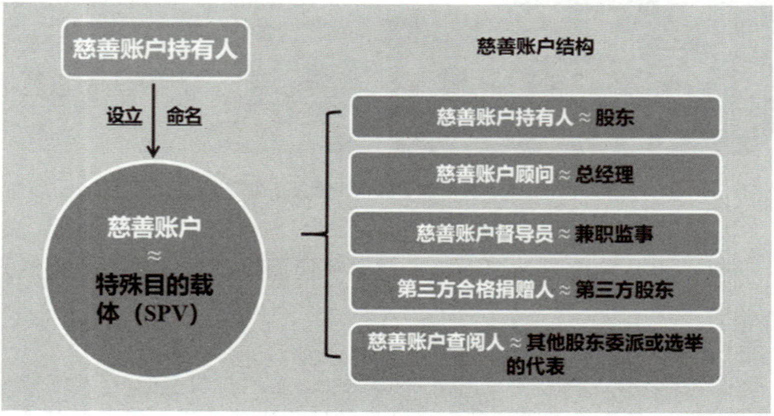

图6-6 慈善账户的基本结构

为满足非公募基金会捐赠人特定化的要求，递爱福基金会通过特定化合格推荐人，进而特定化合格捐赠人，潜在的捐赠者须经过合格推荐人的推荐，才可以进入递爱福基金会合格捐赠人的审批流程。合格推荐人包括三大类：①递爱福基金会的战略合作伙伴；②担任合格捐赠人资格预审员、慈善账户督导员、慈善专家顾问的专业人员；

③基金会的工作人员。

同一个合格捐赠人可以设立五个慈善账户（“一人多户”的概念），每个慈善账户的定位、功能、用途可能不同，可适用于不同的捐赠圈，不同慈善账户之间的财产可以互转或汇总。举例来说，对合格捐赠人 a 开设的慈善账户，以慈善账户 n 为例，合格捐赠人 a 可以邀请合格捐赠人 b、合格捐赠人 c，向其开设的慈善账户 n 进行捐赠，此时，合格捐赠人 b 和合格捐赠人 c 是慈善账户 n 的第三方捐赠人（“一户多人”的概念）。慈善账户持有人应当指定 1 名慈善账户顾问，根据实际需要，提名 1～3 名慈善账户督导员，或者指定 1～3 名慈善账户查阅人。

慈善账户的开设及捐赠业务流程，见图 6-7。

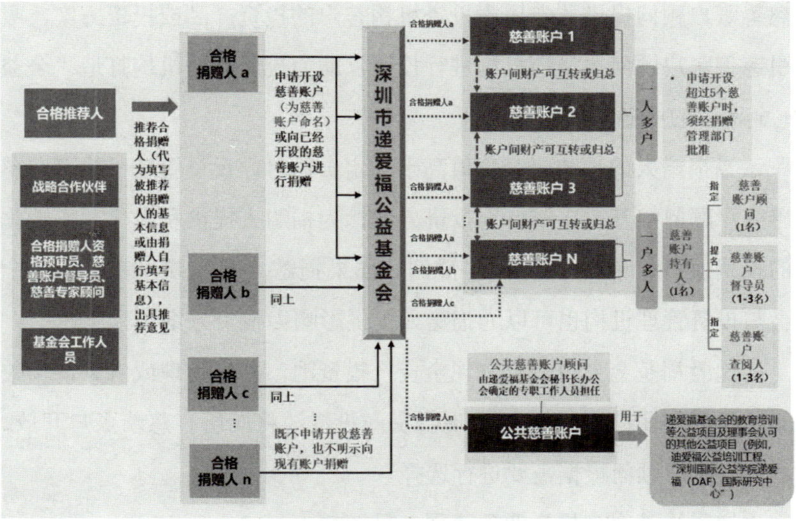

图 6-7 慈善账户的开设及捐赠业务流程图

（2）投资（Grow）环节。递爱福基金会将与不同的投资管理机构，如银行、信托公司、证券公司、保险资产管理公司、私募基金管理公司等，签署《战略合作协议标准文本》，组建“投资管理机构库”。递爱福基金会目前已与中信信托签署了战略合作协议。

投资管理机构可向递爱福基金会提供不同的投资产品、投资方案，由慈善账户顾问根据需要，在提出投资建议时进行选择。

递爱福基金会鼓励各投资管理机构帮助其客户开立慈善账户。为了便于投资管理机构继续服务其原有客户，不同的投资管理机构可分别向其原有客户提供专属投资产品或投资方案，各自为其客户进行慈善赋能，独立管理各自的客户关系，增加客户黏性，防止投资管理机构客户资源的流失。各投资管理机构也可向递爱福平台上所有的慈善账户顾问提供非专属本投资机构客户的投资产品或投资方案，吸引慈善账户顾问选择该机构进行投资，助力投资管理机构打造“公益+金融”的业务拓展模式。

当捐赠人的捐赠财产价值高于一定金额时，投资管理机构可向慈善账户顾问推荐或定制特别投资方案，为捐赠人提供私人化、高端化的投资服务。参考国际操作惯例，如果捐赠人有需要，递爱福基金会与投资管理机构也可以为捐赠人提供影响力投资方案。

递爱福基金会也将建立现金资产投资池，独立管理或者聘请相关的投资管理团队进行管理。现金资产投资池将向所有慈善账户开放，供慈善账户顾问根据需要进行选择。

递爱福基金会投资业务流程，见图6-8。

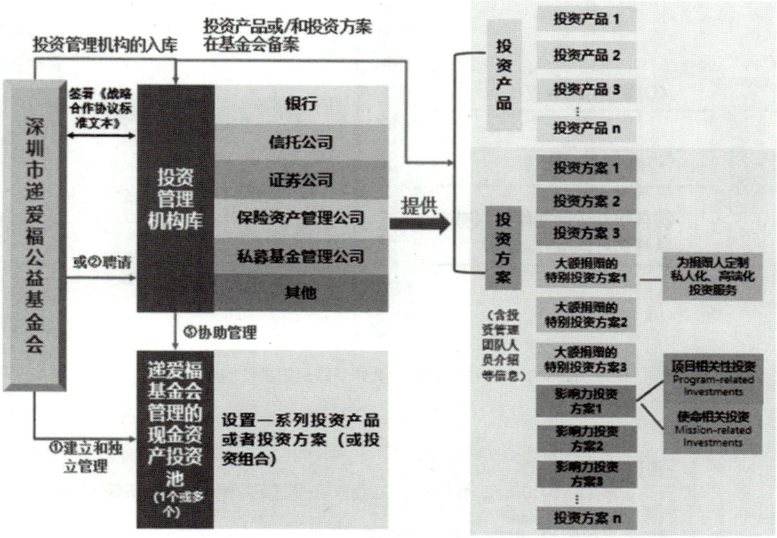

图 6-8 递爱福基金会投资业务流程图

（3）捐助（Grant）环节。借鉴海外 DAF 基金会确认受赠组织的原则，递爱福基金会按流程组建了合格受赠组织数据库，见图 6-9。在捐助环节，由慈善账户顾问提出具体的捐助建议，经基金会审核批准后，由递爱福基金会向合格受赠组织进行捐助，见图 6-10。递爱福基金会目前确定的单笔捐助金额不低于 50000 元，秘书长办公会有权根据实际情况调整单笔最低捐助金额。

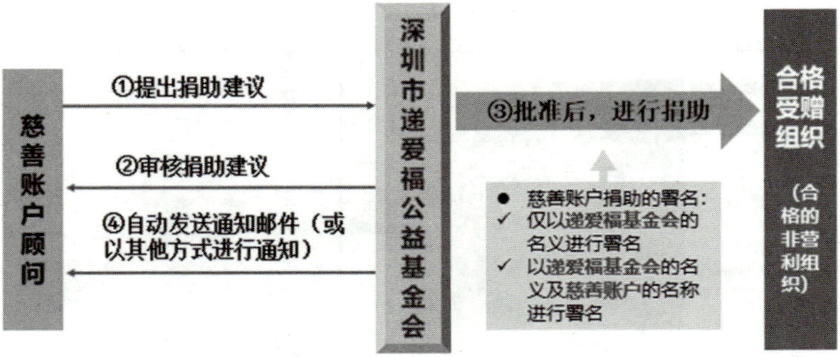

图 6-9 递爱福基金会向合格受赠组织捐助的流程

- ✓ 受赠组织名称
- ✓ 拟捐助金额（≥50,000元，秘书长办公会有权根据实际情况调整单笔最低捐助金额）
- ✓ 一次性捐助或分期捐助
- ✓ 是否捐助至受赠组织中某个特定的项目
- ✓ 是否匿名进行捐助
- ✓ 拟捐助的合格受赠组织是否为慈善账户持有人或慈善账户顾问的利害关系人
- ✓ 选择一种或多种合格受赠组织通常使用的信息披露方式
- ✓ 选择一家具体的“公益项目信息管理服务平台”
- ✓ 可以从“合格受赠组织监督管理服务机构库”中指定一家合格受赠组织监督管理服务机构
- ✓ 可以提出一份《补充协议》草案建议

图 6-10 捐助建议的具体内容

递爱福基金会与合格受赠组织之间为捐赠法律关系，由合格受赠组织自主管理、运营具体的慈善项目。为了更好地服务合格捐赠人，递爱福基金会建立多层次的监督管理服务制度，分为三个层面：

①合格受赠组织向社会公众的基本信息披露义务：主要是合格受赠组织在执行慈善项目、使用慈善财产过程中，向不特定的社会公众进行信息披露的基本义务。例如：在基金会中心网、慈善中国、中国社会组织网的法定披露。

②合格受赠组织向特定相关方的实时性、过程化的信息披露义务，见图 6-11。合格受赠组织除向社会公众进行基本信息披露外，还需依靠“公益项目信息管理服务平台”，向特定相关方进行实时性、过程化的信息披露。该平台的定位，是向特定相关方提供与公益项目现金流、信息流相关的“过程化、实时性、动态式”的信息披露，是面向特定相关方的信息交互平台，而非面向公众的信息披露平台。

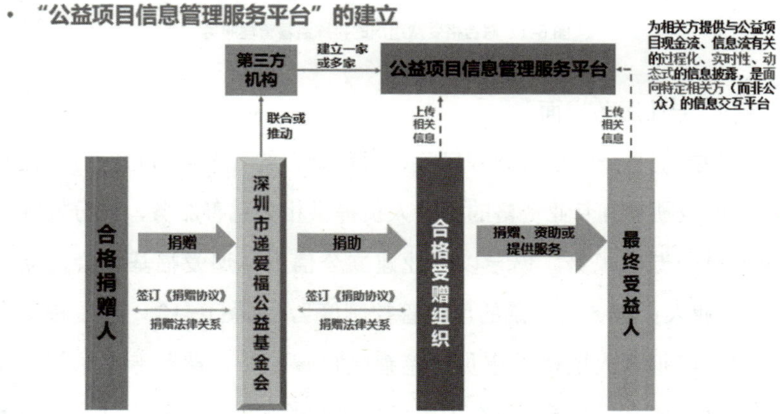

图 6-11 合格受赠组织向特定相关方的实时性、过程化信息披露义务

③对合格受赠组织的特殊监督管理服务，见图 6-12。这是一种更加个性化、私人化的定制付费服务，根据服务选择主体的不同，分为慈善账户顾问自主选择的以及由递爱福基金会自主选择的监督、管理服务两个维度。

- **“合格受赠组织监督管理服务机构库”的组建**

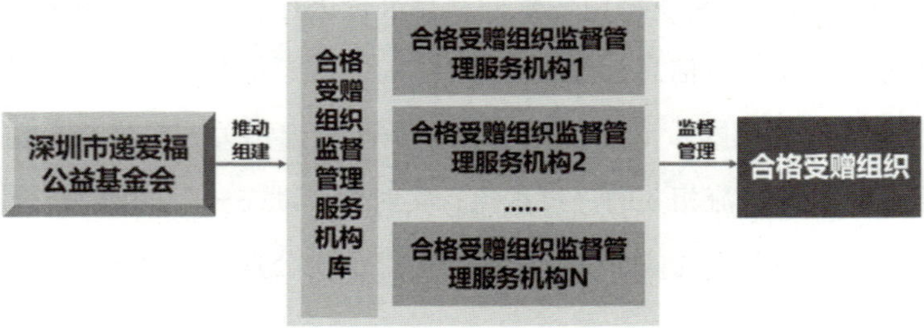

图 6-12 对合格受赠组织的特殊监督管理服务

2. 专业服务层面

为控制基金会运营管理风险、对基金会的各个环节进行有效监督，并积极鼓励具有专业资格的相关人员提供相关慈善服务，充分发挥专业人员的专业优势，倡导以专业建立公信力，递爱福基金会建立了“以专业人员服务为基础的风险管控制度”，见图 6-13。递爱福基金会的合格捐赠人资格预审员、慈善账户督导员、慈善专家顾问，属于专业志愿者，主要由正在中国境内执业的律师、注册会计师、税务师、资产评估师、公证员担任。三类专业志愿者根据其服务对象不同，分别具有不同的职责。

	主要定位及职责	次要职责	范围	服务对象
合格捐赠人资格预审员	由递爱福基金会战略合作伙伴指定的，对战略合作伙伴向递爱福基金会直接推荐的合格捐赠人（仅限于具有明确或潜在捐赠意向的战略合作伙伴之员工、客户、会员以及以其他合理方式确定的信用良好的特定机构或人员）进行资格复核的专业人员。	向递爱福基金会直接推荐合格捐赠人	正在中国境内执业的律师、注册会计师、税务师、资产评估师、公证员。	递爱福基金会的战略合作伙伴
慈善账户督导员	由慈善账户持有人提名，负责监督慈善账户合规性运作、了解慈善账户财务及交易情况并对慈善账户相关方进行培训教育的专业人员。		正在中国境内执业的律师、注册会计师、税务师、资产评估师、公证员。	递爱福基金会的相应慈善账户相关方
慈善专家顾问	由递爱福基金会邀请，根据递爱福基金会的要求或规定，在一定的服务期限内，以自己的时间、知识、技能和资源等自愿为递爱福基金会及递爱福基金会合作的相关机构或相关项目提供专业慈善服务的人员。		正在中国境内执业的律师、注册会计师、税务师、资产评估师、公证员； 海内外有关专家学者，以及其他经验丰富的海内外资深人士及专业技术人员等。	递爱福基金会或递爱福基金会合作的相关机构或相关项目

图 6-13 专业人员的职能、范围及服务对象

递爱福基金会对专业志愿者的管理服务，主要遵循以下四个基本原则：“以专业建立公信力”“提供公益慈善服务”“公益补偿”以及“入库公示”，见图 6-14。

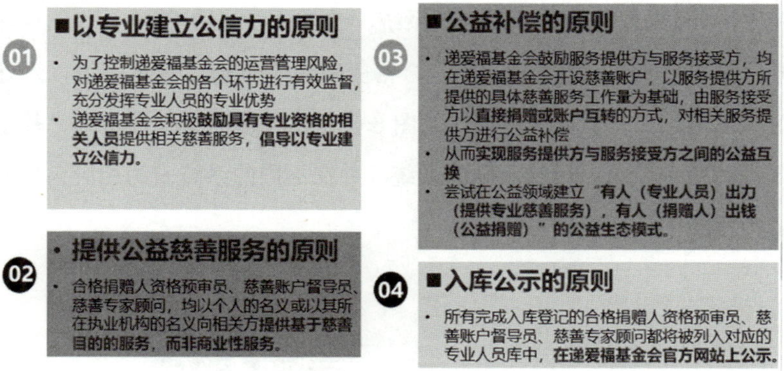

图 6-14 专业人员管理及服务的基本原则

递爱福基金会鼓励专业人员在与客户建立商业服务法律关系的同时建立慈善服务的法律关系。专业人员为客户进行公益赋能，帮助客户进行家族财富管理、制订企业长远发展规划的基础上，将慈善财

产的捐赠作为整体财产战略配置的重要组成部分，倡导以战略慈善为导向的财产传承业务。

3. 技术层面

在技术层面，为提供与捐赠、投资、捐助以及捐助后的监督管理等相关的服务，对相关方所开展的慈善活动进行账户化、流程化以及系统化的管理，实现多主体间的信息交互，递爱福基金会自行设计了“递爱福（DAF）账户服务系统”。该系统是递爱福基金会的主要业务及管理系统，主要的服务对象为：基金会的战略合作伙伴、合格受赠组织、合格捐赠人、慈善账户顾问、慈善账户督导员、慈善账户查阅人、慈善专家顾问、合格捐赠人资格预审员、基金会内部管理人员等相关人员或组织。

递爱福（DAF）账户服务系统由四个子系统组成，分别是：递爱福（DAF）慈善账户相关方登录系统、递爱福（DAF）战略合作伙伴注册/登录系统、递爱福（DAF）合格受赠组织注册/登录系统以及递爱福（DAF）运营管理系统，见图6-15。其主要设计思路为“基于不同的角色性质，设计不同的系统，并在不同的系统中为相应角色配置所需要的功能模块”。

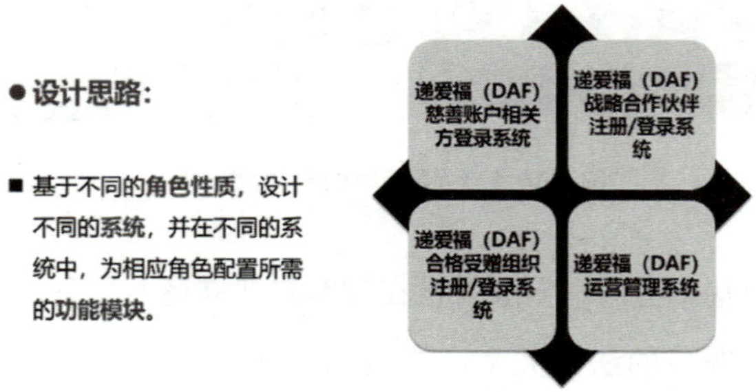

图6-15 递爱福（DAF）账户服务系统的基本结构

四个子系统分别适用不同的主体，具有不同的功能，见图6-16。

（1）慈善账户相关方登录系统：主要服务于慈善账户的不同参与方，即合格捐赠人、慈善账户顾问、慈善账户查阅人，开展与开设慈善账户、捐赠、投资、捐助、慈善财产互转等慈善活动。

（2）战略合作伙伴注册／登录系统：主要服务于与递爱福基金会建立战略合作关系并签订了《战略合作协议标准文本》的战略合作伙伴。

（3）合格受赠组织注册／登录系统：主要服务于通过递爱福基金会入库审核的受赠组织。

（4）运营管理系统：主要服务于递爱福基金会的内部管理人员及其他具有审核权限的人员。

子系统名称	适用主体	主要功能
1、递爱福（DAF）慈善账户相关方登录系统	慈善账户的不同参与方，即慈善账户持有人、慈善账户顾问、慈善账户查阅人、第三方捐赠人	开展与开设慈善账户、捐赠、投资、捐助、慈善财产互转等慈善活动
2、递爱福（DAF）战略合作伙伴注册/登录系统	递爱福基金会的战略合作伙伴（包括但不限于投资管理机构、非营利组织及其他适格机构）	战略合作伙伴的注册及《深圳市递爱福公益基金会战略合作协议标准文本》的签约
3、递爱福（DAF）合格受赠组织注册/登录系统	合格受赠组织	合格受赠组织的入库
4、递爱福（DAF）运营管理系统	合格捐赠人资格预审员、慈善账户督导员、慈善专家顾问、递爱福基金会内部管理人员等具有审核权限的人员	对用户或相关慈善活动进行管理、审批

图6-16 递爱福（DAF）账户子系统的主要功能

潜在捐赠人须经递爱福基金会于官方网站（www.daf-charity.org.cn）中披露的合格推荐人（合格捐赠人资格预审员、慈善账户督导员、慈善专家顾问、基金会战略合作伙伴、基金会工作人员）推荐，完成相关审批流程后，方能成为递爱福基金会的合格捐赠人。递爱福基金会官方网站主页见图 6-17。审批通过的合格捐赠人凭递爱福账户服务系统向其邮箱发出的用户名、登录密码、专属注册码，在基金会官网“慈善账户相关方登录”→“自然人 / 非自然人捐赠用户登录”页面登录，点击“确认成为合格捐赠人”填写专属注册码，对其合格捐赠人的特定化身份进行再次确认，始得开立相应的慈善账户（合格捐赠人可为慈善账户命名，通常每位合格捐赠人至多可开设 5 个慈善账户）、指定慈善账户相关方（慈善账户顾问、慈善账户督导员、慈善账户查阅人），进而进行捐赠、捐助、慈善财产互转等相关操作。递爱福账户服务系统注册 / 登录页面见图 6-18。

递爱福基金会的潜在战略合作伙伴、合格受赠组织、合格捐赠人资格预审员、慈善账户督导员、慈善专家顾问等机构或个人，可根据递爱福基金会的相关规定，于递爱福（DAF）账户服务系统相应的子系统中提交申请，在完成相关审批程序后，即可完成相应入库流程，递爱福基金会也将对其进行入库管理并在官方网站中进行披露。具体申请要求及流程可参考递爱福基金会官方网站中披露的信息。

图 6-17 递爱福基金会官方网站主页截图

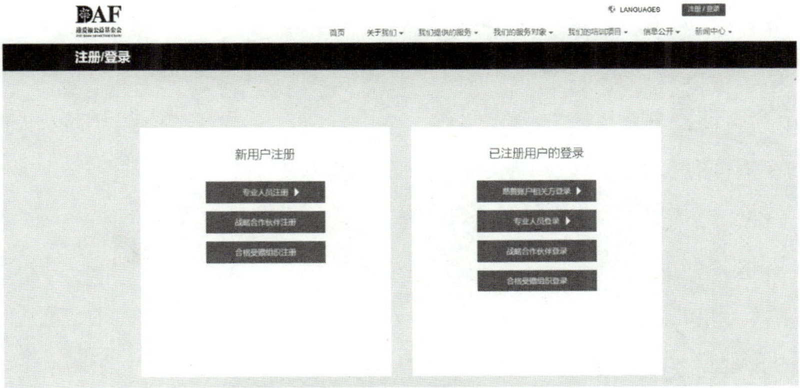

图 6-18 递爱福账户服务系统注册 / 登录页面

截至 2019 年 12 月，递爱福基金会已基本完成递爱福（DAF）账户服务系统 1 — 4 期的开发，已实现合格捐赠人的推荐，慈善账户的开设，慈善账户相关方的指定，捐赠、捐助、账户财产互转，专业人员注册，战略合作伙伴注册，合格受赠组织注册等功能，并将在未来进一步开发完善战略合作伙伴、合格受赠组织的入库流程以及投资环节及捐助后管理等功能。截至 2019 年年底，递爱福基金会已通过该系统接收捐赠约 190 万元，对外捐助约 160 万元，共入库 7 个合格受赠组织，拥有超 30 名在库专业人员（合格捐赠人资格预审员、慈善账户督导员、慈善专家顾问，部分专业人员同时担任多个角色）。

第七章

影响力投资与家族慈善

财富家族是影响力投资的重要参与力量和推动力量，财富家族可以通过家族基金会、家族办公室等主体，以股权投资、债券等多种方式参与影响力投资。影响力投资与公益慈善相辅相成，中国财富家族的影响力投资实践有很大增长空间。

本章以家族慈善与影响力投资的互动关系为主要出发点，通过国内外8个系列案例，对影响力投资的主要特点和发展现状、财富家族与影响力投资的互动方式和实践路径、影响力投资与公益慈善的关系、中国影响力投资的发展趋势等问题进行梳理与总结。

第一节

影响力投资的主要特点和发展现状

一、影响力投资旨在解决社会问题并获得财务回报

社会、环境问题带来日益严峻的挑战，让全球各国政府倍感压力。企业倾向于聚焦短期利润，并非本性贪婪或邪恶，而是因为短期利润是最通行的衡量标准。公益界面临着越来越大的资金压力。政府、商业、公益，都存在一定程度的“失灵”。正如荷兰著名慈善专家莱恩·范·根得特所言：“要解决当今社会面临的复杂问题，巧妙结合公共资金与私有资金是必要条件，而非锦上添花。”①

正是在此背景下，2007 年，洛克菲勒基金会在意大利的贝拉吉奥召开研讨会，首次提出“影响力投资”的概念，希望实现商业与公益的跨界联姻，在解决社会问题的同时获得商业利润。不同的机构对影响力投资有不同的定义。例如，全球影响力投资网络（GIIN）认为，“投资目的是产生积极、可测量的社会及环境影响力和财务回报的投资就是影响力投资”。瑞信（Credit Suisse）认为，影响力投资是以产生可测量的社会和 / 或环境影响力为主，且具备财务回报

① 〔美〕海瑟·格雷迪．社会创新的新驱动力：影响力投资和社会企业 [M]．深圳国际公益学院编译．北京：北京日报出版社，2018-09.

的投资方式。虽然各个机构的定义不尽相同，但随着实践的不断深入，影响力投资的核心特质日渐清晰，逐步成为共识。

具体而言，影响力投资有四个本质特征。第一，投资方有明确的改善社会环境的主观意向。例如，改善农业生产、获取安全饮水、改善基本卫生服务、提供教育机会。这些民生领域急需解决的问题或需求才是影响力投资的核心业务。第二，投资方有明确的财务回报要求。虽然慈善资助款对影响力投资非常重要甚至有时候是关键因素，比如，慈善资助款用于培育初期的商业模式，提供某种信贷担保，支持组织能力建设等，但慈善资助款本身并非影响力投资。第三，不同性质的投资方有不同的财务预期。有些投资方只要求回本，有些则希望接近市场回报率，有些则认为社会影响力的重要性高于财务回报。第四，投资方需要管理社会环境影响力。全球影响力投资网络等多家机构已经开发了一些工具，实现社会指标的标准化，以便投资者可以对影响力投资的社会效益进行了解和比较。需要注意的是，社会效益测量应避免过于复杂而缺乏可行性，因为目前大多数情况下，影响力投资的标的企业没有收集和分析复杂标准的能力或技巧，也很少有资金或资源可以请人代劳。

影响力投资的概念并不是凭空产生的，而是有其历史沿革和必然性。与影响力投资关联度较高的一些概念包括道德投资（Ethical Investing）、社会责任投资（Socially Responsive Investing）、项目相关性投资（Program-Related Investing）、使命相关性投资（Mission-Related Investing）、可持续与责任投资（Sustainable and Responsible Investing）、ESG投资（Environmental, Social and Governance Screening）。也有研究认为，影响力投资的发展

经历了四个阶段：道德投资（Ethical Investing）、社会责任投资（Socially Responsible Investing）、可持续投资（Sustainable Investing）、影响力投资（Impact Investing）。前三个阶段是影响力投资的渊源和前身，后出现的投资方式和理念是对影响力追求程度和制度化的提升。①

虽然目前影响力投资的定义和形式各不相同，但都需要实现两个目标，一是运用资金并预期获得财务回报，二是实现了解决社会问题或需求的既定目标。如果不能成功实现上述两个目标，则不是成功的影响力投资。

公益创投的概念最早由美国慈善家约翰·D. 洛克菲勒三世在1969年提出，原意是“一种用于解决特殊社会痼疾的具有一定风险的资助形式”。慈善基金会可以借鉴商业创投的行为方式，更加高效地利用私人捐赠者的资金，创造更大的价值。②与影响力投资不同的是，公益创投对财务回报的要求不高，属于兜底性投资，是为社会目的型机构提供前期的无偿支持。也可以将公益创投与影响力投资视为价值投资的两个不同阶段，既有所区别又可以有密切联系，见图7-1。

---

① 王群．影响力投资简史：一脉相承，不断升级［J］．善与志，2016，（34）．

② 刘志阳，邱舒敏．公益创业投资的发展与运行：欧洲实践及中国启示［J］．经济社会体制比较，2014-03，（2）．

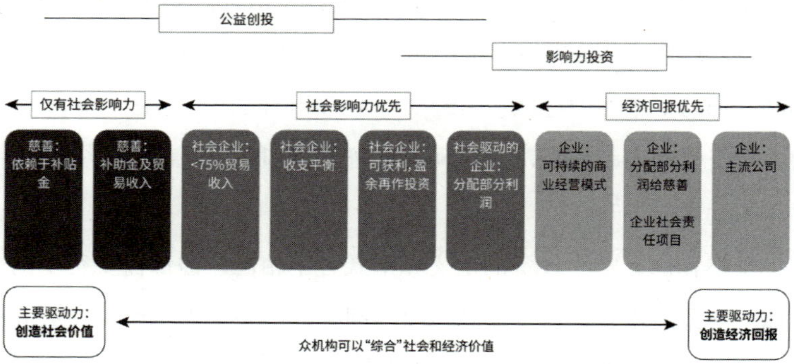

来源：AVPN根据斯科尔中心、欧洲公益创投协会、CAF Venturesome、Noaber Foundation相关知识成果改编

图 7-1 公益创投机构对社会目的型组织投资谱系图

二、影响力投资的发展现状

2013 年 6 月 6 日，在伦敦举办的八国集团（G8）社会影响力投资论坛上，时任英国首相卡梅伦以“影响力投资的威力”为题发表演讲，认为影响力投资能“解决即便连政府都感到束手无策的社会棘手问题”。正是在卡梅伦的牵头下，由欧洲风投之父罗纳德·科恩爵士担任主席的影响力投资工作组得以成立，并于 2014 年 12 月发布了名为《影响力投资：市场的无形之心——赋予创业精神、创新和公益资本的力量》的报告，呼吁政府与金融部门释放来自慈善捐助、养老基金和私人财富的数十亿资金，以此来推动社会投资市场的成长。影响力投资工作组不断发展扩大，从 G8 拓展到全球 23 个国家，欧盟也是其成员之一，2018 年 8 月，全球影响力投资领导小组（GSG）在英国慈善委员会正式注册成立，全力推动影响力投资。

全球影响力投资网络 GIIN 的调研数据显示，截至 2019 年初，全球范围内共有 1340 家机构布局影响力投资，总体规模预计达到了 5020 亿美元。① 影响力投资的主要类别和回报率幅度详见图 7-2。

图 7-2 影响力投资资产类别 / 回报率幅度

三、影响力投资的主要参与方

影响力投资吸引到不同类型的投资方，主要包括基金管理公司、开发性金融机构、公益慈善基金会、家族基金会、养老金机构、保险公司、家族办公室、个体投资人、财富顾问、非营利组织、银行等。它们做影响力投资的原因也各不相同，相应地，它们对影响力投资的财务回报要求也不一样。有的投资方是希望为关注社会或环境问题的客户提供投资机会，比如银行、养老金机构、财富管理机构；有的投资方则希望撬动更大的资金来实现改善社会或环境的目标，比如公益慈善基金会、家族基金会；有的投资方则希望得到财务可行性的有力证据，吸引更多私人投资，比如世界银行等开发性金融机构。

① Abhilash Madaliar, Rachel Bass, Hannah Dithrich, Nashin Nova. 2019 Annual Impact Investor Survey[R]. GIIN, 2019-06. https://thegiin.org/research/publication/impinv-survey-2019.

瑞信影响力投资实践与亚洲影响力投资基金I期

瑞信（Credit Suisse）是一家成立于1856年的金融集团，总部设在瑞士苏黎世，截至2018年，共有45680名员工，管理资产为13470亿瑞士法郎。瑞信在影响力投资方面的实践始于2002年的国际小额信贷投资管理。为了强调在该领域的战略承诺，瑞信在2017年成立影响力咨询和融资部门(Impact Advisory and Finance Department)，协调和促进整个银行所有与可持续融资和影响力投资相关的活动。至今已有超过25亿美金的高净值客户资产管理投资于各种不同的影响力投资产品。

除了筛选和分配委托第三方影响力投资的产品，瑞信也发行了自己的影响力投资基金，例如亚洲影响投资组合（AIIF I）。它是瑞信与大华创业投资管理公司联合发行的私募基金，是一只投资于既符合市场的财务回报（目标总内部回报率20%）又能够产生积极社会影响（减贫脱贫）的投资基金。该基金在亚洲中小规模、快速发展的企业中投入资金，这些企业都是通过经济上可行的商业模式应对社会挑战，提升贫困群体的生活水平。

该基金2015年开始募集，2016年完成募资额5500万美元，以股权投资为主。目前在中国、印度尼西亚、越南、缅甸和菲律宾等国家进行10～15次直接投资，领域包含：农业、教育、小额贷款电子商务、经济适用房和医疗保健。例如，在中国投资了一家浙江的蓝莓生产企业，这家公司目前已经与1万多名贫困农户合作。另外两个在华投资项目分别是健康营养企业和高科技农业企业。[①]

---

① 感谢瑞信的徐士惠女士接受访谈并提供相关信息。

第二节
财富家族与影响力投资密切相关

一、财富家族是影响力投资的重要参与力量

金融科技的发展让基础金融服务更加便捷，大数据的去中心化让投资交易更加透明，这些全球发展趋势都促使并推动了影响力投资的兴起。更为重要的是，未来几十年里，财富将发生重大转移，从婴儿潮一代（1946 － 1964 年出生）转移到他们的后代手中，主要是 X 一代（20 世纪 60 年代至 70 年代末出生）和千禧一代（1984 － 1995 年出生）。据估算，此次财富转移的总量是 30 万亿美元。多项调查数据显示，女性和年轻的财富持有者对影响力投资更有兴趣。

美国信托（U.S. Trust）对美国高净值、超高净值人群和家庭有 20 多年的跟踪研究。2016 年《财富与价值研究报告》（*2016 U.S. Trust Insights On Wealth And Worth*）共调查了 684 位资产超过 300 万美元的人士，15% 的受访者资产超过 2500 万美元。2016 年报告显示，有近 30% 的人选择投资有社会影响力的企业或创办社会创新型企业。2018 年的《财富与价值研究报告》共调查了 892 位资产超过 300 万美元的人士，有 37% 的人认为投资组合的社会环境影响力是决定性因素，X 一代和千禧一代成为影响力投资的主要推动力量，见图 7-3。这说明，参与影响力投资的人数和资金将持续增加。

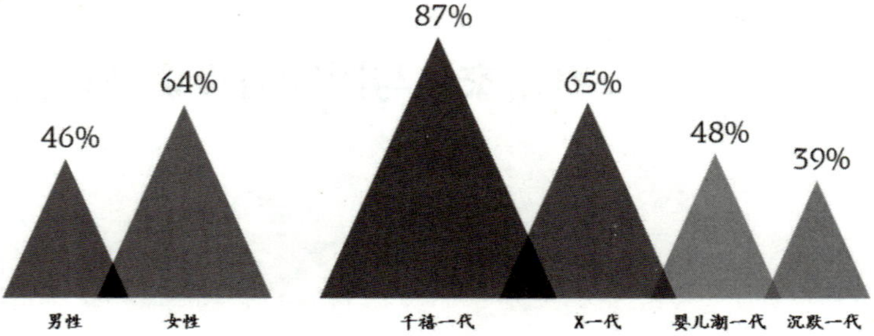

图 7-3 X 一代和千禧一代成为影响力投资的主要推动力量

二、家族基金会是影响力投资的重要推动者

家族基金会最初由家族财富捐赠设立，具有私募性质。美国基金会理事会（Council on Foundation）认为，家族基金会一般是指由单个家族中的成员出资设立，至少有一位家族成员在基金会中担任高层或担任理事，家族成员作为捐赠人继续对基金会的运作和管理发挥重要作用的基金会。①

家族基金会拥有先天的资金优势，相较公募基金会，拥有更高的自由度，所以家族基金会成为影响力投资的重要推动者。洛克菲勒基金会和洛克菲勒家族成员在影响力投资的概念推广传播和具体实践中发挥了关键作用。家族基金会参与影响力投资是一个循序渐进的过程，通常是从公益创投、项目相关性投资，再到使命相关投资。

① 美国家族基金会的定义详见 https://www.cof.org/content/glossary-philanthropic-terms。

1969年，约翰·D.洛克菲勒三世在国会针对税收改革法案所举行的听证会上，首次陈述了使用投资解决社会问题的可能性。税法改革法案正式确立了“项目相关性投资”（Program-related Investment）的概念。这种投资必须有利于基金会实现其公益性目的，且投资收益不是主要目标，所以属于慈善支出，可享受免税。最为常见的PRI投资方式是贷款。使命相关性投资（Mission-related Investments）是促进基金会使命的实现，同时能收回成本或有收益的投资，属于市场行为的投资，所以不能计入慈善支出，也不享有免税，见图7-4。

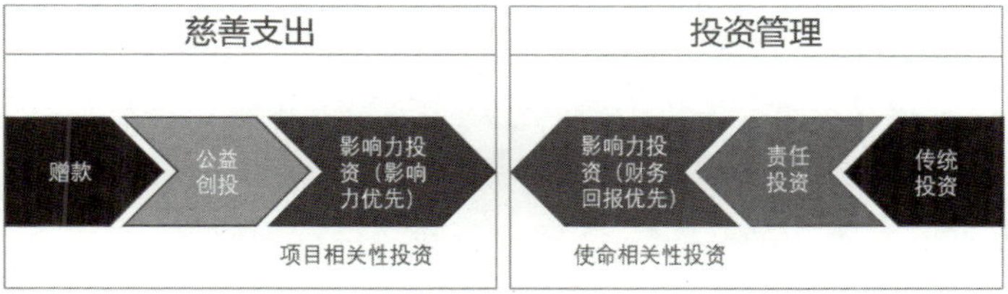

图7-4 项目相关性投资与使命相关性投资之比较

家族基金会影响力投资典范：罗素家族基金会

弗兰克·罗素公司（Frank Russell Company）是美国知名资产管理公司，1984年推出罗素指数系列，1999被美国最大的人寿保险公司西北互相保险公司收购。得益于这次收购所得到的资金，弗兰克·罗素公司的乔治·罗素及妻子珍·罗素将两人于1994年成立的私人基金会正式更名为罗素家族基金会（The Russell Family Foundation）。2004年，基金会首次将1000万美元用于使命相关性投资，后又追加1000万美元。2006年，成立使命相关性投资委员会，评估影响力投资项目。2013—2018年五年期间，大部分投资组合转向影响力投资。截至2018年6月，基金会1.4亿美元的总投资组合中约有 74% 是影响力投资。

在持续实践过程中，罗素家族基金会联合华盛顿、俄勒冈、阿拉斯加和夏威夷的 15 个影响力投资基金会和机构共同组成一个区域性合作网络。网络成员可以共享交易渠道，共同商定投资项目，通过共享尽职调查进行联合实地考察，为投资者和基金经理节省时间和成本，通过这些有效的方式，促成一个更大的影响力投资圈。

目前，基金会由家族成员和非家族成员共同管理。乔治·罗素的孙子扎卡里·罗素担任基金会董事和投资委员会委员，参与基金会的投资安排。

第三节

财富家族参与影响力投资的主要路径

一、私募股权投资

私募股权投资是投给那些没有在证券交易所公开发行股票的公司，承担了回报不确定的风险。所以为了获得更为确定的投资回报，投资方通常会在董事会占有席位，参与公司的关键决策，并投入非财务资源来帮助公司成长和成功。

洛克菲勒家族第5代成员的影响力投资实践

美国技术公司 Zero Mass Water 研发出一款能生产饮用水的太阳能板（Source Hydropane），利用太阳能，无须任何外接能源，即使在极度干燥的沙漠环境中，也能正常运作。这项技术涉及了材料、建筑、控制装置、太阳能热能等各种技术，除此硬件之外，还拥有软件数据层，使用户能够查看所有数据。目前这项技术已在波多黎各的飓风灾区、黎巴嫩的难民学校及孤儿院、美国的高级住宅区投入使用。例如，亚利桑那州四口之家现在只需要两块这样的太阳能板就能生产出足够的水：每月600瓶。目前面临的最大问题是成本，每块太阳能板售价2000美元，每天只能生成2～5升饮用水。

该公司当前融资额是2500万美元，其中一位投资人就是洛克菲勒家族第5代成员贾斯汀·洛克菲勒。他认为“这项技术充分使用阳光和空气。生产饮用水的过程既无污染，又经济实惠。它还创造了可以重新利用的人力资本——不需要再让妇女和儿童从数公里以外的地方取水”。

贾斯汀·洛克菲勒生于1979年，是一位风险投资人，目前也是家族办公室总监、洛克菲勒兄弟基金会的董事会成员。他认为，在影响力投资方面的经验将取决于你投资的那些公司，有可能获得与传统投资类似的财务回报。像任何投资一样，影响力投资可能会失去全部或部分投资，但投资人知道，他们正在以负责任和道德的方式使用他们的财富。

二、捐赠者服务基金

捐赠者服务基金（Donor-advised Fund,DAF）在前文介绍过，是一种帮助捐赠者开设专属账户、享受税收优惠、让捐赠者在善款使用和投资方面长期享有建议权的基金。具有捐赠门槛低、服务专业化、捐赠策略化、投资多样化、管理便捷化等主要优势。DAF是一个类信托的慈善账户，可以实现慈善资产的保值增值。

DAF管理方的影响力投资实践

Beyond Meat是一家植物素食产品企业，首次公开募股的股价上涨了163%，成为过去十年中纳斯达克最成功的公开募股之一。除了让许多投资者笑逐颜开之外，该公司第一天的收益还为慈善捐赠创造了2000多万美元，因为有两位投资人的资金来自DAF慈善账户。

在过去的五年里，诚实茶叶公司的联合创始人赛斯·戈德曼（兼任Beyond Meat董事会主席）和企业家马克·范尼斯在影响力资产（Impact Assets）开设了DAF慈善账户，通过该账户在Beyond Meat公司投资的110万美元在该公司上市第一天变成了近2400万美元。该账户的慈善资金多少将取决于未来的股价，以及两位投资人何时决定出售股票。

影响力资产是一家美国 501(c)（3）非营利组织，2010 年从卡尔弗特影响力资本（Calvert Impact Capital）独立出来，致力于为顶级企业家和基金经理提供优质的投资机会，为慈善家所寻求的创新和创造性影响力投资提供灵活的解决方案，增强影响力投资的可及性。影响力资产捐赠基金（Giving Fund）是一支 DAF，最低捐赠额 5000 美元。目前该基金有 10 亿美元资产和 568 个影响力投资项目，从一系列社会责任投资和影响力投资选择中选取影响力投资组合，并联合多个捐赠者和投资者的资金进行投资。

三、贷款及贷款担保

贷款是持有现金的一方允许另一方在一定时间内使用其现金，被借出的现金是本金，借款人为了补偿贷款人让渡的资金使用权，需要支付利息。为了证明借款方有明显的偿还能力，或者借款方希望通过增强信用获得更优惠的贷款条件，或者借款人的可预期财务状况或现有市场条件下无法使其获得债务融资，都需要进行信用增级。许多非营利组织或小微企业通常很难从传统贷款人那里获得贷款。例如，如果借款方是一家为遭受家庭暴力的女性提供庇护和援助的组织，如果被证明还款面临很大挑战性，就很难得到贷款。信用增级的方式之一就是贷款担保，与提供贷款担保的第三方签署协议，如果第一借款人违约，担保方将偿还贷款。

家族基金会影响力投资典范：克瑞斯吉基金会

萨巴斯蒂安·S. 克瑞斯吉（Sebastian Spering Kresge）是美国国内最大

的超市型零售企业 Kmart 的创始人。1899 年，他和表弟共同经营，并以家族名字命名了零售店。最初是一家 5 至 10 美分的零售店，后发展成为全国连锁店。为了纪念克瑞斯吉（Kresge）公司成立 25 周年，萨巴斯蒂安捐赠 160 万美元在底特律成立了克瑞斯吉基金会（The Kresge Foundation）并担任基金会董事会主席。到 1996 年 99 岁的萨巴斯蒂安去世时，他为基金会捐赠了 6000 多万美元。他的儿子斯坦利 • S. 克雷斯吉继任基金会董事会主席。家族成员一直在董事会任职，包括孙子布鲁斯 • A. 克雷斯吉和曾孙女辛西娅 • 克雷斯吉。

2019 年，克瑞斯吉基金会拥有慈善基金 36 亿美元，捐赠拨款 1 亿多美元，社会价值投资 1. 88 亿美元。基金会自 2008 年开始开展项目相关性投资，以贷款和贷款担保为主要方式，2018 年，基金会共有 20 个第三方贷款担保协议，总额 55988000 美元，或有负债 737764 美元。

包容性繁荣资本（Inclusive Prosperity Capital, IPC）旨在通过增加中低收入社区获得资本的机会来解决绿色能源融资缺口。2018 年，克雷斯吉基金会为 IPC 提供了 1000 万美元的担保金，这一担保将有助于 IPC 吸引私人资本投资，以支持清洁能源和其他气候恢复项目的融资。例如，新兴市场中的一些企业有技术解决方案或商业模式创新，但其规模化水平难以吸引到资本市场的投资，这些企业就是 IPC 的目标客户。

四、债券

社会证券交易所可以被视为影响力投资的最终阶段，它为投资者提供必要的流动资金、市场定价和退出机制。目前，大多数的社会证券交易所本质上都是慈善捐赠平台，虽然每笔交易被称为“购买”，但实际上这些交易采取的是捐赠，投资金也不会归还给投资者。但是，也有越来越的社会证券交易所与金融机构合作，在探索实现可转让、可交易的道路上不断实现突破。

女性生计债券

新加坡影响力投资交易所（Impact Investment Exchange Pte Ltd, IIX）是一个全球性组织，创建了全球首个关注金融和社会回报的证券交易所，拥有超过1200名影响力投资者（资产管理规模超过120亿美元）和43000多名生态系统伙伴的数据库。

2017年，该机构与星展银行（DBS）合作，成功完成了女性生计债券1（WLB1）。这是一项价值800万美元的创新债权证券，专注于增强东南亚女性获得可持续生计的能力。WLB1由美国国际开发署（USAID）提供50%的担保，IIX提供50万美元的次级债权，以为投资者提供额外的信贷保护。

WLB1已向东南亚地区的一组小额信贷机构（MFI）和影响力企业（IE）发放了790万美元的贷款。从财务上看，向投资者支付的所有息票目前均按计划支付。第一年的社会影响力数据超出预期目标：超过14万女性得益于可持续生计。这支债券让该机构获得“2018世界金融市场年度影响力市场建设者”奖。

目前IIX正在筹备WLB2，分三期发行，目标总额为1亿美元，将帮助100万名生活水平较低的女性获得可持续生计。首批于2019年9月发行，旨在为南亚和东南亚生活水平较低的女性赋能。债券于新加坡交易所挂牌交易。①

① 感谢IIX的Jennifer女士接受访谈并提供相关信息。

第四节

影响力投资与公益慈善相辅相成

其实，用投资的方式促使社会问题得以解决这种方法本身并无新奇之处。早在 20 世纪 60 年代，福特基金会就开展项目相关性投资，促使社会问题解决的同时收回本金以备后用。20 世纪 70 年代，美国联邦政府通过《社区再投资法案》，鼓励金融机构为低收入社区提供担保，社区发展金融机构的主要目的就是在弱势群体和服务不足的市场中开展投资，撬动了来自公共部门和私人部门的数十亿美元的新投资。影响力投资的兴起带来了一系列新的行动主体和工具。

影响力投资兴起的重要因素之一是人们意识到社会问题的解决蕴含着巨大的商机。诚如德鲁克所言："社会问题是由社会的机能失调引起的，并且至少可以看作是国家的潜在退化弊病。但是对于各种机构的管理者，尤其是商业企业的管理者而言，这些社会问题也是商业机会的主要来源。"但是，德鲁克随即表示，"并不是每一个社会问题都可以转化为取得商业成就的机会，事实上，最严重的社会问题往往不可能通过采取这种办法予以解决。"[①] 也就是说，很多社会问题确实可以变成有利可图的商机并得到最终解决，但不是所有的社会问题都可以用商业或投资的方式得以解决。因此，影响力投资的兴起

---

① 〔美〕彼得·德鲁克．德鲁克管理思想精要 [M]．北京：机械工业出版社，2009：264.

并不意味着它是解决社会问题的“灵丹妙药”，更不意味着传统慈善的落伍甚至销声匿迹，两者并不是谁替代谁或完全割裂的关系。恰恰相反，很多影响力投资项目的成功得益于公益慈善部门的有效参与。影响力投资与传统慈善的关系，就像工具箱里的螺丝刀和钳子，既有本质不同，也可以互相配合。

中国影响力投资典范：何享健家族支持顺德青年创新创业

2017 年 1 月，顺德区创新创业公益基金会于区民政部门注册成立，原始注册资金为 200 万元人民币，由区属国资企业科创集团捐赠。基金会通过定向募捐筹集资金，首期由和的慈善基金会何享健先生捐赠 3 亿元人民币作为启动资金，将用于支持顺德青年人才创新创业发展。从基金会筹备成立到捐赠 3 亿元启动资金，何享健先生本人都予以关注并给出重要的指导性建议。

目前，该基金会正在通过种子资助计划（无偿）、加速支援计划（投资基金）、社会价值投资计划（杠杆价值），培育本地青年创业家，引领企业向善和社会可持续发展。其中，投资基金将结合资助、股权、债权、可转债等多种形式开展，扶持对种子阶段的高潜力创业项目。评审准则分别是：产品或服务、市场状况、盈利模式、发展规划、融资方案、团队能力、项目社会效益与影响。

该基金会目前已经投了 2 家公司，拟投资 3 家公司，其中 2 家以儿童教育为主，1 家以大凉山扶贫为主，均为投资额 500 万元以内的私募股权投资。为了更好地发挥金融工具的杠杆作用，基金会将于 2019 年 9 月推出债券项目，给那些尚未满足股权投资要求的公司提供贷款。①

① 感谢顺德双创基金会副秘书长叶韵琦女士接受访谈并提供相关资料。

中国影响力投资典范：家族办公室支持中国环境基金

青云创投成立于2000年，秉承“利成于益”的投资理念，在中国绿色产业股权投资领域开展财务、环境、社会“三重底线”的投资实践，成为中国影响力投资的领先机构。青云创投关注的行业领域包括：环境与生态系统、清洁能源供应、绿色建筑和设备、可持续农业与食品、健康医疗等。从投资前的ESG尽职调查，到投后管理过程中从ESG角度对受资企业运营状况进行持续的跟踪、监督和改进，青云创投通过合理引导，为创业企业植入社会和环境责任的基因，促其将可持续发展的实践融入企业生产、运营的各个方面，渗透到产业链上下游的多个环节。2010年5月，青云创投的投资实践入选哈佛商学院全球可持续发展投资的教学案例。

2002年，青云创投发起成立中国环境基金（China Environment Fund），这是国内第一支致力于推动绿色发展的美元股权投资基金系列。基金投资人包括国际著名开发银行、世界500强跨国公司和家族办公室等。受资企业中电光伏于2007年5月成功在纳斯达克上市（代码：CSUN），江西赛维于2007年6月在纽约证券交易所上市（代码：LDK）。基于上市价格，这两项投资均获得4～5倍的投资回报。2016年，青云创投发起智能技术创新基金（Smartech Innovation Fund），这支早期技术投资基金瞄准中国、美国及以色列等国的尖端智能创新科技，投资于硅谷、以色列等地的早期先进智能技术，再将其与青云创投投资的其他企业对接，形成产业链联动。

对于影响力投资，关键的问题不是做或者不做，而是如何做。需要考虑的问题是，与哪些机构合作才能实现有效的影响力投资？进行影响力投资的目标是为了财务回报还是为了解决某些社会和环境问题？如何在影响力投资与现有的慈善捐赠需求之间做好协调统一？

相对于国际社会财富人群和家族基金会在影响力投资方面发挥的积极引领和示范作用，中国财富人群和家族基金会的影响力投资实践目前仍处于起步的阶段，有很大的增长空间。财富家族在开展影响力投资之前，最好是请教相关专家，再决定影响力投资在投资组合中的占比和具体的投资金额，更需要在不断的实践中调整和提升。

当前，国内很多财富家族正面临代际交接的磨合期，传给谁、传什么、怎么传，都是急需解决的问题。需要特别重视的是家族价值观的传承和家族社会影响力的传承。影响力投资与慈善捐赠都是财富家族增强社会影响力的重要方式。财富家族和高净值人群的价值选择对金融生态的价值选择起到非常重要的作用。对财富家族的新一代继承人而言，影响力投资既是一个良好价值取向的传递过程，也不失为一个在资本市场试错的机会，可以同步完成责任感的培养和社会资本的积累。

党的十九大报告指出，中国特色社会主义进入新时代，中国社会主要矛盾已经转化为人民日益增长的美好生活需要和不平衡不充分的发展之间的矛盾。在经济高速发展中保障和改善民生，在幼有所育、学有所教、劳有所得、病有所医、老有所养、住有所居、弱有所扶等方面需要不断取得新突破，在共建共治共享的过程中让人们有更多获得感和幸福感。环保、养老、教育等民生领域急需解决的问题或需求正是影响力投资的核心业务。例如，养老产业需要有投资回报，更要有人文关怀和社会影响。可以预见的是，中国的影响投资实践将迎来欣欣向荣的春天。

第八章

慈善资产保值增值

西方的慈善资产保值增值进入快车道发展已超半个世纪，从过度保守走向了专业化的投资。1969 年被历史学家认为是美国慈善资产投资的一个重要“元年”，慈善资产管理者从风险厌恶、低收入的志愿投资者，逐步转变到具备综合管理能力的专业机构投资人。

国内慈善资产保值增值事业发展滞后。根据中国基金会投资指数课题组测算，2010 — 2016 年基金会全行业资产收益率仅为 1.2%，如果不考虑每年的增量，我国慈善资产实际上处于缩水状态。我国公益慈善高达 2/3 的基金会只存款不投资，这种保守的投资方式产生的低收益使得慈善组织的资产在通货膨胀、人民币贬值等影响下严重缩水。①

国外慈善资产投资在信托原则、任务宗旨、投资目标、开支政策、资产配置、资产种类、风险、再平衡、投资政策的贯彻、外部基金经理的选择、投资组合管理、基准和业绩评价、公司治理、投资委员会等方面形成了专业的实践框架。国内慈善资产投资尚处于起步阶段，包括基金会、慈善信托、捐赠者服务基金（DAF）等组织发展的时间较短，投资管理的经验有限。

2016 年 9 月 1 日开始实施的《慈善法》、2019 年 1 月 1 日起施行的《慈善组织保值增值投资活动管理暂行办法》（以下简称《暂行办法》）为我国慈善资产保值增值提供了法律依据和操作框架指导。然而，仍然存在较多的细则需要进一步明确和完善。

正如美国的“1969 元年”，随着《慈善法》以及《暂行办法》的施行，我国是否也迎来了慈善资产投资的历史新纪元，有待慈善公益行业同仁们共同在实践中见证。

---

① 陈岩鹏．收益率仅为 1.20%！慈善资产缩水严重，慈善组织投资难题如何破解？[N/OL]．华夏时报，2019-11. https://finance.sina.com.cn/roll/2019-11-28/doc-iihnzhfz2361001.shtml.

第一节

慈善资产保值增值政策法规

一、国外政策法规

1. 国外基金会保值增值相关法规

1889年，安德鲁·卡内基发表了著名的《财富的福音》，他在文章中强调，富翁们有社会慈善的义务。20世纪初卡内基成立基金会从事教育慈善，1913年洛克菲勒基金会创立。他们共同引领了一批富豪家族效仿，现代意义上的家族慈善基金会正式走上美国舞台。

洛克菲勒基金会等慈善机构开始进行投资管理，并将投资所得捐赠给其他非营利组织或公益项目，相关政策法规也同步发展。经历百余年的发展，美国的基金会实践具备了完善的政策法规制度保障。《美国税法典》《非营利组织注册统一规定》等法律对家族慈善基金会的信息披露、税收缴纳、资金运用、行为禁止等方面均进行了详细规定。

20世纪初至20世纪40年代，随着基金会的发展，联邦所得税和遗产税制度入法，慈善捐赠开始享有优惠扣除待遇，美国国家税务局被定为慈善基金会管理部门。20世纪50年代至20世纪70年代末，基金会的发展受到政策、法规等环境的影响，发展出现波动。1969年，美国政府出台《税制改革法》，对慈善基金会施以众多限制条款。在投资方面，基金会不得持有任何一家公司股权超过 20%，不得从事危及本金安全的投机行为，每年投资利润所得需纳税 6%(在以后 10 年内不断变化，大体上减至 2%)。基金会每年要出具详细的报告。如违反以上法律规定，将课以最高达 100% 的重税。

与此同时，基金会投资改革思潮开始涌动。1969 年，福特基金会的总裁麦乔治·邦迪着手研究如何能够更好地投资基金会资产，这是基金会投资的一场重要变革。当时福特基金会资助的研究产出了两份报告，其中一份研究基金会的投资业绩，并建议投资流程和步骤的变革。另外一份报告针对基金会投资的法律原则，建议思维模式和政策、法规的变革。

20 世纪 80 年代至今，美国基金会得益于里根经济学的成功，政策、法规环境鼓励基金会的发展，尤其是政府在福利领域后退，给基金会奠定了广阔的空间，基金会资产的投资也得到快速发展。[①]

2. 国外慈善信托保值增值相关法规

慈善信托事业是美国慈善基金会兴旺发达的重要制度设计。美国的慈善信托制度承继了英国的信托理念，经历了曲折发展，在 20 世纪初开始兴盛。1906 年联邦政府出台了《信托公司储备法》(*Trust Company Reserve Law*)，1937 年出台了《统一信托法》(*Uniform Trusts Act*)，1964 年出台了《统一受托人权限法》(*Uniform Trustees'Power Act*)，2000 年出台了《统一信托法典》(*The Uniform Trust Act*)，这些

① 陈斌，陶冶．美国家族慈善基金会：嬗变、条件与启示 [J]．探索，2015．(3)．

法律的出台奠定了慈善信托的法律地位。[①]

受托人的谨慎义务指受托人在信托管理中负有善良管理人应尽的注意义务。这种义务不以受托人管理行为的有偿或无偿而有所区别，只要受托人基于信托关系而管理信托财产，就应受谨慎义务的约束。该规则首先在英国得以适用，后被美国人发扬光大。在英国法院19世纪的判决中就出现了受托人应负有谨慎义务的规则。《2000年受托人法》在《1925年受托人法》和《1961年受托人投资法》的基础上对受托人的谨慎义务做了更加详细的规定，大致包括投资、取得土地、了结债务、归复权益等义务。英国法要求慈善信托的受托人比私益信托的受托人在履行义务的过程中要更为“谨慎”，这种“谨慎”主要体现在谨慎管理慈善信托财产并提出报告、建议和谨慎保存账目和相关数据两个方面。该义务首先要求慈善信托受托人在管理财产的过程中要负有与管理自有财产同等注意义务，如果受托人是社团，就会因其在财产管理上的特殊性要求而负有更高的注意义务。其次要求受托人在慈善信托设立之初有义务进行登记。如果慈善信托不存在或者发生变更时有义务通知慈善委员会。[②]

美国早期继受了英国的信托法理，后陆续推出信托相关法律以及在财产法、遗嘱法、遗嘱认定法等中有关信托的规定，形成了美国的信托法制。美国的信托制度被广泛运用于公益、私益的各个领域，为慈善资产保值增值等领域提供依据。比如，美国社区基金会接受

① 林成华．美国慈善基金会高等教育捐赠：决策、运行与启示［J］．重庆文理学院学报，2018，06（03）．

② 解锟．英国慈善信托制度研究［D］．上海：华东政法大学，2010．

各种类型的捐款，并建有自己的捐赠基金，它们聘请专业团队对捐赠基金进行投资管理并资助社区慈善事业。[①]

二、国内政策法规

1. 国内基金会保值增值相关法规

回顾历史，我国第一家基金会——中国儿童少年基金会 1981 年成立，但当时缺乏基金会保值增值的相关法律及政策。1988 年出台的《基金会管理办法》是国务院颁布的我国第一部关于基金会的法规，将基金会定义为非银行机构，确立了业务主管单位同意、中国人民银行或各省分行审批、民政部或省级民政部门登记的管理体制，三重监管制度严格限制基金会发展。

在实际管理中，中国人民银行更多地关注基金会所拥有资金的安全，控制基金会所拥有的资金对金融市场构成的风险。中国人民银行规定，基金会可以将资金存入金融机构收取利息，也可以购买债券、股票等有价证券，但购买某个企业的股票额不得超过该企业股票总额的 20%。1995 年人民银行下发的《关于进一步加强基金会管理的通知》还规定，基金会基金的保值及增值必须委托金融机构进行，该法案已于 2000 年废止。

1996 年，中共中央办公厅、国务院联合下发《关于加强社会团体和民办非企业单位管理工作的通知》，开始对基金会清理、整顿，

---

① 周贤日．慈善信托：英美法例与中国探索［J］．华南师范大学学报，2017，（2）．

1997—2003年基金会发展处于停顿状态。2004年国务院出台《基金会管理条例》，明确规定了基金会内部治理、财务会计制度和善款使用等内容。第二十八条规定基金会应当按照合法、安全、有效的原则实现基金的保值、增值。同时，第四十三条规定基金会理事会违反本条例和章程规定决策不当，致使基金会遭受财产损失的，参与决策的理事应当承担相应的赔偿责任。

2004年后，基金会进入快速发展阶段。到2012年，民政部正式下发《关于规范基金会行为的若干规定（试行）》，其中对规范基金会的保值增值行为提出了指导。基金会进行保值增值应当遵守合法、安全、有效的原则；符合基金会的宗旨，维护基金会的信誉，遵守与捐赠人和受助人的约定，保证公益支出的实现；基金会可用于保值增值的资产限于非限定性资产、在保值增值期间暂不需要拨付的限定性资产；基金会进行委托投资，应当委托银行或者其他金融机构进行；基金会应当及时向社会公众公布基金会投资的被投资方。基金会应在内部制度中规定资产管理和处置的原则、风险控制机制、审批程序以及用于投资的资产占基金会总资产的比例。

2016年9月1日开始实施的《慈善法》第五十四条规定，慈善组织为实现财产保值、增值进行投资的，应当遵循合法、安全、有效的原则，投资取得的收益应当全部用于慈善目的。慈善组织的重大投资方案应当经决策机构组成人员三分之二以上同意。政府资助的财产和捐赠协议约定不得投资的财产，不得用于投资。慈善组织的负责人和工作人员不得在慈善组织投资的企业兼职或者领取报酬。2017年12月7日，民政部就《慈善组织保值增值投资活动管理暂行办法（征求意见稿）》向社会公开征求意见。

2018 年 11 月，民政部发布了《慈善组织保值增值投资活动管理暂行办法》（《暂行办法》），自 2019 年 1 月 1 日起施行。《暂行办法》对慈善组织投资活动做出了相关指导性规定，将对慈善组织投资活动产生深远影响。

我国关于慈善基金的其他规定还有：2014 年 8 月 21 日，中国证监会发布和施行的《私募投资基金监督管理暂行办法》第十三条规定，将慈善基金等社会公益基金视为“合格投资者”。2017 年 7 月 1 日起施行的中国证监会《证券期货投资者适当性管理办法》第八条规定，“专业投资者”包括慈善基金等社会公益基金。

2. 国内慈善信托保值增值相关法规

慈善信托可以利用多样化的投资渠道，采用专业化的投资管理手段，其受托人多为具有丰富经验的理财专家或机构，可根据信托合同约定的范围、要求进行投资，最大限度保证了信托财产的安全与增值。慈善信托利用资本市场完成慈善资产的保值增值，并有能力对其进行风险管理和控制，从而有助于跨代相传。

《慈善法》出台之前，慈善信托并无法律上的直接依据，与此对应的法律概念是“公益信托”，主要适用《信托法》和相关法规。我国 2001 年《信托法》用专章（即第六章）15 个条文规定了公益信托的相关规范，从法律制度层面确立了公益信托制度；但相比营业信托、民事信托的发展，我国现实中创设公益信托和利用信托制度对公益慈善基金投融资的公开、成功范例尚少，对慈善信托与公益信托两者的关系在法律上语焉不详。虽然《国务院关于促进慈善事业健康发展的指导意见》（国发〔2014〕61 号）中提出“鼓励设立慈善信托，抓紧制定政策措施，积极推进有条件的地方开展试点”，但总体上公益信托的制度吸引力缺失，国内完全符合《信托法》规定的公益信托屈指可数。

《慈善法》2016 年 9 月实施后，慈善信托的配套法规政策已成为国务院民政部门研究、推动的重要任务。2016 年，《民政部 2016 年度慈善事业创新和发展理论研究部级课题指南》中，罗列的关于慈善事业发展的 18 个选题方向中 16 个以慈善信托为主题，表现出民政部门对慈善信托法规政策完善的迫切愿望。①

《慈善法》第四十八条规定，慈善信托的受托人管理和处分信托财产，应当按照信托目的，恪尽职守，履行诚信、谨慎管理的义务。慈善信托的受托人应当根据信托文件和委托人的要求，及时向委托人报告信托事务处理情况、信托财产管理使用情况。

2017 年 7 月 26 日，银监会和民政部联合发布了《慈善信托管理办法》，进一步指导和统一全国各地有关慈善信托管理的规范与实践。第三十条规定："慈善信托财产运用应当遵循合法、安全、有效的原则，可以运用于银行存款、政府债券、中央银行票据、金融债券和货币市场基金等低风险资产，但委托人和信托公司另有约定的除外。"相较于之前的《慈善法》，管理办法以罗列的方式对信托财产的投资方向做出了更为严格的规定。②

DAF 基金方面。由于 DAF 基金在国内属于新生事物，在相关法律法规方面仍需发展和补充。国内 DAF 基金在投资保值增值的法律法规上，主要参照《慈善法》《暂行办法》等。

---

① 栗燕杰．我国慈善信托法律规制的变迁与完善 [J]．河北大学学报：哲学社会科学版，2016，（5）．

② 李青旭．我国慈善信托发展与法律规制问题 [J]．科学与财富，2020，（1）．

第二节

慈善资产保值增值实践指南

一、国外基金会保值增值实操

劳伦斯·E. 科卡德等所著的《基金会和捐赠基金会投资》一书介绍，美国重要基金会由一些资深的投资者运用先进的投资工具进行资金管理。由于基金会具备长期的战略眼光，使得它们拥有足够的空间来应对投资，比其他投资者更有动力去吸纳新的资产类别。

然而在 1969 年之前，大多数基金会投资组合较为保守，业绩相比其他投资者差。美国基金会行业过度限制性的管理政策限制了资产管理的可持续发展，其中在 1830 年著名的哈佛学院诉莫利案（Harvard College v. Amory）中确立的“谨慎人”规则也限制了基金会的投资模式。很多基金会的规定是本金不能损失，只能使用利息和红利进行开支，大都投资低风险的债券。从长期来看，投资债券的收益扣除通货膨胀，并不具备为基金会保值增值的能力。而能够使得基金会资产持续保值增值的投资，是当时基金会无法接受的更高风险资产——股票。

史密斯学院（Smith College）投资委员会成员罗伯特·R. 巴克撰写的一份报告《教育捐赠基金会的管理》（*Managing Education Endowments*）指出，过去僵化的投资策略阻碍了投资业绩的提升和基金会的发展。报告将 1959 — 1968 年期间的 15 个基金会业绩与共同基金和罗切斯特大学（University of Rochester）专业投资机构进行了对比，基金会的投资收益率为年均 8.7%，而平衡性共同基金和成长型共同基金的收益率分别为 9.2% 和 14.6%，诺切斯特大学专业投资机构的业绩也达到 14.4%，远超过基金会投资收益率。

福特基金会的总裁麦乔治·邦迪（McGeorge Bundy）后来的投入，使得基金会投资保值增值取得新的发展。著名投资人查理·芒格在他对于慈善资产投资的一个演讲中描述，福特基金会的总裁麦克乔治·邦迪虽然是美国保守主义的代表人物，但他在 20 世纪 60 年代末发表的文章丰富了基金会的投资手段，他给旗下的投资经理们布置任务，认为他们的表现不是过于大胆了，而是显得勇气不够。麦克乔治·邦迪身为美国前任国家安全顾问和越南战争缔造者之一，立刻投入了投资实践，基金会调用大笔收入来投资股市，希望赚回更多的资金。麦克乔治·邦迪曾对《财富》杂志说，“我也许会犯错，但我会毫不迟疑地采取行动。”

在后来的 1970 年，由于股市大跌，麦克乔治·邦迪的投资组合也受到很大冲击。但从历史角度回顾，麦克乔治·邦迪的推动某种程度上促进了美国慈善资产的投资从过于保守的风格走向收益率更为可观的投资模式。许多历史学家认为，1969 年是美国历史上一个重要的“元年”。巴克尔的投资思想、卡利和布莱特的法律思想、美国国税局（IRS）的政策思想开始在这一年发展，并在基金会投资方面产生了恒久和持续的变化，也导致如今基金会投资业绩的卓越。美国慈善资产管理者也从风险厌恶、低收入的志愿投资者，逐步转变到拥有了受人尊敬的投资能力。

福特基金会于1936年由福特汽车公司的亨利·福特及其子埃德塞尔·福特拿出2.5万美元和部分股票建立。1950年基金会与福特汽车分开，在一个独立理事会的管理下运作，基金会的资金来源于原有基金在股票、国债、房地产等各方面的投资所得。通过投资，福特基金会至今资产已达到125亿美元。[①]

基金会立足为机构使命和运营做出贡献，与其他投资者相比，基金会以长期投资著称。基金会投资成功的要素包括强有力的公司治理、认真推敲的投资理念和结构化的流程。投资政策声明确立了机构的投资原则、目标、资产配置流程。投资成功的充分条件在于投资理念，以及投资人员和投资委员会对投资理念的实践。我们以《基金会和捐赠基金会投资》为蓝本，总结以下重要原则和操作流程。

1. 信托原则

管理者应履行基金会信托职能，在进行管理和提出建议时，坚持责任至上原则。《机构基金统一管理法》和《统一谨慎投资者法》指导着基金会投资管理的谨慎流程。在“谨慎人规则”下，给予基金会更大的空间，并基于全部投资收益来制订开支计划。

谨慎投资者需要做到：知晓法律、标准和信托条款；对受益人或客户的资产多样化，承担规定的风险 / 收益；备有投资政策声明；在尽职调查上聘任“谨慎专家”（投资经理）；管理和说明投资支出；监督“谨慎专家”的行为；避免利益冲突和被禁止的交易。

但要区分“谨慎人”规则和“保守人”规则，投资选择的过程一定要以谨慎的方式进行，但不意味受托人一定要选择保守的投资。

① 王名，李勇，黄浩明．美国非营利组织［M］．北京：社会科学文献出版社，2012.

如果有必要，投资分析和决策过程复核将确定谨慎原则是否得到贯彻。进取型的和非传统的投资可以被认为是谨慎的；而如果没有复核机制，一项无法达成机构目标的保守投资，也可能被认为是非谨慎的。

2. 任务宗旨

仅获得投资收益不足以满足基金会的需要，管理者需要明白投资组合的目的以及基金会机构的目标。为了达成基金会的目标，管理者需要设计一套投资计划，平衡不同资产风险与收益以及投资经理组合的计划。

与投资流程相关的基金会宗旨包括：基金作为一种资源的近期和长期预期；捐赠者、监督者和受益人心中的基金会形象；法律的规定（比如基金会运营的税负）；基金会项目的特点；捐赠者提出的特定限制等。

3. 决策机制

确立投资政策，并且以文件的形式将其表述出来，是一个重要步骤。投资政策包括投资目的、公司治理以及执行投资的成员所遵循的流程。投资政策文件为投资提供一个范围框架，定义投资机构的重要功能、投资总监和投资委员会的责任，并描述所做出的决策以及政策的各个方面。具体如下：投资目标；开支政策；资产配置的标的和流程，即资产类别的定义和目标、投资风险、再平衡；投资政策的实行；基准；公司治理。

4. 投资目标

了解基金会的具体收入和投资目标。具体包括：基金会的类型；总收益目标；预期所得，即捐赠、遗产等；所需的流动性；董事会、投资委员会、投资团队对于风险的承受力。

5. 开支决策

影响投资政策的一个关键目标或重要因素是基金会的开支政策。

美国基金会必须遵守每年分配其 5% 资产的规则。

耶鲁的开支政策旨在满足两个相互竞争的目标。第一个目标是以一种稳定的方式为经营预算提供大量的当前收入，因为收益的巨大波动很难与大学开展的活动和项目的调整相匹配。第二个目标是抵御通货膨胀，保护捐赠资产的价值，以便在将来对学校项目的支持不低于当前的水准。

6. 资产配置

资产配置：根据基金会的投资目标和风险承受能力，投资于各类资产的证券组合比率——是由基金会和捐赠基金投资总监以及投资委员会做出的最为重要的决策之一。

资产配置的流程可以根据两个明确的途径来确定。首先，通过严格的再平衡方式，基金会锁定目标资产配置，因此一项战略资产配置具有一定的恒定性。其次，可供选择的操作模型更多是战术性的，基金会凭此在不同的资产种类间转换，期望抓住变动的市场机会。实践中，多数基金会在某种程度上介于两者之间，既进行长期战略资产配置，也允许通过短期的战术层面的操作来增加资产的价值。

查理·芒格对慈善资产投资的看法

彼得·考夫曼在《穷查理宝典》中记录了芒格的一些演讲，芒格在 1998 年和 2000 年分别谈到对慈善资金投资的看法。他提出，很多慈善机构多年在不借债的情况下把大部分资金投资在可流通的美国证券上，主要为股票，这些股票是由一家或者很有限的几家投资顾问公司帮助挑选。在 2000 年附近，这些慈善资金的投资出现了越来越复杂的倾向，有些基金会聘请了大量的顾问，先请一批顾问然后由顾问挑选更多的投资顾问。这些顾问帮忙把慈善资金配置到各个不同的领域，以兼顾国内证券和国外证券、复核投资顾问业绩、保证投资风格、进一步提升本就已经很分散的投资多元化程度。

而这种方式带来了非常高的成本。每年要支付给各级投资顾问的投资管理成本，再加上频繁买卖产生的摩擦成本，能够轻而易举地占到慈善资金净值的3%。芒格提出了慈善资金可以有的三种现代选择：

(1) 指数化投资。减少投资顾问，减少投资次数，降低投资成本，投资指数基金。

(2) 长期持有少数几家备受敬仰的国内上市公司的价值投资。不过多进行交易，采取必要的外部建议，把年平均管理成本降低到资本总额的0. 1%。

(3) 投资各式私募基金。这些基金开展对创办初期的企业投资，利用财务杠杆进行并购、杠杆式股票投资以及各种债券和衍生品的交易策略。

芒格认为前面两种投资方式更适合慈善资金的投资实践。包括指数投资和长期持有少数几家优质上市公司。本杰明·富兰克林就要求依照他的遗嘱而创办的慈善组织采取持有少数优质上市公司的价值投资方式。再比如，到20世纪末，伍德拉夫基金会90%的资产仍保留其创办人当初提供的可口可乐股票，事实证明这种做法是很明智的。

7. 资产种类

可供选择的资产分类包括：美国上市公司股权、非美国上市公司股权、投资级固定收益、非投资级固定收益、现金、实物资产、绝对收益和私募股权。

资产配置分析与工具：

(1) 历史记录和预期收益。资产配置流程要求设定资产种类的预期收益、标准差和相关度。

（2）资产配置评估的频率。根据资产配置风格来决定是否经常评估资产配置并进行资产调整。

（3）同类分析。将资产配置与具有相同目标的基金会进行比较是有价值的。

瑞·达利欧对慈善资产抗通胀的建议

桥水基金创始人瑞·达利欧在《原则》一书中描述，他曾与洛克菲勒基金会的戴维·怀特一起交流，戴维问达利欧怎么管理基金会的投资组合从而创造比美国通胀率高5%的回报。达利欧给出答案：杠杆化的外国通胀挂钩债券，加上与美元对冲的该国货币。当时必须是外国债券，因为那时美国没有通胀挂钩债券，而且它需要与美元对冲以便消除汇率风险。

8. 风险

没有一定的投资风险测评，就不可能对基金会资产的未来或已实现收益是否具备吸引力或是否成功做出评价。对承担风险大小的决策，甚至是一项最为重要的决策。

对风险的统计工具包括针对波动率、跟踪误差、流动性风险、复杂性风险（比如，不知道一项投资的“真实”下行风险的风险）、无法达到一项特定收益临界值的风险等方面。对基金会而言，一项资产配置的完整分析一定要兼顾资产负债表，以便对各种另类证券组合结构整体风险这一关键指标的潜在影响做出评估。运用资产／负债模型可以完成这一工作。通过基金会提供的预算比率或机构信用评级等关键指标，资产／负债模型显示的结果描述了每项另类资产收益的分配情况。

虽然这些工具在管控资产组合风险方面非常有用，但我们还需要更多科学的工具来评估和管控基金会风险。

9. 再平衡

投资政策需阐明实现再平衡的方法。当一项资产配置超出了确定范围，或根据投资委员会或投资总监的分析，风险（波动率或跟踪误差）超过了预设的风险值时，便会触发再平衡。时间推移的方法要求投资总监在预先设定的时间周期后，机械地对目标资产配置进行再平衡，比较典型的时间周期有月度、季度和年度。

再平衡的另一个问题是，机构的再平衡是否支持长期目标资产的调整，或者是否部分支持这一目标的调整。还有如何处理那些诸如获得合伙人地位并锁定3～5年周期的承诺资本等缺乏流动性的另类资产。

再平衡包括投资的出售，或者是混合基金的赎回。机构可以通过互换、远期期货来维持基金经理的敞口，完成诸如叠加的操作，要求机构实现积极现金管理。

10. 投资政策的贯彻

投资政策确定、投资责任明确后，投资流程进入了投资分析、投资品种的选择和证券组合的管理。包括涉及被动与积极、内部与外部的管理等机构政策方面。

很多基金会并未明确表示实行积极管理，而是采取积极管理兼顾价值投资、低成本指数化投资或被动投资策略，这与芒格建议的方式类似。

大部分基金会雇用外部的投资经理来挑选具体的证券品种，投资办公室、投资总监通过资产配置、主题选择和挑选经理人来增加投资的价值。内部管理的优势包括：与外部管理相比，在雇用内部员工方面有着较低的成本；具备更大的透明度；而且采用这一方法，风险管理更为容易。内部管理的消极面在于，吸纳和保持员工较为困难，有天赋的投资经理更有可能选择为那些不受非营利条件约束的投资者服务。一些较为大型的机构通过与雇用的外部经理共同投资的方式，来引入一些积极管理策略，还有益于帮助投资人员接近并因此更好地、不间断地监督外部经理，对其进行尽职调查。

其他内部管理的方式包括被动策略或增强型的被动策略、战术或套期保值叠加，以及固定收益管理。

11. 外部基金经理的选择

杰伊·约德（Jay Yoder）在其所著的《投资基金管理：实用指南》（*Endowment Management: A Practical Guide*）一书中，提出了挑选适合投资经理的一套系统的、成熟的方案。可以归纳如下：

（1）雇用基金经理完成特定的投资目标（当你需要一名价值型的基金经理时，不用雇用“热门”的成长型基金经理）。

（2）在寻找基金经理时，设定清晰和理性的目标。要明白机构想要完成何种使命。要雇用一名好的基金经理，没有必要雇用“最佳的”经理人。

（3）当缺乏专业知识或时间来完成上述寻找任务时，可以将尽职调查的责任委托给诸如顾问或管理人的管理人等投资专家。

（4）确立聘任的标准，以及提出这些标准的依据。

（5）选择你知道的或者你的同事知晓的机构。首先，在你的一项投资中考察经理人或机构，或者对其进行较长时间的追踪。其次，请值得尊敬的同事、投资委员会的成员或者资产专家进行推荐。

（6）实现全面的尽职调查。可以根据下述条件对投资管理机构进行评估：人员、投资理念、流程、业绩、职业水准、谨慎的本能反应。

（7）遵守谨慎人的规则。你要明白规则也许不能帮助你就特定的战略找到最佳的投资经理，但有助于投资者在寻找的过程中按照谨慎的流程来发现适合其投资目标的基金经理。

12. 投资组合管理

投资组合管理既可使投资经理凭借证券组合提供多元化的收益，又可以综合使用定量因素和定性因素。建立投资组合时应根据机构资源情况，确定恰当的投资数目。

13. 基准和业绩评价

业绩评价最为普通的办法是将整个证券组合的业绩与政策界定的业绩基准相比较，包括针对美国上市公司股票的罗素 3000、针对非美国上市公司股票的摩根士丹利资本国际公司全球指数、针对投资级固定收益债券等。对于另类投资，一个办法是，以上市公司收益的一定范围为基准，加上一个额外的反映较高风险（波动率和流动性）的差额；第二种方法是所有基金经理的平均收益。

机构还经常通过其他若干基准来补充政策参考基准。这包括通货膨胀率加上机构支出率，或者被动地加上按照美国上市公司股票以及固定收益的 70/30 或 60/40 的比例确定基准，或者加上同行的业绩基准。

大多数机构同时正式或非正式地追踪同行的业绩。诸如耶鲁、哈佛、斯坦福等行业领先机构的业绩被广泛传播，其杰出的业绩导致其他机构越来越有兴趣复制其投资策略和投资流程。

14. 公司治理

大型的基金会能够吸引到极具天赋的专业投资人员进入其投资委员会。不同规模的基金责任各不相同，但投资委员会的成员一般关注战略、监管、避免利益冲突，以及研究和批准投资。较小规模的基金会倾向于倚重投资委员会提供战术性的投资建议和决策。

关于由谁来担当决策责任，有两个基本的决策模型：一是投资委员会做出所有的投资决策，另一个是投资总监做出大部分决策。在实践中，在上述两个极端方式间存在各种变通的方式，这涉及授权程度，以及投资委员会与其成员的沟通。

斯坦福大学的公司治理机制

威廉·梅西（William Massy）在其《捐赠基金：观点、政策和管理》（*Endowment: Perspectives, Policies and Management*）一书中讨论了斯坦福大学的公司治理机制：董事会的投资委员会应当讨论愿景及其基本设想……它理当服从于董事会批准的需要遵循的总方针……在政策许可的框架内，投资委员会拥有对信托捐赠的宏观监督权力。关键术语是“总方针”和“宏观监督”。投资委员会和董事会应该指明方向，进行监管；但它们不应当干涉日常的投资组合管理。投资委员会应该过问一些有关政策和建议的问题……但其自身不应该在投资方面亲自操刀。

15. 投资委员会指南

在由高盛市场学会（Goldman Sachs Market Institute）发起的大学捐赠基金峰会的小组讨论会上，列示了理想的投资委员会应该具备的要素：委员会的成员愿意贡献他们的时间；投资的多元化和具备专业治理知识；投资团队的连续性；委员会的成员是具有开放视野的思想者，不在细枝末节上干预投资人员的决策；由受托人和代理人组成的董事会全体成员支持投资委员会。

大多数专家同意投资委员会的成员规模应当较小——最多 5 ～ 6 名成员，并且一年中应当有 4 ～ 5 次碰头会。投资政策声明中，应当对委员会成员的资格和限制条件做出规定。管理基金会的投资总监需要对董事会的集体思维保持警觉，并尽力构建与投资委员会成员的强有力关系。

《耶鲁大学捐赠基金报告》(*the Yale University Endowment Report*)提供了一个有关投资委员会定义的优秀范本：

耶鲁大学投资委员会描述

1975年以来，耶鲁公司投资委员会（the Yale Corporation Investment Committee）始终承担监管捐赠基金的责任，在投资组合规划中吸收了较高水平的投资经验。投资委员会由至少3名耶鲁公司的董事会和具备特定投资经验的人员组成。委员会每个季度召开会议。在会议上，委员会成员将会评估资产配置政策、捐赠基金业绩以及投资办公室成员提出的策略。委员会核准捐赠基金组合投资指南，明确提出投资目标、开支计划、每一资产种类投资的方法。投资委员会由11名成员组成。

二、中国慈善资产保值增值

截至2020年12月31日，根据民政部统计数据，我国基金会数量达到 8748家，而这一数字在2015年[①]只有不到5000家，基金会数量快速增长。根据基金会投资指数课题组联合组长刘文华的统计数据，2015年全国共4886家基金会拥有1189亿元净资产，平均投资收益率从上年的2.71%提高到3.07%，但仍然赶不上几乎如活期存

① 更多信息详见中国社会组织政务服务平台 chinanpo.gov.cn。

款一样安全性好且流动性高的货币基金的收益率 3.32%。资产规模 TOP50 的基金会平均投资收益率从 3.69% 提高至 4.59%，但与稳健的全国社保基金会的 15.14% 和保守的保险行业的 7.56% 相比仍有很大差距。根据模拟测算，基金会行业投资收益率每提高 1% ～ 2%，相当于每年可为慈善行业增加 10 亿～ 20 亿元的收入。

2016 年《慈善法》颁布实施，我国慈善财产的保值增值从法律层面被确定。《暂行办法》2019 年开始施行，给慈善资产的投资划定了范围，明确了底线和红线。法规和政策的发展，将给基金会、慈善信托、DAF 等行业在投资领域的探索带来积极推动。

三、中国基金会保值增值实操

在慈善资产类别中，我们以中国基金会的发展为例。中国基金会发展时间较短，从 1981 年中国少年儿童基金会成立至今仅仅 40 年。我国基金会的保值增值尚未得到充分发展，与国际接轨、学习优秀管理、提升综合能力，成为基金会行业的发展需求。与欧美对照，我国慈善资产保值增值成功的要素同样包括优质的公司治理、科学投资理念和流程。

我国基金会的保值增值历史较短，需要行业摸索前进。我们依据政策法规以及投资管理等领域材料，整理以下原则和操作流程，国内基金会可结合以下内容及上一章节的国际经验进行参考。

1. 管理者“基金会”的原则

与美国基金会是信托的法律主体、管理者履行基金会信托职能不同，我国法律没有确立“基金”的主体地位。《信托法》虽然规定了“公益信托”，并事实上已经赋予信托一定程度的主体性，但信托财产的主体性仍不完整。因此在我国基金会实操中，只能把规范基金会资金运作的落脚点放在管理者“基金会”上。

基金会管理者需要履行相应责任。2004 年国务院出台《基金会管理条例》，第四十三条规定“基金会理事会违反本条例和章程规定决策不当，致使基金会遭受财产损失的，参与决策的理事应当承担相应的赔偿责任”。2016 年 9 月 1 日开始实施的《慈善法》第五十四条、第九十九条对慈善组织投资进行了规定，包括投资相关的处罚措施：“慈善组织有下列情形之一的，由民政部门予以警告、责令限期改正；逾期不改正的，责令限期停止活动并进行整改：（一）违反本法第十四条规定造成慈善财产损失的；（二）将不得用于投资的财产用于投资的。”2019 年 1 月 1 日开始施行的《慈善组织保值增值投资活动管理暂行办法》第十四条规定：“慈善组织在开展投资活动时，其负责人、理事和工作人员应当遵守法律法规和本组织章程的规定，严格履行忠实、谨慎、勤勉义务。慈善组织在开展投资活动时有违法违规行为，致使慈善组织财产损失的，相关人员应当承担相应责任。”

根据相关政策法规可总结国内基金会等慈善组织投资的一些规则：

（1）应当遵循合法、安全、有效的原则；

（2）按规定不得投资的财产，不得用于投资；

（3）投资活动应当限制在规定的范围内；

（4）投资对象与风险识别和风险承担能力匹配；

（5）应当制定相应的资产管理制度；

（6）监督投资活动；

（7）注意投资关联行为；

（8）投资项目的必要可行性论证；

（9）止损机制及风险准备金制度。

2. 任务宗旨

管理者需要了解投资增值保值的目标，《基金会管理条例》第二十八条规定："基金会应当按照合法、安全、有效的原则实现基金的保值、增值。"《慈善法》规定"投资取得的收益应当全部用于慈善目的"等。《暂行办法》对规定进行了综合："慈善组织开展投资活动应当遵循合法、安全、有效的原则，投资取得的收益应当全部用于慈善目的。"与美国基金会类似，我国基金会管理者仅获得投资收益不足以满足需要，设计的投资计划需要结合基金会机构的宗旨目标。

综合看，与投资流程相关的基金会宗旨包括：

（1）基金会的特定慈善目的；

（2）基金会的设立、变更、注销的发展预期；

（3）基金会章程规定的宗旨和公益活动业务范围；

（4）法律对基金会的规定；

（5）基金会相关方如捐赠人、受益人、监督方等对基金会的评价；

（6）基金会项目的特点；

（7）政府资助及捐赠协议约定的限制等。

3. 投资决策

与美国基金会类似，我国基金会在开展投资活动时，也需要确立投资制度，并且以文件的形式表述出来。

《暂行办法》中，有对基金会等慈善组织制定资产管理制度的规定。慈善组织的财务和资产管理制度以及重大投资方案应当经决策机构组成人员三分之二以上同意。慈善组织应当在财务和资产管理制度中规定以下内容：①投资遵循的基本原则；②投资决策程序和管理流程；③决策机构、执行机构、监督机构在投资活动中的相关职责；④投资负面清单；⑤重大投资的标准；⑥投资风险管控制度；⑦投资活动中止、终止或者退出机制；⑧违规投资责任追究制度。

另外，慈善组织直接进行股权投资的，被投资方的经营范围应当与慈善组织的宗旨和业务范围相关。慈善组织开展委托投资的，应当选择中国境内有资质从事投资管理业务，且管理审慎、信誉较高的机构。

慈善组织不得进行下列投资活动：①直接买卖股票；②直接购买商品及金融衍生品类产品；③投资人身保险产品；④以投资名义向个人、企业提供借款；⑤不符合国家产业政策的投资；⑥可能使本组织承担无限责任的投资；⑦违背本组织宗旨、可能损害信誉的投资；⑧非法集资等国家法律法规禁止的其他活动。

4. 目标

参照政策和国外经验，我国慈善资产投资实践中需要了解基金会等慈善组织的具体收入和投资目标。

具体包括：

（1）慈善组织的类型、宗旨、原始基金数额；

（2）总收益目标；

（3）预期所得，即捐赠、遗产等；

（4）资金的详细使用计划、所需的流动性；

（5）理事会、投资委员会、投资团队对于风险的承受力。

5. 开支决策

由于基金会对于开支的要求不同，对投资的影响有区别。公募基金会每年用于从事章程规定的公益事业支出，不得低于上一年总收入的 70%；非公募基金会每年用于从事章程规定的公益事业支出，不得低于上一年基金余额的 8%。另外，基金会工作人员工资福利和行政办公支出不得超过当年总支出的 10%。

慈善组织应保持足够的现金类资产，以保证连续 3 年的慈善活动支出符合法定要求和待拨捐赠财产及时足额拨付。基金会运营支出全部来源于基金及其增值，基金会作为管理者，并没有自己的利益，基金会的任何收入都不能用于分配。

比如，在进行股权投资时，除了被投资方的经营范围与慈善组织的宗旨和业务范围直接相关的情形，即开展扶贫济困、支持困难群体就业创业等慈善活动所需要进行的股权投资以外，慈善组织不得进行其他直接的股权投资。这既减少慈善组织通过直接成立营利性企业进行利益输送的可能，也防止捐赠财产转变为长期股权后丧失了流动性，影响慈善活动支出。

6. 资产配置

不同基金会的风险偏好并不一致，但基金会具有社会公共财产的属性，投资管理上需要尤为强调安全性。基金会投资总监和投资委员会需要根据基金会的风险承受能力和投资目标，确定投资于各类资产的组合比例。

根据《暂行办法》，可供基金会选择的资产类别包括：直接购买银行、信托、证券、基金、期货、保险资产管理机构、金融资产投资公司等金融机构发行的资产管理产品；通过发起设立、并购、参股等方式直接进行股权投资；将财产委托给受金融监督管理部门监管的机构进行投资。

在我国的实践中，大多数基金会并未进行战略资产配置，也没有在战略资产配置框架下进行战术性的资产种类转换和交易机会获取。少数发展靠前的基金会，既进行长期战略资产配置，也允许通过短期的战术层面的操作来增加资产的价值。

在进行资产配置时，投资总监和投资委员会可使用历史记录和预期收益、标准差、相关度、资产配置评估频率、同类基金会比较分析等工具，提升基金会投资的专业性。

基金会应当制定风险控制机制，确定基金会风险容忍度，定期对投资管理机构的管理风险进行评估。基金会应根据投资品种的风险水平以及所能承受的损失程度，合理建立止损机制，并可以建立风险准备金制度。基金会投资还应注重防范集中度风险，投资权益类和固定收益类等资产，单个投资项目的投资金额不超过慈善组织总资产的 30%。另外，基金会监督机构管理者还需要识别和评估投资行为风险，定期向理事会提交风险报告。

7. 基金会治理

在基金会治理架构中需要充分考虑投资业务的安排。

比如，理事会需要履行的职责包括：审定投资管理制度及风险控制机制、确定投资战略和风险容忍度、确定投资管理机构的选择标准、确定重大投资方案、确定对执行机构和有关负责人在投资方面的授权范围、检查和监督投资管理工作等。在实际操作过程中，有的基金理事会引入了投资专家，而另外一部分基金会则没有。对于理事会的以上各项职责，基金会理事会做出大部分投资决策或者很大程度上授权给投资总监和投资团队，不同基金会在实操中也有所区别。

根据理事会授权，基金会的执行机构或者经理事会决定设立的专门投资机构履行下列职责：执行理事会制定的投资战略、规章制度及其他有关决议；执行年度投资计划和其他重大投资方案；确定和监督投资管理机构；控制投资风险等。监督机构对本基金会的投资活动进行监督，履行下列职责：审核和监控投资行为的合法合规性；识别和评估投资行为风险；定期向理事会提交风险报告等。

在我国基金会目前状态下，只有部分大型基金会较为严格按照理事会、投资执行机构、监督机构的架构进行投资管理，小型基金会甚至有的没有任何投资。

基金会也只有一部分制定了投资政策或投资声明，另外一部分只在章程中对投资有简单提及。

基金会投资政策明确了投资责任，随后基金会的投资进入具体环节，包括投资分析、投资品种选择和投资组合的管理。

基金会可选择自行投资金融机构发行的投资品种以及与基金会业务相关的股权，也可以委托专业投资管理机构管理和运作财产。这些方式在基金会投资治理架构上存在一些区别。基金会自行开展投资，可内部选拔投资经理团队或外聘专业投资经理团队，在团队融合、效益成本等方面需要比较权衡。而将资产委托专业投资管理机构管理和运作，与投资机构的沟通便利性、资产安全的可控程度、效益成本等方面是需要考虑的因素。

基金会的业绩评价可以与市场通行的业绩基准进行比较，包括A股沪深300指数收益率、中债综合指数等。基金会还可通过其他若干基准来补充政策参考基准。这包括通货膨胀率加上机构支出率，或者被动地加上按照上市公司股票/固定收益的一定比例确定基准，或者加上同行的业绩基准。

第三节
慈善资产保值增值案例与影响力投资

一、国内案例参考

案例 1：南都公益基金会

南都公益基金会成立于 2007 年 5 月，是经民政部批准成立的全国性非公募基金会。南都基金会始终坚持“支持民间公益”的使命，积极建设公益行业生态，致力于为中国公益行业发展提供公共品。在整个公益产业链中，南都基金会通过提供资金和资源，推动优秀公益项目和公益组织发展，带动民间的社会创新。南都基金会在 2007 年即发布了投资管理制度，其中包括投资管理委员会成员由理事会中具有投资经验的理事和外聘投资专家组成，人数 5 ～ 8 名等规定。基金会投资标的包括了国债、基金或证券，可以投资不动产或从事股权投资，但必须确定该不动产或股权投资有良好的收益和可变现性。

2019 年初，南都基金会在官网上更新了保值增值投资活动管理制度，可作为参考（见附录五）。

南都公益基金会进一步明确了责任承担：“基金会投资行为实体和程序上都合法合规的，尽到了忠实、勤勉、谨慎义务，由于市场不可预见原因导致投资亏损的，并且尽到了止损义务的，决策人员不承担责任。”

翻阅南都公益基金会年度公开报告，资产负债表和现金流量表显示，2016 — 2019 年间，基金会的投资主要为长期股权投资，长期股权投资资产在 5000 万～ 1 亿元不等。投资收益所收到的现金分别为 2776 万元、2183 万元、2884 万元和 1686 万元，投资收益较为可观，几乎达到基金会年度支出的一半。

南都基金会的股权投资具备特定要求：必须确定股权投资有良好的收益和可变现性。被投资方的经营范围应当与基金会的宗旨和业务范围相关。基金会不选择需要直接参与经营的投资活动。

案例 2：河仁慈善基金会

河仁慈善基金会的治理架构见图 8-1，其设立了资产管理委员会统筹资产投资。数据显示，河仁慈善基金会的长期投资约 34. 31 亿元，2015 — 2017 年的投资收益所收到的现金均超过 2. 17 亿元，2018 年超过 3 亿元，基金会投资收益基本满足了对外支出所需要的资金，见表 8-1。

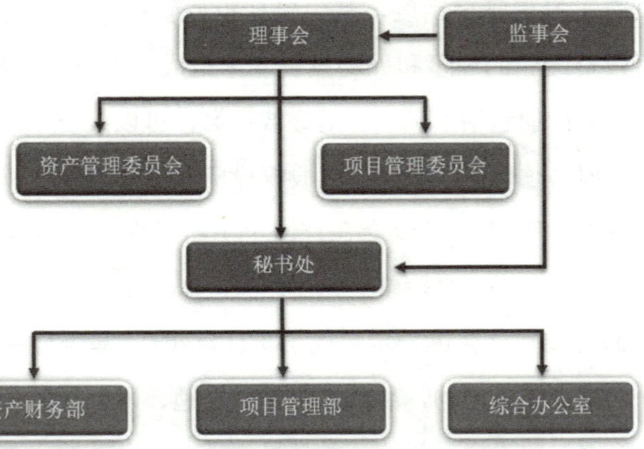

图 8-1 河仁慈善基金会架构图

表 8-1 河仁慈善基金会投资表

单位：元

资产	2015 年	2016 年	2017 年	2018 年
短期投资（期末）	128,300,000.00	68,000,000.00	80,000,000.00	170,000,000.00
长期股权投资	3,430,700,000.00	3,430,700,000.00	3,430,700,000.00	3,430,700,000.00
投资收益所收现金	217,500,000.00	217,500,000.00	217,500,000.00	333,500,000.00

河仁慈善基金会所持有的长期股权投资为福耀玻璃的近 3 亿股股票，来自福耀玻璃集团创始人、董事长曹德旺先生家族所持公司股票的捐赠，基金会投资收益所收到的现金即来自每年上市公司福耀玻璃的分红，这为基金会的发展提供了可持续的资金来源。

二、国际案例参考

案例 3：洛克菲勒家族慈善

洛克菲勒家族发展到现在已经到第七代。家族创始人是约翰·D. 洛克菲勒（John D. Rockefeller，1839 — 1937），他是美国著名的实业家、超级资本家，美孚石油公司（标准石油）创办人。洛克菲勒家族曾创办洛克菲勒基金会、洛克菲勒兄弟基金会、芝加哥大学等。洛克菲勒家族通过慈善事业等活动所建立起来的全球朋友圈，遍布了宗教、教育、医疗、社会科学、环境保护、人文艺术、经济发展、人口控制、国际关系、民权、国际慈善等多个领域，帮助建立了广泛的家族社会资本。洛克菲勒家族传承与慈善资产，见图 8-2。

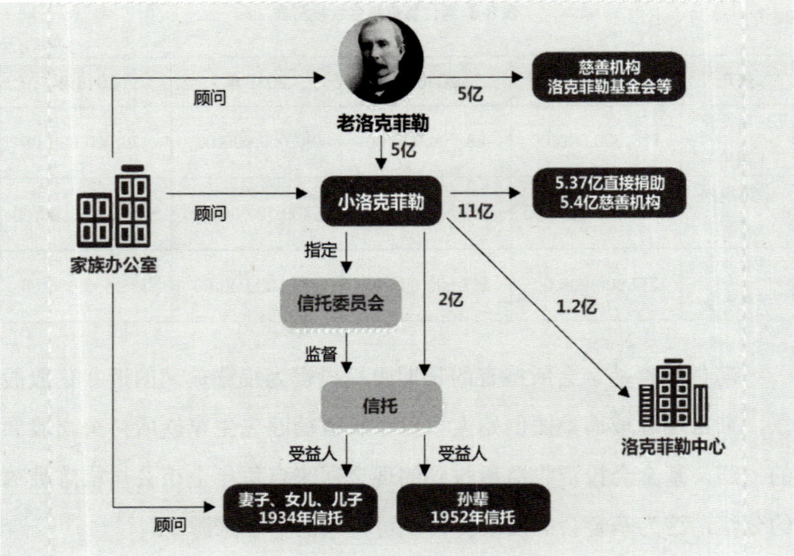

图 8-2 洛克菲勒家族传承与慈善资产

洛克菲勒家族用商业、金融的方式经营慈善，通过信托、投资公司等保持资产的保值增值，通过慈善基金会等专业机构开展慈善传承。以洛克菲勒兄弟基金会为例，1940 年家族第三代洛克菲勒五兄弟：约翰·D. 洛克菲勒三世、纳尔逊、劳伦斯、温斯洛普和戴维共同建立了洛克菲勒兄弟基金会，以“建设一个更公正、持续与和平的世界”为使命。其 2015 — 2017 年投资情况见图 8-3。截至 2018 年年初，洛克菲勒兄弟基金会投资净资产价值 9. 33 亿美元，见图 8-4。从成立到 2015 年，洛克菲勒兄弟基金会对慈善活动捐款总额接近 10 亿美元。

投资业绩与支出率

单位：美元

	2015	2016	2017
投资组合（12/31）	831,505,000	832,212,000	938,480,000
投资组合的平均市场价值	846,723,000	815,768,000	880,524,000
投资业绩（净值）	0.65%	4.40%	18.31%
总支出	47,426,000	46,039,000	45,774,000
总支出占投资组合平均市场价值的百分比	5.60%	5.64%	5.20%

图 8-3 洛克菲勒兄弟基金会 2015—2017 年投资表现

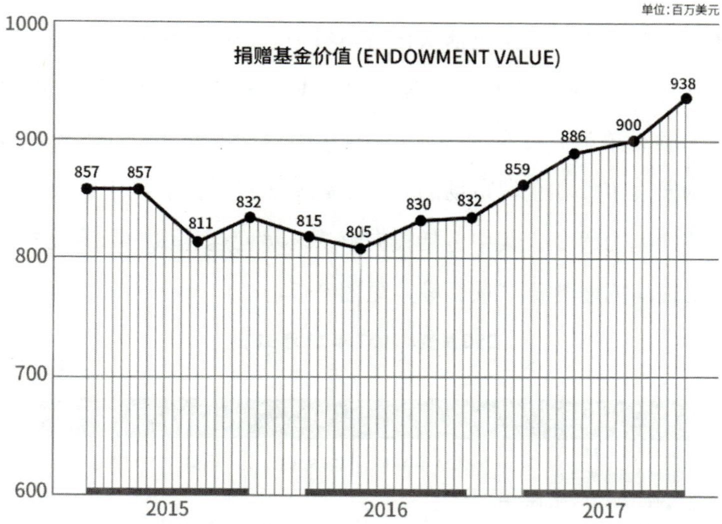

图 8-4 洛克菲勒兄弟基金会慈善资产投资

根据洛克菲勒兄弟基金会年度报告，2016 年和 2017 年投资收益率分别为 4. 4% 和 18. 31%，开支为 4600 万美元左右，基本在 5% 左右，较高的投资收益率保障基金会不会在捐赠同时发生资产萎缩。其投资战略见图 8-5。

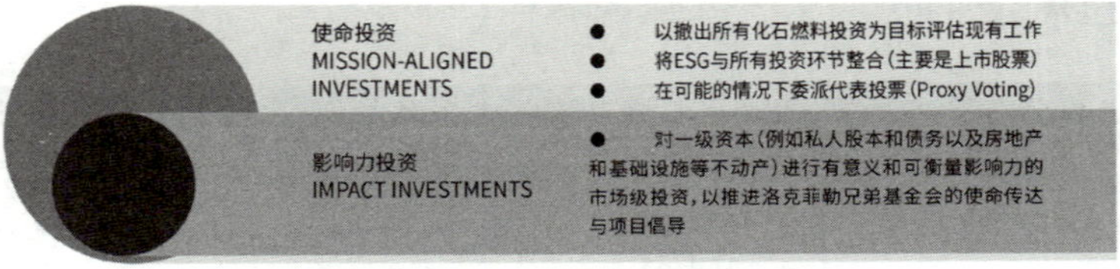

图 8-5 洛克菲勒基金会的投资战略

与基金会的使命一致的投资声明详细说明了洛克菲勒兄弟基金会的投资战略，据此寻找投资组合，并选择 ESG 等影响力投资。这种与使命一致的投资视角包括从化石燃料中剥离投资，利用环境、社会和治理标准（ESG）进行投资等方面，见图 8-6。以 2017 年底为例，洛克菲勒兄弟基金会有约 2.78 亿美元的资产在开展 ESG 投资，投资对象为发达市场和全球市场的 ESG 主题基金产品；有约 1 亿美元在开展其他影响力投资，其中包括投向解决环境问题领域的私募股权、解决劳工住房问题的房产项目等，见图 8-7。

ESG 投资，2017 年 12 月 31 日

单位：美元

基金名称	承诺日期	投资	资产级别	地域范围
Generation IM 世代全球股票基金	2014 年 3 月	106,823,920	全球股票	发达市场
Agility Global Equity Impact Fund 敏捷全球股权影响力基金	2016 年 1 月	100,000,000	全球股票	全球
Steward Investors Worldwide Sustainability Fund 保管投资者全球可持续发展基金	2016 年 10 月	23,163,276	全球股票	全球
Ownership Capital Global Equity (USD) Fund 所有权资本全球股票(美元)基金	2017 年 3 月	48,008,981	全球股票	全球
合计： 277,996,177				

图 8-6 洛克菲勒兄弟基金会 ESG 投资

影响力投资，2017 年 12 月 31 日

单位：美元

基金名称	日期	投资	级别	地域	简介	使命一致
Generation Climate Solutions Fund II 世代气候方案基金 II	2014 年 10 月	15,000,000	私人资本	发达市场	提高资源生产率/减少污染、浪费和排放	可持续发展
Turner Multifamily Impact Fund 特纳多家庭影响力基金	2015 年 4 月	20,000,000	不动产	美国	员工住房	广泛使命/面向纽约市
Elevar Equity III Elevar 股本 III	2015 年 6 月	12,500,000	私人资产	印度和拉美	弱势社区服务	广泛使命
Sustainable Asset Fund (Vision Ridge) 可持续资产基金（愿景脊线）	2015 年 8 月	20,000,000	不动产	美国	资源优化，包括水、农业、可再生资源、能源效率和交通	可持续发展
New Energy Capital Infrastructure Credit Fund 新能源资本基础设施信贷基金	2016 年 2 月	20,000,000	不动产	美国	可再生能源发展	可持续发展
Mainstream Renewable Power 主流可再生电力	2016 年 7 月	12,500,000	私人资本	非洲	扩大可再生电力在非洲的供应	可持续发展
ARCH Venture Fund IX Overage, L.P. ARCH 风险基金 IX 长生 LP	2017 年 11 月	5,000,000	私人资本	北美	鉴别并投资于生命科学、物理科学和信息科学突破技术的早期风险投资机会	广泛使命
总计： 105,000,000						

图 8-7 洛克菲勒兄弟基金会影响力投资

综上所述，不论国际上的著名基金会，还是国内领先的慈善公益组织，均在探索 ESG、公益创投、社会企业等形式的影响力投资，它们的案例为慈善资产的保值增值投资提供了更多参考和路径选择。《慈善法》和《暂行办法》也为慈善组织参与以股权和债券投资为代表的影响力投资提供了法规依据。

第九章

慈善项目的规划、实施与评估

家族慈善要产生应有的影响力，就需要在使用慈善资源前精心规划，充分获取信息，针对明确目标制定合理的干预措施，支持各个利益相关方发挥自身作用，及时根据监测评估框架记录与评估成果，确保慈善活动按规划方向前进。

第一节

慈善项目的规划

一、社会问题解决的三个层面

慈善活动最终要解决的社会问题通常不是仅靠捐赠就可以解决的问题。像消除贫困、性别平等、教育普及等问题，涉及观念行为或政府政策改变，需要几年甚至几十年时间去解决。为了实现这种系统性的改变，可以从三个层面来入手。

针对目标受益人群进行干预。这是目前我国最常见的慈善活动形式，如为贫困家庭儿童提供奖学金、为自闭症患者提供艺术疗愈、为重返职场的女性提供培训，等等。直接为受益人群提供服务，可以回应群体当下的需求，在短时间内实现可见的成果。

针对服务于受益人群或从事相关议题的机构进行干预。在这个层面开展的慈善活动旨在为受益人群营造支持性的环境，如开发教材培训养老护理员、孵化为弱势人群服务的社区组织、支持同议题的社会组织形成工作网络，等等。这个层面的工作虽然不在一线直接面对受益人群，却是一线服务的基础与支撑。

针对社会机制进行的干预。这种方式可以使慈善资源的社会影响力最大化，但难度也最大。这个层面的慈善活动包括资助智库开展研究、支持对政策制定者的能力建设、组织针对法律法规的研讨，等等。实现长期系统性改变，经常需要预计的两到三倍时间，需要参与者有极大耐心。

不同层面的慈善活动没有高下之分，都是解决社会问题所不可缺少的。没有直接对受益人群的支持，就无法获得需求的实证数据，没有对支持系统进行能力建设和知识创新，就无法让政策真正落地。

选择哪个层面来开展慈善活动，并没有一定之规。要综合考虑议题领域的不同、参与者个人意愿以及能调动的资源来决定。一个慈善项目也并非只能在一个层面开展活动。很多慈善项目最初是直接针对受益人群，在积累了对相关社会问题的认识后，逐步开始在支持环境和社会机制方面开展工作。

李兆基基金有限公司支持中华职业教育社开展“同心温暖工程国家通用语言培训项目”。项目以国家通用语言培训为切入点，紧密结合职业技能培训，帮助少数民族青年掌握国家通用语言和一技之长，从而达到转移就业、脱贫致富的目的。

项目从目标人群、基础设施工具以及政策倡导三方面入手，撬动地方政府和商业机构的人力财力资源，不仅是为受益群体提供国家通用语言培训，还加强建设基础设施和支持工具系统，促进形成相关政策机制，保障项目影响的可持续性。

二、社会问题的系统性思考

长久以来的慈善活动让人们认识到，很难让多个利益相关方在解决社会问题方案上达成共识，问题的演变发展更是难以预测，需要运用系统思维，尝试多种方式（技术研发、标准制定、协作共享、政策倡导等）才可能使问题系统有所改变。系统思维是将议题放到更广阔的社会范围，试图理解系统各个部分之间的关系以及最终的系统整体效果，从而寻找解决之道。系统思维的六个关键要素见表 9-1。

系统思维需要思考的问题是：

1. 人：存在什么社会网络？如何对社会网络进行影响？

2. 变量：哪些干预活动、行为、力量在影响系统？如何对这些变量产生影响？

3. 模式结构：系统中存在哪些行为模式、原型与结构？如何对其产生影响？

4. 经验：能从系统中学习哪些经验知识？

对社会问题的系统认识程度，是由慈善家自身的思维模式与心态意愿所决定的。随着慈善家在理论结合实践方面的经验不断增长，其系统思维深度也在不断演进。

表 9-1 系统思维的六个关键要素①

系统思维六要素	示例
持续学习理解系统演化的内在动力，而不仅仅是将系统视为局部之和。 系统作为一个生态，其内在各部分是相关联的，而不是离散碎片。一个部分的变化会导致其他部分的变化	对气候变化的分析需在全球层面结合生态系统和社会系统共同思考，包括洋流、气压、农业、石油化工、国际交易、市场激励、消费者压力、政策制定者、温室气体以及其他在系统中交互作用的部分

① Grantmakers for Effective Organizations, Management Assistance Group. Systems Grantmaking Resource Guide[EB/OL]. 2016.

续表

系统思维六要素	示例
不认为进行一个操作就必然能产生相应特定结果。 每个部分都与其他部分相互影响，因果关系不一定是线性的。可能是双向的、循环的、不成比例的，难以预测	减少石油产品可以降低温室气体排放，从而放慢气候变化，但这不能形成一个简单的等式。这些变量所受的其他影响也没能确定。例如，减少食品产业中的反式脂肪会同时造成棕榈油替代物使用量增加、森林砍伐和产生更多温室气体
寻找系统中的模式，但了解模式可能随时间发生变化。 平衡是动态的，而非静止，会有异常，会有发展的拐点，会有新平衡产生前的混乱	气候变化不再被视为会有稳定的循环周期或是可逆的，变化速率可能会意外地快，洋流永久改变，改变可能是不可逆的
长期学习、实验精神与调整适应。 为实现系统变化，从开始的假设与基础条件出发，实验不同方式，寻求更好的途径，并根据经验进行调整	一些气候变化领域的资助者将关注点从停止气候变化，扩展为缓解气候变化的后果，关注受气候变化影响过度严重的人群等
乐于与多元化利益相关方协作。 多元化人群合作可以带来新的观点，对系统及其内部关系了解更全面，并可能协调跨时空的系列干预活动，促成预期之外的系统变化	气候变化领域的工作者本身多是在专门领域或交叉领域工作。资助者可以将不同的利益相关方带到一起，分享对系统变化的理解，实现区域合作，以及资源和解决方案的流动
对自身能力和定位以及群体中其他各方能力与类型有清晰认识。 从更广阔的背景中监测各方力量对系统显性和隐性的影响，愿意纳入系统中力量最弱的活动者	一些资助者打破资助者与被资助方之间的藩篱，共同对系统变化的战略进行讨论和决策

三、慈善项目的逻辑框架

逻辑框架是当前最常用的慈善项目规划工具，它有助于项目开发人员理清思路，明确项目如何实现目标的过程。逻辑框架的基本组成包括：活动、产出、成果和影响。[①]

活动：运用慈善资源，为实现预期产出而开展的一系列工作。活动应是项目所能调动资源实现的。资源包括整个项目中可用的资金、时间、技能、知识、合作关系。每项活动都应当包括对应的产出。一项产出可以通过任务分解到多个活动。应当考虑项目产出所必需的情况、事件或行动来设计项目活动。

产出：项目交付的实物或产生的可获得的服务。产出是实现项目成果所必需的，两者之间的关系应当有充分的论证。要在项目设计时就明确区分产出和活动。例如，对教师进行三场培训是活动，教师在教学中应用新技能是产出。应当考虑实现项目成果所必需的情况来制定项目产出。

成果：项目预期在结束时实现的目标。项目成果应当能反映出项目希望解决的问题。对成果的表述是未来项目监测和评估的出发点。成果通常是受益人发生的“变化”，或某个系统或组织的“变化”，而非项目执行方的“行为”。成果代表个人、机构或环境出现某种变化（包括政策法律、行为、态度、环境状况等），可分为长期、中期和短期。长期成果与影响不同。影响不是单一项目的可测量成果，而是终极目的。中期和短期成果都通过成果链与长期成果相关

① 亚洲开发银行．制订设计与监测框架指南[M]. 2006-03.

联，是长期成果的前提。

影响：通常是项目在某个部门或国家区域层面的目的。影响的范围广泛，可能需要在项目结束后较长一段时间内才得以实现，并且受到项目以外的多种因素影响。项目的成果通常只是项目影响的必要条件，而非充分条件。但项目的成果和影响之间应当存在直接的关系。

项目设计时，可以从定义影响开始，倒推出实现影响所需的前提，也就是项目的成果，并分析每个成果之间以及活动产出与成果之间的逻辑关系和假设，以及干预所需的资源投入和投入时间节点。

项目成果应当有相应的指标。指标是成果可测量可观察的部分，可以是定量的（如新增病例数量），也可以是定性的（社群新出现的特点）。指标应体现四个内容：①什么 / 谁发生变化；②发生变化的数量；③发生变化的程度；④何时出现变化。

逻辑框架通常还有相应的假设和风险。假设既有关系假设也有环境假设。活动、成果以及影响之间顺序和关系的基础就是关系假设。环境假设是逻辑框架每一级能够实现所需的环境条件。（如接受某职业培训能够获得较好工作是关系假设，而社会有工作岗位需要受过培训的人员则是环境假设。）风险是对项目成果有负面影响或者使成果无法实现的情况，包括政治、环境、金融、文化或气候等因素。只有在特定的假设为真，且特定的风险并未成为事实的情况下，项目才能按逻辑框架一步一步实现。

逻辑框架应当是项目设计者、执行者和受益人群在一起讨论而形成的共识。

四、以解决“真问题”为目标

如商业世界需要找到客户的真正需求一样，慈善活动需要针对真正的社会问题。找准“真问题”，才能找到适合的切入点，设计杠杆撬动更多资源，使慈善活动产生更大影响。

分析问题的第一步，是对问题的各个要素进行界定：

1. 想要解决的问题是什么？对谁而言这是个问题？

2. 为什么这个问题很重要？

3. 导致这个问题的原因是什么？

4. 谁是预期受益人？他的需求是什么？

有一些项目在设计时表面是要去解决社会问题，实际只是“拿着锤子找钉子”，因为自身有一些现成的服务或产品资源，就认为提供这些服务或产品就能解决问题。如果脑中先形成一个对策，在分析问题时就不利于准确接纳问题的实际前提条件和逻辑。

比如，“留守儿童缺乏手机与父母沟通造成心理不健康”，这是一个要解决的“真”问题吗？还是因为能够提供手机而想象出来的问题和解决方案？对于这种模糊的叙述，要澄清每一个要素以及它们之间的关系。需要不断提问：为什么认为他们心理不健康？心理不健康对他们有什么影响？和父母沟通与心理健康有什么关系？什么样的留守儿童？为什么没有手机？……像这样不停地问是什么和为什么，直到明确问题中每一个名词的具体确切定义，明确哪些是假设哪些有事实根据，确定哪些是界内哪些是界外。在界定问题的各个要素后，可以间接获得所需要的目标。

而准确描述问题后，要分析这是问题的症状，还是问题的病灶。

如果不慎将问题的表面现象当作问题本身，则可能会选择针对表面现象的对策，而非改善现状可达到的最有效方法。比如，“湘西少数民族地区贫困儿童上不了美术课”是问题的表象，其病因包括当地缺乏美术老师、现行美术教材与少数民族地区文化不适应、与农村儿童生活差距大以及缺乏绘画手工材料等等。

要找到“真”问题的解决方法，需要了解真实的情况。目标受益人群和利益相关方的参与在这个过程至关重要。在针对某个具体社群开展项目设计时，不能忽略他们的主观能动性。不能把受益人群当作要解决的社会问题，而是要把他们视为解决方案的一部分。

第二节
慈善活动的实施

一、制定符合自身的战略

首先，如何看待自身和企业、政府、公众及受益群体的关系对慈善活动战略制定至关重要。这个定位决定未来慈善活动的类型。我们要确定自身作为财富人士如何看待自己在社会中的角色。我们是政府工作的补充者，是社会发展的引领者，还是社会创新的风险承担者？这些都是社会发展所不可或缺的角色。如果有足够资源，也可以承担多个角色。

其次，要根据自身能力、优势和意愿，对慈善事业进行聚焦，选定一个或几个议题。除去个人因素，在一个议题领域内，可根据以下标准选择优先的具体议题：

1. 导致国家社会更高的财务负担；
2. 影响范围面更广，对受影响个体造成的后果更严重；
3. 与其他问题有交叉或是其他问题的根源；
4. 当前缺乏相关服务或干预；
5. 针对性的干预活动有降低财务负担的可能性；
6. 社会力量有发挥作用的空间。

当资源有限时，可以通过集中焦点来实现影响力。长期投入于一个领域，能够和领域内的重要实践者、研究者和决策者有更密切的联系，从而产生更大的影响。如果兴趣较为广泛，在对次要优先领域进行捐助时，可以选择追随更为专一的个人或机构。很少有重大问题能够通过几次资助就解决，大额资助也不行。只关注有限领域很重要，坚持长期关注特定领域也很重要。

财富人士开展慈善活动的地域可以从个人情感出发，选择家乡或工作生活的社区，也可以考虑选择一个能让捐款实现最大购买力的地理位置。当然，仅凭购买力来决定捐赠地点是不够的，还需要结合社会文化政策背景共同衡量。从捐赠的杠杆作用角度考虑，地理位置因素确实越来越重要，尤其在资助金额较有限但希望有区域或国际影响力时。在考虑资助所要解决的问题的状态时，明确的地理边界很重要。地方性、全国性、区域性、国际性的范围使资助的时机选择有很大变化。随着焦点扩大，实践范围在一定程度上也必须向外扩张，用于解决问题的成本必须增加。

在开展慈善活动前，要确定活动的决策机制与流程。尤其在家族多人共同参与时，应当花费较多时间来商讨确定各人在决策中的权力以及在与外部机构合作时，如何让渡一定程度的话语权、控制权。

如果有想向社会强调的价值观，也应当作为慈善活动的原则纳入战略，以保障其能够长期体现在所有慈善活动中。

财富人士参与度自评问题清单

是享受名望，还是想实际参与？

希望花费多少时间参与资助活动？

是否希望以个人形式参与议题的研究？

是否愿意与其他资助方会面？

是否愿意审核潜在被资助方？

是否愿意阅读申请书？

是否参与监测？

二、议题领域分析

对领域的全面扫描是客观认识问题的关键步骤，意味着了解问题的社会、政治和经济背景、现状和发展趋势。领域扫描有助于评估需求与寻找差距，有利于了解失败经验，检验当前假设和逻辑模型，寻找资助不足的议题以及可能的合作方，认识创新策略的价值，找出资金能够发挥更大作用的领域或方式，选择合适的资助对象。

领域扫描使人了解某议题深层次的根源，发生变化的各环节关系，特定环境中的需求。在特定领域中，有不同的利益相关方对议题的设定和应对产生影响，包括民间组织、政策制定者、倡导者、资助方、商业领袖、政府部门、学者、受影响人群。单个资助方所能发挥的作用与其他各方的表现息息相关。对关键角色的影响可以让资助发挥更大作用。

领域扫描的方式包括案头资料收集、召开研讨会、参加相关专家和受助机构的行业聚会、咨询专家和聘请顾问机构。在进行领域扫描时需要将视角从具体项目中抽离，转为全局视角，从不同参与层面的多个渠道验证信息，尽量跨行业跨地区。

领域扫描问题清单

这个议题有多重要？会造成什么后果？

问题的原因和影响因素是什么？

最需要解决的问题是什么？

资金应当投到哪方面？

最应关注哪些问题？

如何效益最大化？

个人在相关议题领域经验有哪些？

有哪些个人或机构在目标领域开展慈善活动？效果如何？

当前的干预活动有什么潜力？有没有时间表？

领域内有哪些关键个人或机构？

领域内有什么样的关系网络？

慈善人士作为财富人士可以发挥什么作用？

马云公益基金会“马云乡村校长计划”

马云公益基金会认为，一个校长能深度影响一所学校，校长的教育情怀与教育思想决定学校的教育文化，校长的管理能力决定学校的教学成效，校长的领导力决定学校的氛围和活力。

为以创新形式探索中国乡村教育模式，基金会于 2016 年 7 月 4 日正式发布“马云乡村校长计划”，核心目标是发现并助力新一代具有优秀领导力的“乡村教育家”。预计 10 年投入约 2 亿元资金，并将持续开展。

围绕这一目标，基金会每年招募 20 位优秀的“乡村教育家”代表，为他们每人提供总计 50 万元的支持。其中，10 万元用于帮助改善个人生活；10 万元用于领导力提升，包括组织参与国际游学、领导力课堂，以及帮他们结成“乡村教育家”社区，共同探讨乡村教育发展；30 万元将作为实践基金用于校长所在学校，以帮助入选校长持续提升领导力，开拓新乡村教育模式。

三、招募候选合作伙伴

慈善人士作为财富人士，可以选择不亲自执行项目，而通过资助适当的社会组织来开展慈善活动。这种形式一是可以提高慈善活动效率，促进社会组织专业化发展；二是能发挥慈善家承担风险推动社会创新的作用。目前主要有两种途径来寻找适当的社会组织合作开展慈善活动：响应式与主动式。

响应式是指通过在官方网站或其他媒介发布提供资助的信息进行公开招募，可以是有截止日期的定期招募，也可以是长期招募。竞赛和评奖是公开招募的一种，通过竞赛和评奖活动能够迅速扩大组织在特定领域的知名度，收集领域内活动者的数据。

对于响应式而言，慈善人士作为捐赠方无须自己发起项目或进行项目设计，在议题领域的调研方面工作量也较小。可以通过征募申请书，收集大量组织信息，了解议题相关的当下需求和多元化的解决方法，选拔出最适当的组织提供支持。资助方这种方式对议题的范围要求比较灵活，可大可小。选择这种方式，意味着工作中会有较高比例的人力物力用于处理回复申请的行政工作。

一些资助采取竞赛方式来决策资助对象，通过高调宣传，使该议题能汇聚大量社会关注和问题解决方案。同时还可以撬动注意力来扩大影响，使资助本身成为传播和公关活动的主体，资助方的曝光度更高。这种资助方式有形成新闻故事的潜力，能够吸引公益慈善行业外的媒体关注。这种传播力度可以形成杠杆，带领更多人关注议题或资助解决方法。但高调的风险是很难“安静地失败”。媒体会关注竞赛获奖者是否存在争议，或是否能完成创新。

主动式是通过数据库搜索、他人推荐或行业活动了解可能的合作对象，直接与其进行联系。如果已经确定了感兴趣的议题领域或明确的目标议题，可以从领域内的机构联盟、平台网络和峰会论坛入手，建立潜在被资助方数据库，包括个人和机构，并定期更新数据。也可以咨询相关专家，邀请已经在该领域开展活动的慈善人士以及已有的合作伙伴进行推荐。通过长期的工作，建立自己的人脉和信誉，对于吸引潜在伙伴也有帮助。除了有针对性地来寻找相应的组织和潜在项目之外，也可以与执行机构一起设计项目。

这种方式因为参与者不够多元化，有较高风险错过更合适的组织或项目，这就要求慈善人士对相关议题领域有更多研究和知识基础。通常在目标是实现系统性变化时，会采取这种方式，与少量组织建立 3 ～ 5 年的资助关系。这种方式一般不接受不请自来的申请，而是定向直接与组织进行联系，行政成本较低。

在招募合作伙伴时，建议为特定资助项目制定具体明确的资助指南，以便潜在合作对象理解项目的目标，提出与项目更匹配的申请书，节省筛选和回复申请书的时间。而制定资助指南的过程，也有助于财富人士自身加深对项目目标和战略的理解。资助指南将是审阅项目申请书的基础，公开和申请者交流资助指南，有助于建立信任关系。

潜在合作对象最关注的问题是：是否资助我工作的领域？提供什么支持？怎么申请？何时申请？资助意向书和资助申请书中应当包含什么信息？影响资助决策的最重要因素是什么？何时能收到答复？

因此，资助指南的内容应包括：资助领域、申请方式、程序、截止日期、需要提交的材料、回复时限。

除这些必要内容外，为回答上述焦点问题，资助指南还可以增加：

机构概况：使命、愿景与核心价值，理事会成员，过往资助项目；

优先事项：在形式、地域以及其他方面优先考虑的要素，同时也应说明不予资助的活动；

资格要求：如登记情况、活动范围等；

支持方式：包括资助额度、是否提供核心资助、是否要求配套资金、可否长期资助等；

管理政策：在初次资助、资助续签、实地考察等方面的管理要求；

选拔机制：参与方式、意向书或申请书模板、筛选和评审方式、资助决策所需时间、信息交流方式。

香港陈一心家族慈善基金会资助条款

为了防止申请者对资助产生依赖性，基金会资助项目的期限通常最长为三年，在特别情况下才会考虑给予更长的资助。基金会认为推动受资助者不断改进，以免产生自满和依赖是非常重要的。因此仅在项目的设计、预期效果等方面有实质进步的前提下，基金会才会考虑是否批准受资助者延续资助的请求。

资助项目区域：

本基金会资助在中国内地（主要分布于北京、上海、安徽、江苏及云南）及香港的创新、高效能和具影响力的项目。

配对资助：

基金会尽量提供配对资助，以鼓励更多捐赠者的参与。

多方参与：

基金会鼓励合作伙伴尽力以金钱或其他形式共同分担项目成本。同时亦鼓励各团体寻找不同的资助来源，以免过分依赖个别捐赠者。

基金会的咨询委员会积极参与整个审核过程，同时亦与基金会职员定时进行视察，以评核和支持项目的推行及受惠的社群。

不接受的申请要求：

任何申请要求，若用以填补资金赤字或者填补其他捐赠者所取消或减少的资助，基金会概不接受。其他不接受的申请要求包括：

1. 基金、年度筹款或联合活动；
2. 以个别人士为受益对象的项目；
3. 医疗研究、戒毒康复、兴建护老中心、灾难救援或特定残障医疗；
4. 派系或宗教团体举办的活动，以会员或信徒为主要受益对象；
5. 申请的团体在基金会资助的主要地域内并未设办公点；
6. 大型的娱乐或文化节目；
7. 纯为集资或购置设备的申请；
8. 申请的团体在同一次申请期里递交超过一项申请。

四、选择合作伙伴

虽然我们一直强调作为合作伙伴，双方的价值观要契合，但这并不意味着必须完全认同彼此的理念。而对“存异”的接纳程度，取决于资助方对自身在项目中的定位。

如果重视最终项目成果的完成度，则合作伙伴是否有能力实现项目目标是主要考虑的问题。双方关系更倾向于购买服务。

如果我们在项目中重视的是开展项目的过程，重在经验，则双方更像合作探索的伙伴，这样在选择受助方时，可以更为开放灵活，更看重对方在方法论上的逻辑性和工作态度。“他们（合作伙伴）无论选择要进行政策倡导，还是服务的规模化推广，我们都可以接受。我们决定结束资助，是因为他们坚持要用倡导的工作途径，目的却是服务规模化推广。有的伙伴，我们并不完全认同他们的理念，也不认为是解决问题的方式。但我们未必一定正确，他们的工作方法前后是合乎逻辑的，可以支持他们，过程中也许有其他启发。”[①]

但资助经常可以看作一种背书或一种肯定，因此，如果双方在一些原则性问题上持有相反的理念，则需要谨慎考虑，避免被人视为对理念的认可。

整体而言，看得多才能提高选出优秀合作伙伴的概率，看得多也才能提升自己选择合作伙伴的能力。

伙伴是否合适，主要是看我们慈善活动的目标和需求。但有一些现象可能意味着合作时有更高风险。

合作机构中的风险预警标识，见表 9-2。

① 引自笔者 2017 年对招商局慈善基金会副秘书长李海先生的访谈。

表 9-2 合作机构中的风险预警标识[①]

维度	预警标识
机构历史与成就	机构领导层不能或不愿公开过往成就与困难
治理	治理层虚设，完全由执行负责人决策； 治理层没有履行监督尤其是财务监督责任； 治理层中员工亲属过多； 治理层与执行负责人有冲突矛盾； 执行负责人缺乏管理经验； 执行负责人事无巨细亲力亲为
战略	无法说明使命愿景； 无法说明目标制定的内部过程； 无法说明除资金外的其他重要挑战
项目方案	因果逻辑不清； 缺乏与时俱进的创新； 项目成果与变革理论不符； 项目资源无法实现成果； 与影响相比，成本过高； 无法说明监测评估方式
人力	员工流动率过高； 项目主要执行人员缺乏必要经验
外部关系	机构表示没有竞争者； 缺乏社会网络
财务	无法说明收入预期来源； 无财务报告

① Liza Culick, Kristen Godard, Natasha Terk. The Due Diligence Tool for use in pre-grant assessment[Z]. Grantmakers for Effective Organizations, 2004-12.

五、评估待选项目

可以从合理性、可行性、可测量性和可持续性四个方面对待选资助项目进行分析。

1. 合理性

即项目的活动、产出和成果是否基于最终受益人群的真实合理需求。需要了解待选项目要满足何种需求、这种需求是否真实存在以及为什么要满足这种需求。

（1）项目的受益群体是否符合我们慈善活动的战略目标和申请者的机构使命？

（2）受益群体是否真正参与到需求制定的过程？

（3）项目活动、产出和成果理论上逻辑关系合理。

（4）是否考虑到受益群体之外，在性别、经济、健康状况等方面的弱势群体可能受到的影响？

2. 可行性

即项目活动从实际出发，考虑到项目的多种影响因素。

（1）是否参考相关项目的经验与实证基础？

（2）活动设计是否有受益群体参与？

（3）是否有合理的时间表？

（4）是否充分考虑项目的成本？

（5）是否充分考虑项目的政策可行性？

（6）是否充分考虑项目的人力、技术可行性？

（7）是否充分考虑可能存在的风险？

（8）是否针对风险提出了适当的应对措施？

3. 可测量性

项目的活动、产出和成果等目标可以衡量。

（1）项目设计中是否有明晰表述的活动、产出和成果？

（2）项目如何进行监测和评估？

4. 可持续性

项目运作的资金及项目的成果能长期存在。

（1）合作结束后，项目是否可能继续运作？

（2）项目为受益人群带来的变化是否可持续存在？

项目申请书审阅问题清单[①]

1. 申请机构提议要做什么？

● 它的目标是什么？

● 它提议的活动有可能实现这些目标吗？

● 除了所提出的目标之外，在项目结束前可能会发生哪些其他变化？

● 对项目将要持续进行的活动，申请书是否进行了清晰描述并证明其合理性？

● 是否合理阐述了项目如何组织构建、安排人员及管理？

2. 为什么提出这个项目？

● 这个项目要解决什么问题？

● 有什么证据证明这些需要的存在？

● 这些需要重要吗？

● 从这个项目的执行中，能得到什么好处？

---

① 弗雷德·赛特博格，柯尔邦·S. 威尔伯. 基金资助工作基础指导大全 [M]. 益公益交流中心. 北京：商务印书馆，2018.

- 可能有任何计划外的积极（或消极）影响吗？

3. 这个项目将在何处举行？

- 为什么选择这个区域？
- 这个项目会对其他地方造成影响或反响吗？

4. 这个项目将在何时举行？

- 完成工作的时间表是什么样的？
- 这个时间表现实吗？
- 有任何必须满足的重要截止日期吗？
- 这家机构有能力遵守时间表并满足执行期限吗？

5. 谁将参加这个项目？

- 这个项目将为谁服务？
- 根据项目的目标，他们是否是正确的目标群体？
- 谁来提供这些服务？
- 他们的能力如何？
- 谁来监管这个项目？他们有什么资格？
- 有其他人在尝试类似项目吗？
- 是否在考虑与其他组织协商、合作或联盟？如果不，为什么？

6. 如何使成功的机会最大化？

- 这个项目的方法实用吗？
- 是否表现出对该领域最佳做法的理解？
- 有其他组织通过对等的方法得到结果吗？
- 你知道曾经有类似的计划遇到过严重的问题吗？
- 有没有任何在申请书中未预见到的重要困难？
- 如何衡量成功？

7. 项目的成本是多少？

- 有适当的预算去执行这个项目吗？
- 预算中是否有无关开销？
- 这家组织在使用其非限定性资源支持这个项目吗？
- 有其他资助者承诺提供帮助了吗？
- 当你的资助结束之后，这个项目将如何继续？

六、捐赠决策

比较主流的项目评审程序是慈善人士成立一个项目评审委员会，资助官员将筛选后推荐的项目提交到项目评审委员会，由委员会决策是否资助、资助条件是什么。委员会的成员应当尽量多元化。当成员的公益行业经验较丰富时，可以更客观地看待待选合作对象。而企业背景的评审成员，则有可能跳出公益行业的思维定式，提出新观点。这个过程中，每个人都可以结合自己的经验，从不同视角看待项目。这样每个人都可能了解新的看问题的方式。这种评审程序能够让人更深入地了解慈善项目和社会组织，并在提供资金外为慈善活动提供智力支持。

捐赠决策除了决定是否提供资金外，还要决定具体的金额和期限。

捐赠资金太多可能导致机构规模扩张速度超过其能力，则服务质量不能保证，且在项目结束后可能无法维持。捐赠资金太少且在合作伙伴的收入中所占比例较小时，项目的优先级可能会靠后。

若以实现最佳成果为目标来决定金额和合作期限，则资金应当覆盖项目工作的全部成本，且合作期限至少应能让项目实现某些特定的成果。充足的资金能够让项目尽早启动，使项目不致因资金限制而降低服务质量，减少合作伙伴耗费在筹款工作上的精力和资源。一次确定较长的合作期限，可以减少双方的管理成本，也有利于活动真正产生影响。

一般而言，在决策金额和合作期限时，可从以下几个方面考虑：

1. 财富人士自身能力：是否有足够适当的人力进行管理？

2. 合作对象多元性：资金分配到所关注的多个领域，控制风险。

3. 合作对象的依赖倾向：根据成果来判断是否需要控制，如有必要，可设置退出机制。

4. 资金影响力：是否需要证明捐赠对项目成果的重要性？

5. 信任关系：从小额资助开始建立信任关系。

Oliver Bird 项目

Nuffield 基金会为教育、科学、法律和社会政策的研究提供资助。基金会的 Oliver Bird 项目每年有 50 万英镑用于资助拨款。项目资金是来自 Oliver Bird 上校 1948 年的捐赠，专用于研究风湿病成因。Nuffield 基金会审阅了该项目的工作，认为提供的资助拨款数额太小，在该领域还有其他财富人士提供远超这个数额的资助，项目难以在该领域研究发挥显著影响。

基金会决定将所有资金都用于向一个项目提供为期 10 年的资助。该项目内容为向 5 个大学各提供 100 万英镑用于支持博士生，总共约支持 70 人左右。基金会希望这种方式能够为该领域做出长期贡献。

第三节

慈善活动的评估

一、评估的目标

作为捐赠方，我们需要定期查看各个项目的进展，以确保我们的慈善战略体现在项目中且与时俱进，确保慈善活动按预期前进。这意味着既要对自身的工作整体进行评估，也要对具体项目进行评估。

詹姆斯·欧文基金会（The James Irvine Foundation）

自评问题清单

我们项目领域的环境背景如何？（外部指标、新研究成果、同伴基金会的资助。）

我们有哪些进步？（项目进步指标和评估成果。）

我们的项目有哪些经验可用于改进方法？（不断改善与细化。）

基金会如何在领域中发挥领导力？（保持谦逊，通过可靠伙伴扩展我们的影响。）

重要利益相关方如何看待我们？如何了解？（合作伙伴认知报告、网站用户调查。）

我们在财务健康和机构效率方面的表现如何？（运营支出比例、理事会和员工多元化、投资绩效。）

洛克菲勒基金会的评估理念

1. 扩大评估中重要利益相关方的范围。我们的最终受益人群的声音需要被听到、被尊重和被理解认同，唯此方能有效评估真正的成功。基金会和机构需要采取切实措施，将重要利益相关方纳入评估的设计、实施和学习中。

2. 将评估知识视为公益进行广泛分享。与伙伴和相关方共同探讨哪些能被视为全球公益。不仅限于分享给理事会和项目组，也要广泛与受资助方、合作方和同伴分享。

3. 评估目标不仅限于单项资助或项目，应扩展到投资组合、政策变化、新资助机制和相关途径的战略评估，以了解在不同环境中可能产生的效果。

4. 投资于：开发应用创新的评估监控方法和工具，以反映应对复杂问题的跨学科的机制措施；网络工作有效性和政策改变的评估方法；使用新技术使利益相关方能提供即时数据反馈。

二、评估类型与常用评估框架

常见的慈善项目评估工作包括过程评估与成果评估。

简单的过程评估是以项目的监测数据为基础，评估项目是否按计划的内容、进度和预算开展活动。过程评估可以说明是否完成了要做的事，但不能说明是否实现了要产生的改变和影响。如果配合质性研究方法，过程评估也可以对项目进行优化和改善。

成果评估是根据项目设计的目标成果影响来评价项目是否有效，如果项目在设计之初没有清晰的目标，则难以判断成果的质量。成果评估可以说明开展慈善活动后是否出现了预期的成果。如果要证明预期的成果完全是慈善活动造成的，则需要使用随机干预实验的影响评估。影响评估成本高昂，通常用于国家层面的政策试点。

在选择评估方法之前，至少需要思考以下问题：

1. 希望通过这次评估获得哪些提升和学习？
2. 这次评估需要收集哪些信息？
3. 谁最适合负责收集信息并进行分析？
4. 访谈、焦点小组、问卷调查，哪种方法更适用？
5. 评估结果的主要目标读者有哪几类？
6. 以何种形式对评估结果进行不同程度的分享和传播？

常用评估框架：

1. 经济合作发展组织发展援助委员会（OECD-DAC）评估标准[①]

OECE-DAC 的评估标准包括 5 个方面：相关性、效果、效率、影响、可持续性。

相关性，衡量项目活动在什么程度上符合目标群体和相关方的需求。需要回答的问题包括，这个项目的目标是否合理、是否成立？项目设计的活动与产出是否与要达到的目的及最终目标一致？

效果，衡量项目活动在什么程度上达成了目标，也就是要回答项目是否完成了预计的活动和产出。具体到我们的项目，就是是否完成了计划的培训，是否实现了培训促就业的目的，完成或没完成受到哪些因素影响。

---

① 编译自 *DAC CRITERIA FOR EVALUATIONG DEVELOPMENT ASSISTANCE*（《评估发展援助组织 DAC 准则》）。

效率，项目的投入产出是否采取了最低成本的方式，在所要求的时间内，来实现同样质量的产出？是否通过管理监测机制来保障项目质量？

影响，衡量项目直接或间接造成的改变，这可能是计划内的，也可能是计划外的。从经济、社会地位、环境等方面考虑受益人的变化。

可持续性，指项目的成果和影响是否会随着项目结束或资助停止而消退，受哪些因素影响。

2. CIPP 评估模型（Context, Input, Process, Product）[①]

CIPP 评估模型由四项评估活动的首字母组成：①背景评估（Context evaluation）；②输入评估（Input evaluation）；③过程评估（Process evaluation）；④成果评估（Product evaluation），简称 CIPP 评估模型。这四种评估为决策的不同方面提供信息，所以，CIPP 模型亦称决策导向型评估模型。CIPP 评估模型为项目、工程、职员、产品、协会和系统等的评估提供了较全面的指导，尤其是那些准备长期开展并希望获得可持续性改进的项目。

背景评估的内容界定为：了解相关环境、诊断特殊问题、分析培训需求、确定培训需求、鉴别培训机会、制定培训目标等。其中确定培训需求和设定培训目标是主要任务。

输入评估包含的事项有：收集培训资源信息、评估培训资源、确定如何有效使用现有资源才能达到培训目标、确定项目规划和设计的

① 更多关于 CIPP 评估模型的信息详见 https://wiki.mbalib.com/zh-tw/CIPP%E8%AF%84%E4%BC%B0%E6%A8%A1%E5%9E%8B。

总体策略是否需要外部资源的协助。

过程评估的目的是为那些负责实施培训项目的人们提供信息反馈，以及时地、不断地修正或改进培训项目的执行过程。过程评估主要通过以下方式得以实现：洞察培训执行进程中导致失败的潜在原因，提出排除潜在失败原因的方案；分析培训执行进程中导致失败的不利因素，提出克服不利因素的方法；分析并说明培训执行中实际发生的事情和状况；分析并判断它们与目标之间的距离；坚持在培训执行过程中提供有关既定决策和新的决策等。

成果评估的主要任务是对培训活动所达到的目标进行衡量和解释，其中包括对所达到的预定目标的衡量和解释。特别需要认定的是，成果评估并不限于培训结束以后，它既可以在培训以后进行，也可以在培训之中进行。

三、评估基本流程

1. 第一阶段：需求分析

（1）鉴别评估的利益相关方。谁是利益相关方？他的角色是什么？

利益相关方可以是：受益群体、捐赠人、资助机构、执行机构、评估方、专家、政府、公众。

角色可以是：发起评估、评估相关决策、评估报告读者、评估调查对象、对评估结果进行评审。

（2）资源梳理。评估需要什么资源？如何获取资源？

资源需求：成本预算、资金、时间、相关项目经验、专家顾问。

获取途径：资助、政府购买、工作网络。

（3）评估目的。评估结果使用方式有哪些？评估本身的影响是什么？如何看待评估中的伦理？

评估结果使用方式：合规审查、项目发展的决策辅助、基础研究、倡导。

评估过程：加强利益相关方的联系，提供多元尤其弱势群体发声渠道。

（4）文件管理。评估中的职责与权利是什么？评估工作如何进行？

责权划分：评估建议书、评估协议、合作机制备忘录。

工作内容：评估工作计划、评估指标框架。

2. 第二阶段：评估

（1）确定评估内容。项目是什么？范围是什么？如何确定？

项目描述：项目模式、因果链、项目逻辑框架 / 变革理论、项目实施、项目变更。

项目范围：项目活动、项目产出、项目成果。

确定方式：项目报告、项目档案、访谈项目发起方、访谈执行方、访谈受益群体。

（2）建立评估指标体系。项目的针对性指标是什么？如何确定？

针对性指标：在项目评估通用框架的基础上，根据具体项目设定。

确定方式：项目报告、项目档案、访谈、文献检阅。

（3）数据收集。如何收集数据？如何管理数据？

数据收集：项目档案、抽样问卷、电话访谈、实地访问、小组座谈。

数据管理：数据编码、数据备份、数据安全。

（4）数据使用。如何用数据说明事实？如何用数据说明观点？

事实：描述统计、图表辅助、访谈记录。

观点：比较法、因素分析、元分析。

3. 第三阶段：报告

（1）报告撰写。报告的格式是什么？

格式：固定格式、评估发起方指定。

（2）报告评审与修改。谁应该参与报告修改？需要做什么工作？

参与者：同事、被评估方、专家、其他利益相关方。

工作：同事审阅、被评估方反馈、专家咨询、补充材料。

（3）报告发布。如何发布报告？如何确保报告可及性？

发布：研讨会、发布会。

可及性：印刷、出版、摘要单页、在线下载。

总的来说，要真实全面了解家族慈善项目的社会影响力，专业的评估不可或缺。组织对慈善项目的评估，以下三个要点必须考量：

首先，清楚地了解和判断所涉及的合作伙伴目前所处的发展阶段、现有能力以及可以协调或撬动的具体资源。尽量利用和提升现有监测体系，将评估带来的额外负担降至最低。

其次，让利益相关方都可以有效地参与到评估过程中，保障家族慈善资助方、受助机构、终端受益人群等各方都可以从评估中受益。

最后，由于评估费用可能相当昂贵，在制定评估计划时，必须解决两个问题：一是评估什么？是单独的一项资助，还是一组拨给类似项目的资助，或是一组目标相似的资助？是家族慈善的战略层面，还是慈善项目的运营层面？二是评估适用什么样的强度？包括需要采用标准的严格程度、评估所需要的监管力度、选择内部专业人员还是聘请第三方专业机构开展评估。

附录一

家族慈善法律制度的国际借鉴

一、美国家族慈善相关法律制度概览

美国联邦层面慈善领域的法律规范由税法主导。在美国，非营利组织根据美国税法 501（c）条款下所列情况获得免税资格，因此也被称为免税组织。由于在各类免税组织中满足 501（c）（3）条款的组织以公益慈善为目的，并且在享受自身免税资格的同时也具有为捐赠人提供税前抵扣的税收优惠待遇，因此我们常说的美国慈善组织主要指获得国税局认定的 501（c）（3）组织。

关于慈善组织的认定，联邦税法规定以下一系列标准：1. 必须以非营利为目的，即具有 501（C）（3）条款列举的一项或多项目的为慈善宗旨；2. 其成立完全出于非营利目的（排他性）；3. 其开展活动主要为达到规定的非营利目的；4. 不得为个人谋取利益，即不给控制该慈善组织或能对该组织施加实质影响的人提供任何不适当的利益；5. 不得参与竞选，即不得支持或反对任何公共职位和候选人；6. 不得参与实质性游说活动，即不对立法进行实质性的支持或反对。

美国与慈善相关的法律体系分为联邦和州两个层级，各自有不同的规范内容。在美国联邦层面，慈善组织（免税组织）的界定、测试、信息公开、资产管理等特有的规范都由联邦税法及其行政法规规定。而慈善组织所依托的法律形式的登记和管理，则属于各州州法的管辖范围。美国慈善组织的法律形式包括：非营利法人、慈善信托和非法人社团，也有少数采取有限责任公司（Limited Liability Company，“LLC”）和单独法人（Corporation Sole）的形式。

美国联邦税法还进一步将慈善组织分为公共慈善组织（public charities）和私立基金会（private foundations）。大体而言，公共慈善组织的善款来源一般较为广泛，可以是公众捐款、私立基金会的资助，也可以是会员会费或是政府资助。而私立基金会一般的捐赠来源是财富家族的大额捐赠、企业捐款等。对于这两类组织，美国税法适用不同的监管制度。对于私立基金会的监管要比公共慈善组织更为严格，尤其在财产管理和使用方面。例如，私立基金会每年支出不低于基金会总资产市场公允价值的 5%；对于基金会投资持有公司股权的情况，持有具有投票权的股权比例原则上不得超过 20%。如果财富家族选择设立家族基金会来行善，一般属于私立基金会，而如果设立 DAF，则是设在公共慈善组织下。

联邦国税局（IRS）从 20 世纪 90 年代中后期开始推行反映慈善组织运作情况的“990 表”。990 表依据不同组织类型有所区分，IRS 把慈善组织每年上报的 990 表信息披露于网络，供媒体和公众监督。信息准确完整，方便公众查询，是确保慈善组织服务于公众的关键。

对于慈善组织运用其财产进行投资的行为，美国的法律区分商业性投资和项目相关投资进行规范。商业性投资是指获取投资收益是慈善组织进行该项投资的主要目的，即慈善组织为了实现财产保值增值而进行的投资。而项目相关投资则是慈善组织为了实现其慈善宗旨而进行的投资，虽然在投资的过程中可能获得一定的收益，但是获得收益并不是进行该项投资的主要目的。美国法律对这两种投资类别也适用不同的法律规范。对于商业性的投资，相关支出不能计算在公益性支出内，而项目相关支出可以作为公益性支出计算，保证慈善组织可以满足最低公益性支出的比例要求。另外，对于商业性支出，必须达到审慎投资的标准，而项目相关支出也无须受到该标准的限制。

二、英国家族慈善相关法律制度概览

英国是一个多法域国家，分为英格兰与威尔士、北爱尔兰和苏格兰三个法域。这三个法域的慈善法非常相似，其中以英格兰和威尔士的慈善法最为完善和发达。以其立法模式为例，英格兰和威尔士主要通过专门的慈善法来统一规范慈善领域的活动和慈善组织。英格兰和威尔士颁布的《慈善法(2011)》规定，慈善组织是指仅以慈善目的为唯一宗旨的组织，包括法人型的也包括非法人型的组织。慈善组织应当满足《慈善法（2011）》规定的慈善目的和公共利益要求。

《慈善法（2011）》规定的慈善目的包括以下数项：扶贫与防止贫困发生；发展教育；促进宗教；促进健康或挽救生命；促进公民意识或社区发展；促进艺术、文化、历史遗产或科学；促进业余体育；促进人权进步、冲突解决或调节，宗教，种族和谐，平等和多样性；促进环境保护或改善；帮助年轻、老年、疾病、残疾、经济困难或其他弱势群体；促进动物福利；促进皇家军队提高效率或警察、消防队、救援服务或救护服务的效率提高；以及法律规定的其他目的。[①]

除了慈善目的之外，慈善组织还必须满足公益性要求（public benefit requirement）。公益性要求是指除了组织的目的符合规定外，还应确保组织是为了公共利益，而不是为了特定人或者特定群体利益行事。

英国慈善组织的法人类型分为四类。《慈善法(2006)》在原有的担保有限公司（Company limited by guarantee)、慈善信托和非法人社团三种慈

① 参见《慈善法（2011）》第1－4条的规定。

善组织法律形式的基础上，又新增了一种慈善组织的法律形式，即慈善性法人组织（charitable incorporated organization, CIO）。在引入 CIO 之前，如果慈善组织想取得法人资格，必须先在公司局注册成为担保有限公司，再在慈善委员会注册为慈善组织，因此不得不受慈善委员会和公司局的双重监管，CIO 则将取得机构资格和获得慈善认证都统一到慈善委员会管理。除 CIO 以外，多数慈善组织是已经根据《公司法》《信托法》等法律取得了法律主体资格，然后再在慈善委员会登记为慈善组织，其在慈善委员会登记后取得的是确认其“慈善性质”的特殊法律资格。

英格兰及威尔士慈善委员会是《慈善法》授权的慈善组织监管机关。慈善委员会不仅根据《慈善法》的要求对慈善组织进行日常监管，也同时为慈善组织提供支持和帮助。对于在慈善委员会注册的组织所提交的有关信息，公众可以在慈善委员会的网站上查询。当慈善组织出现严重不当行为时，慈善委员会也可以决定撤销组织的慈善资格。同时，慈善委员会还依法出台相关法律指引，梳理、明确法律对慈善组织的要求，慈善委员会发布的法律指引对慈善组织是具有约束力的。

英国慈善法与税法对慈善财产所确定的原则是财产的使用应该是为了实现慈善组织的慈善宗旨，包括进行慈善性资助、开展慈善项目等。但如果财产的支出与实现慈善组织的宗旨无关，则属于非慈善性支出，税务部门将会在慈善组织的免税收入中扣除相应非慈善性支出的额度，即组织的这部分财产无法享受免税待遇。英国慈善法规定慈善组织进行慈善组织的投资支出是否被视为慈善性支出（charitable expenditure）将影响到组织的免税待遇。根据英国皇家税务海关局（HMRC）的要求，如果慈善组织的投资要被视为慈善性支出，必须满足仅为母慈善组织利益服务的要求，而不能是出于避税目的。

对于为实现保值增值而进行的投资，英国慈善组织可以投资的领域包括：银行或房屋建设互助协会有利息的现金存款；上市公司的股份（上市权益类股份）；向公司或政府发放有利息的贷款（债券或金边证券）；房屋或土地；一般投资基金与其他集体投资计划；私人公司中的非交易普通股；对冲基金；大宗商品；衍生品。

作为慈善组织的负责人（理事或受托人），英国法律规定在进行上述投资时需要履行审慎义务。慈善组织负责人必须考虑：1. 投资在何种程度上与该慈善组织相契合——这会被慈善组织对投资证券组合中存在风险的态度所影响；2. 在证券组合中混合多种资产的必要性——这可以保护慈善组织免于遭受市场突然变化造成的危险并降低蒙受投资损失的危险。

三、德国家族慈善相关法律制度概览

德国是大陆法系国家的重要代表，也是慈善部门比较发达的一个国家。在德国并没有一部专门规范慈善组织的慈善法或非营利组织法。德国的慈善相关法律分为两个方面：德国的现有法律是从组织法和税法两个角度来对非营利组织进行规范的。民法典和有限公司法、各州的基金会法对不同法律形式的组织的成立、登记、监管、组织变更等方面进行规定。而税法典则对组织公益慈善资格的认定做出规范。同时，德国的慈善法还分为两个层级。作为一个联邦制的国家，德国的民法典和税法典是联邦一级的法律规范，而有关基金会的具体法律规范则是在州一级（Lander）制定的。

社团是德国数量最多的一类非营利组织。社团既可以是未注册的非法人社团也可以是正式注册的社团法人。社团是以成员为基础的组织，是有着共同目标的人的集合。德国法律规定，正式注册的社团法人需要在地区法院进行登记。申请正式的社团需要有至少 7 个成员并提交社团的章程。法律也要求正式注册的社团法人成立理事会。

基金会是德国另一重要类别的非营利组织，因其财团法人属性，也是很多财富家族行善选择的主要法律形式。现行的德国法律中，《德国民法典》

的第 80 到 88 条对基金会的设立和变更做了原则性的规定，并确认基金会的成立需要获得所在州的许可。而具体各州的基金会成立条件则是由州法律来确定。由于不是以成员为基础的组织，因此设立基金会一般不对成员的数量进行要求。基金会的创办人在注册时需要提交组织的章程，明确基金会的名称、目标、财产和理事会的组成。基金会在获得批准后即享有独立的人格，以基金会的财产为限承担责任。虽然承担有限责任，但是法律对基金会注册时资产的最低限额并没有做明确规定。不过基金会的资产需要确保组织能够持续地追求实现组织目的。在实践中，各州一般要求基金会至少有 5 万欧元的资产。

有限责任公司（GmbH）在德国近年来发展较快，是新兴的一种非营利组织类型 。在德国，只要不违反社会公序良俗，公司的股东可以自由决定公司的目标，可以是营利性的，也可以是非营利性的。有限责任公司设立和监管由《德国有限责任公司法》规范。不管是营利的还是非营利的，都要符合该法的要求。虽然有限公司传统上是商业组织，其登记管理机关也是商业登记机关（the Commerce Register），但仍可以作为非营利组织的法律形式。实践中，很多社团和基金会也会设立公益性的有限责任公司，用于提供与组织目标有关的服务。而与其他可作为非营利组织的组织类型比起来，有限责任公司只需要有一个创办人即可成立，不用达到成立社团法人所要求的成员数量，而注册资本的最低限额是 2.5 万欧元，少于基金会的要求，并且实际中的注册程序简便，因此有很多组织选择采取有限责任公司的法律形式。

德国慈善组织的公益慈善属性是通过免税资格的认定来实现的。德国的税法体系是由一般税法（Abgabenordnung，“AO”）和规定具体税种的各个单行税法组成的。德国的财政部门对组织的免税资格进行审核。免税的条件要求组织必须为公益性的目的服务，同时在组织财产的使用上也有一定的要求，包括不可分配组织的利润，以及组织解散后，投资人只能得到与其投资金额相当的财产，其余的财产应当归属章程制定的具有相同公益目的的组织或国家。对于什么是公益目的，德国一般税法第 52 条也详细列出了清单，在该清单以外的目的都不能被认定为公益目的。具体包括：1. 科学；2. 宗教；3. 公共卫生；4. 儿童和老年人；5. 艺术与文化；6. 历史保护；7. 教育；8. 环境保护；9. 社会福利；10. 受害人、残障人、受政治迫害的人；14. 动物保护；15. 发展救助；16. 消费者保护；17. 囚犯融入；18. 性别解放；19. 婚姻与家庭；20. 犯罪预防；21. 体育（包括棋牌）；22. 本地历史与地理；23. 动物繁殖、植物培育、土地培育、传统习俗、军队娱乐、航模、犬类运动；24. 德国的民主政治制度；25. 为公共利益的公民责任。[①]

享有免税资格的慈善组织的所得税可以获得减免，包括组织的会费收入、资产的孳息和投资所得，甚至是与组织的公益目的相关的经营性所得，但是如果组织从事与组织的公益目的无关的经营性活动，那么需要照常缴纳所得税。[②] 免税组织提供非营利性的公共服务或商品同样可以免征增值税（VAT），而对于有偿的公共服务的增值税，也适用 7% 的低税率，而不是 19% 的普通税率。个人和公司向享有免税地位的组织进行的公益捐赠，也可以进行税前扣除。对于个人，税前扣除额不能超过年收入的 20%，而企业的扣除限额则是不得超过营业额以及薪酬总额的 0.4%。与大额捐赠相关的是，个人捐赠人设立基金会捐赠留本基金（endowment）所能享受的税收优惠总额不能超过 100 万欧元。

四、中国香港家族慈善相关法律制度概览

香港是普通法法域，其慈善法律制度也有着明显的普通法特点。目

① Council on Foundations.Nonprofit Law In Germany[EB/OL].2020-03.http://www.cof.org/content/germany.

② 同上。

前，香港并没有一部专门的慈善法，对慈善宗旨的界定来源于判例法。具体而言，在香港法律认可的慈善目的包括：1. 济贫；2. 促进教育；3. 推广宗教；4. 可令社会受益但非属以上任何一类的其他属慈善性质的宗旨。以上四种慈善目的来源于普通法（判例法），即麦纳顿勋爵（Lord Macnaghten）在 1891 年的“特殊用途所得税专员诉帕姆萨尔案”（Income Tax Special Purposes Commissioners v Pemsel）中对慈善目的的解释，可见香港规范慈善法的法律渊源来自英国。2013 年香港法律改革委员会、慈善组织委员会曾建议为界定什么是慈善宗旨而订立明确的成文法定义，但最终出台慈善法、进行慈善法律制度改革的建议报告提交后结果并不明朗，相关制度的改革暂处搁置状态。

香港慈善组织的法律形式有四类：1. 根据《公司条例》成立的公司，通常为担保有限公司，即没有股份，投资人不以获得投资回报为目的。2. 社团，根据香港法例第 151 章《社团条例》，所有在香港成立的组织都须于其成立一个月内注册为社团，但已根据其他条例注册的组织除外；假如，社团是纯粹为宗教、慈善、社交或康乐的单一目的而成立，或是纯粹成立以作为乡事委员会或由乡事委员会组成的联会或其他组织，则可申请豁免社团注册，但同样需要提交资料获得此项资质。3. 信托，依据《受托人条例》运行。4. 根据特定香港条例成立的法定团体。从中国香港慈善组织的法律形式看，其制度与英国一脉相承，除了没有英国最新慈善委员会新创设的慈善性法人组织 CIO 外，其他法律形式与英国慈善组织相同。在这几类组织中，以担保有限公司形式注册的慈善组织最多，公司注册部门公司的监管也最为规范，相关的信息也向社会公开，任何人都可以付一定的费用查询公司的信息。而对于家族慈善而言，慈善信托则是最受欢迎的法律形式。

中国香港并没有一个专门的像英国一样的慈善委员会来监管组织的慈善资格。而政府机关正式审核的是组织的免税资格。香港的税务局（Revenue Department）为申请香港慈善组织免税资格的主管部门，根据香港法例第112章《税务条例》第88条的规定授予有关组织免税的资格，获得免税资格的慈善组织不仅可以享受自身免税，捐赠人也享受税前扣除的待遇。税务局会在其网站维护一个免税组织的名单。不过，慈善组织可以自主选择是否被公开在税务局的免税清单里，因此税务局公开的免税组织名单并不是完整的。

如果要获得相应的免税地位，慈善组织需要具备以下几个条件：一是慈善组织必须纯粹为慈善用途而设立，一般来说，任何机构或信托团体如要成为慈善团体，必须纯粹是为法理上承认的慈善用途而设立。慈善团体的法律特质是参照过往法院的判决发展出来的。二是慈善宗旨的领域出自上述四类从判例法发展出来的救助贫困、促进教育、推广宗教及其他目的。三是慈善团体必须为公共利益而设立，除非一项用途是旨在使社会全部或相当大部分人士获得利益，否则该项用途不属于慈善性质。一般来说，一个基本上是为指定人士的利益而成立的团体，并非是慈善团体。不过，怎样才构成社会上相当大部分人士，实在难以明确界定，每个个案均须按其本身的情况予以考虑。

税务局在审核慈善组织时还会具体审查慈善组织的规管文书（章程）中是否包含以下表明组织慈善属性的条款：1. 清晰准确地说明其成立宗旨的条款；2. 限制其资产只能用于促进所述宗旨的条款；3. 禁止成员之间分摊入息及财产的条款；4. 禁止其管治组织成员（例如董事、受托人等）收取薪酬的条款；5. 规定其管治组织成员（例如董事、受托人等）必须披露重大利害关系及不能就其具有利害关系的交易、安排、合约、建议做出表决的条款；6. 说明在有关团体解散时如何处理余下资产的条款（余下的资产通常应赠与其他慈善团体）；7. 规定备存足够的收支记录（包括捐款收据）、妥善的会计账目及每年编制财政报告的条款；8. 免除《公司条例》（第32章）附表7所列之权力的条款（如该慈善团体是根据该条例注册的法团）。可见，香港的慈善法律制度整体上是自律与他律相结合，对慈善组织资格和财产使用的监管制度并不太多，包括慈善组织投资活动都没有特别的硬性规定，但需要符合不分配利润原则等基本规定，对管理人员的薪酬也有所限制。

获得免税资格的慈善组织，豁免根据《税务条例》所征收的税项。如果经营性收入全部用于慈善目的，同样可获免税。对于捐赠人而言，申请扣除认可捐款的总额须不少于 100 港元。而扣除额不得超过捐赠人在该年度的入息减去可扣除支出及折旧免税额后或应评税利润的 35%。假如捐赠人有超过一项的入息来源并选择以个人入息课税接受评税，而认可慈善捐款总额未能在其中一税项下（例如利得税）获得扣除，余数可于个人入息课税下申索扣除。

附录二：

基金会管理条例

第一章　总　　则

第一条　为了规范基金会的组织和活动，维护基金会、捐赠人和受益人的合法权益，促进社会力量参与公益事业，制定本条例。

第二条　本条例所称基金会，是指利用自然人、法人或者其他组织捐赠的财产，以从事公益事业为目的，按照本条例的规定成立的非营利性法人。

第三条　基金会分为面向公众募捐的基金会（以下简称公募基金会）和不得面向公众募捐的基金会（以下简称非公募基金会）。公募基金会按照募捐的地域范围，分为全国性公募基金会和地方性公募基金会。

第四条　基金会必须遵守宪法、法律、法规、规章和国家政策，不得危害国家安全、统一和民族团结，不得违背社会公德。

第五条　基金会依照章程从事公益活动，应当遵循公开、透明的原则。

第六条　国务院民政部门和省、自治区、直辖市人民政府民政部门是基金会的登记管理机关。

国务院民政部门负责下列基金会、基金会代表机构的登记管理工作：

（一）全国性公募基金会；

（二）拟由非内地居民担任法定代表人的基金会；

（三）原始基金超过 2000 万元，发起人向国务院民政部门提出设立申请的非公募基金会；

（四）境外基金会在中国内地设立的代表机构。

省、自治区、直辖市人民政府民政部门负责本行政区域内地方性公募基金会和不属于前款规定情况的非公募基金会的登记管理工作。

第七条　国务院有关部门或者国务院授权的组织，是国务院民政部门登记的基金会、境外基金会代表机构的业务主管单位。

省、自治区、直辖市人民政府有关部门或者省、自治区、直辖市人民政府授权的组织，是省、自治区、直辖市人民政府民政部门登记的基金会的业务主管单位。

第二章　设立、变更和注销

第八条　设立基金会，应当具备下列条件：

（一）为特定的公益目的而设立；

（二）全国性公募基金会的原始基金不低于 800 万元人民币，地方性公募基金会的原始基金不低于 400 万元人民币，非公募基金会的原始基金不低于 200 万元人民币；原始基金必须为到账货币资金；

（三）有规范的名称、章程、组织机构以及与其开展活动相适应的专职工作人员；

（四）有固定的住所；

（五）能够独立承担民事责任。

第九条　申请设立基金会，申请人应当向登记管理机关提交下列文件：

（一）申请书；

（二）章程草案；

（三）验资证明和住所证明；

（四）理事名单、身份证明以及拟任理事长、副理事长、秘书长简历；

（五）业务主管单位同意设立的文件。

第十条　基金会章程必须明确基金会的公益性质，不得规定使特定自然人、法人或者其他组织受益的内容。

基金会章程应当载明下列事项：

（一）名称及住所；

（二）设立宗旨和公益活动的业务范围；

（三）原始基金数额；

（四）理事会的组成、职权和议事规则，理事的资格、产生程序和任期；

（五）法定代表人的职责；

（六）监事的职责、资格、产生程序和任期；

（七）财务会计报告的编制、审定制度；

（八）财产的管理、使用制度；

（九）基金会的终止条件、程序和终止后财产的处理。

第十一条　登记管理机关应当自收到本条例第九条所列全部有效文件之日起 60 日内，作出准予或者不予登记的决定。准予登记的，发给《基金会法人登记证书》；不予登记的，应当书面说明理由。

基金会设立登记的事项包括：名称、住所、类型、宗旨、公益活动的业务范围、原始基金数额和法定代表人。

第十二条　基金会拟设立分支机构、代表机构的，应当向原登记管理机关提出登记申请，并提交拟设机构的名称、住所和负责人等情况的文件。

登记管理机关应当自收到前款所列全部有效文件之日起 60 日内作出准予或者不予登记的决定。准予登记的，发给《基金会分支（代表）机构登记证书》；不予登记的，应当书面说明理由。

基金会分支机构、基金会代表机构设立登记的事项包括：名称、住所、公益活动的业务范围和负责人。

基金会分支机构、基金会代表机构依据基金会的授权开展活动，不具有法人资格。

第十三条　境外基金会在中国内地设立代表机构，应当经有关业务主管单位同意后，向登记管理机关提交下列文件：

（一）申请书；

（二）基金会在境外依法登记成立的证明和基金会章程；

（三）拟设代表机构负责人身份证明及简历；

（四）住所证明；

（五）业务主管单位同意在中国内地设立代表机构的文件。

登记管理机关应当自收到前款所列全部有效文件之日起 60 日内，作出准予或者不予登记的决定。准予登记的，发给《境外基金会代表机构登记证书》；不予登记的，应当书面说明理由。

境外基金会代表机构设立登记的事项包括：名称、住所、公益活动的业务范围和负责人。

境外基金会代表机构应当从事符合中国公益事业性质的公益活动。境外基金会对其在中国内地代表机构的民事行为，依照中国法律承担民事责任。

第十四条　基金会、境外基金会代表机构依照本条例登记后，应当依法办理税务登记。

基金会、境外基金会代表机构，凭登记证书依法申请组织机构代码、刻制印章、开立银行账户。

基金会、境外基金会代表机构应当将组织机构代码、印章式样、银行账号以及税务登记证件复印件报登记管理机关备案。

第十五条　基金会、基金会分支机构、基金会代表机构和境外基金会代表机构的登记事项需要变更的，应当向登记管理机关申请变更登记。

基金会修改章程，应当征得其业务主管单位的同意，并报登记管理机关核准。

第十六条　基金会、境外基金会代表机构有下列情形之一的，应当向登记管理机关申请注销登记：

（一）按照章程规定终止的；

（二）无法按照章程规定的宗旨继续从事公益活动的；

（三）由于其他原因终止的。

第十七条　基金会撤销其分支机构、代表机构的，应当向登记管理机关办理分支机构、代表机构的注销登记。

基金会注销的，其分支机构、代表机构同时注销。

第十八条　基金会在办理注销登记前，应当在登记管理机关、业务主管单位的指导下成立清算组织，完成清算工作。

基金会应当自清算结束之日起 15 日内向登记管理机关办理注销登记；在清算期间不得开展清算以外的活动。

第十九条　基金会、基金会分支机构、基金会代表机构以及境外基金会代表机构的设立、变更、注销登记，由登记管理机关向社会公告。

第三章　组织机构

第二十条　基金会设理事会，理事为 5 人至 25 人，理事任期由章程规定，但每届任期不得超过 5 年。理事任期届满，连选可以连任。

用私人财产设立的非公募基金会，相互间有近亲属关系的基金会理事，总数不得超过理事总人数的 1/3；其他基金会，具有近亲属关系的不得同时在理事会任职。

在基金会领取报酬的理事不得超过理事总人数的 1/3。

理事会设理事长、副理事长和秘书长，从理事中选举产生，理事长是基金会的法定代表人。

第二十一条　理事会是基金会的决策机构，依法行使章程规定的职权。

理事会每年至少召开 2 次会议。理事会会议须有 2/3 以上理事出席方能召开；理事会决议须经出席理事过半数通过方为有效。

下列重要事项的决议，须经出席理事表决，2/3 以上通过方为有效：

（一）章程的修改；

（二）选举或者罢免理事长、副理事长、秘书长；

（三）章程规定的重大募捐、投资活动；

（四）基金会的分立、合并。

理事会会议应当制作会议记录，并由出席理事审阅、签名。

第二十二条　基金会设监事。监事任期与理事任期相同。理事、理事的近亲属和基金会财会人员不得兼任监事。

监事依照章程规定的程序检查基金会财务和会计资料，监督理事会遵守法律和章程的情况。

监事列席理事会会议，有权向理事会提出质询和建议，并应当向登记管理机关、业务主管单位以及税务、会计主管部门反映情况。

第二十三条　基金会理事长、副理事长和秘书长不得由现职国家工作人员兼任。基金会的法定代表人，不得同时担任其他组织的法定代表人。公募基金会和原始基金来自中国内地的非公募基金会的法定代表人，应当由内地居民担任。

因犯罪被判处管制、拘役或者有期徒刑，刑期执行完毕之日起未逾 5 年的，因犯罪被判处剥夺政治权利正在执行期间或者曾经被判处剥夺政治权利的，以及曾在因违法被撤销登记的基金会担任理事长、副理事长或者秘书长，且对该基金会的违法行为负有个人责任，自该基金会被撤销之日起未逾 5 年的，不得担任基金会的理事长、副理事长或者秘书长。

基金会理事遇有个人利益与基金会利益关联时，不得参与相关事宜的决策；基金会理事、监事及其近亲属不得与其所在的基金会有任何交易行为。

监事和未在基金会担任专职工作的理事不得从基金会获取报酬。

第二十四条　担任基金会理事长、副理事长或者秘书长的香港居民、澳门居民、台湾居民、外国人以及境外基金会代表机构的负责人，每年在中国内地居留时间不得少于 3 个月。

第四章 财产的管理和使用

第二十五条 基金会组织募捐、接受捐赠，应当符合章程规定的宗旨和公益活动的业务范围。境外基金会代表机构不得在中国境内组织募捐、接受捐赠。

公募基金会组织募捐，应当向社会公布募得资金后拟开展的公益活动和资金的详细使用计划。

第二十六条 基金会及其捐赠人、受益人依照法律、行政法规的规定享受税收优惠。

第二十七条 基金会的财产及其他收入受法律保护，任何单位和个人不得私分、侵占、挪用。

基金会应当根据章程规定的宗旨和公益活动的业务范围使用其财产；捐赠协议明确了具体使用方式的捐赠，根据捐赠协议的约定使用。

接受捐赠的物资无法用于符合其宗旨的用途时，基金会可以依法拍卖或者变卖，所得收入用于捐赠目的。

第二十八条 基金会应当按照合法、安全、有效的原则实现基金的保值、增值。

第二十九条 公募基金会每年用于从事章程规定的公益事业支出，不得低于上一年总收入的 70%；非公募基金会每年用于从事章程规定的公益事业支出，不得低于上一年基金余额的 8%。

基金会工作人员工资福利和行政办公支出不得超过当年总支出的 10%。

第三十条 基金会开展公益资助项目，应当向社会公布所开展的公益资助项目种类以及申请、评审程序。

第三十一条　基金会可以与受助人签订协议，约定资助方式、资助数额以及资金用途和使用方式。

基金会有权对资助的使用情况进行监督。受助人未按协议约定使用资助或者有其他违反协议情形的，基金会有权解除资助协议。

第三十二条　基金会应当执行国家统一的会计制度，依法进行会计核算、建立健全内部会计监督制度。

第三十三条　基金会注销后的剩余财产应当按照章程的规定用于公益目的；无法按照章程规定处理的，由登记管理机关组织捐赠给与该基金会性质、宗旨相同的社会公益组织，并向社会公告。

第五章　监督管理

第三十四条　基金会登记管理机关履行下列监督管理职责：

（一）对基金会、境外基金会代表机构实施年度检查；

（二）对基金会、境外基金会代表机构依照本条例及其章程开展活动的情况进行日常监督管理；

（三）对基金会、境外基金会代表机构违反本条例的行为依法进行处罚。

第三十五条　基金会业务主管单位履行下列监督管理职责：

（一）指导、监督基金会、境外基金会代表机构依据法律和章程开展公益活动；

（二）负责基金会、境外基金会代表机构年度检查的初审；

（三）配合登记管理机关、其他执法部门查处基金会、境外基金会代表机构的违法行为。

第三十六条　基金会、境外基金会代表机构应当于每年 3 月 31 日前向登记管理机关报送上一年度工作报告，接受年度检查。年度工作报告在报送登记管理机关前应当经业务主管单位审查同意。

年度工作报告应当包括：财务会计报告、注册会计师审计报告，开展募捐、接受捐赠、提供资助等活动的情况以及人员和机构的变动情况等。

第三十七条　基金会应当接受税务、会计主管部门依法实施的税务监督和会计监督。

基金会在换届和更换法定代表人之前，应当进行财务审计。

第三十八条　基金会、境外基金会代表机构应当在通过登记管理机关的年度检查后，将年度工作报告在登记管理机关指定的媒体上公布，接受社会公众的查询、监督。

第三十九条　捐赠人有权向基金会查询捐赠财产的使用、管理情况，并提出意见和建议。对于捐赠人的查询，基金会应当及时如实答复。

基金会违反捐赠协议使用捐赠财产的，捐赠人有权要求基金会遵守捐赠协议或者向人民法院申请撤销捐赠行为、解除捐赠协议。

第六章　法律责任

第四十条　未经登记或者被撤销登记后以基金会、基金会分支机构、基金会代表机构或者境外基金会代表机构名义开展活动的，由登记管理机关予以取缔，没收非法财产并向社会公告。

第四十一条　基金会、基金会分支机构、基金会代表机构或者境外基金会代表机构有下列情形之一的，登记管理机关应当撤销登记：

（一）在申请登记时弄虚作假骗取登记的，或者自取得登记证书之日起 12 个月内未按章程规定开展活动的；

（二）符合注销条件，不按照本条例的规定办理注销登记仍继续开展活动的。

第四十二条　基金会、基金会分支机构、基金会代表机构或者境外基金会会代表机构有下列情形之一的，由登记管理机关给予警告、责令停止活动；情节严重的，可以撤销登记：

（一）未按照章程规定的宗旨和公益活动的业务范围进行活动的；

（二）在填制会计凭证、登记会计账簿、编制财务会计报告中弄虚作假的；

（三）不按照规定办理变更登记的；

（四）未按照本条例的规定完成公益事业支出额度的；

（五）未按照本条例的规定接受年度检查，或者年度检查不合格的；

（六）不履行信息公布义务或者公布虚假信息的。

基金会、境外基金会代表机构有前款所列行为的，登记管理机关应当提请税务机关责令补交违法行为存续期间所享受的税收减免。

第四十三条　基金会理事会违反本条例和章程规定决策不当，致使基金会遭受财产损失的，参与决策的理事应当承担相应的赔偿责任。

基金会理事、监事以及专职工作人员私分、侵占、挪用基金会财产的，应当退还非法占用的财产；构成犯罪的，依法追究刑事责任。

第四十四条　基金会、境外基金会代表机构被责令停止活动的，由登记管理机关封存其登记证书、印章和财务凭证。

第四十五条　登记管理机关、业务主管单位工作人员滥用职权、玩忽职守、徇私舞弊，构成犯罪的，依法追究刑事责任；尚不构成犯罪的，依法给予行政处分或者纪律处分。

第七章　附　　则

第四十六条　本条例所称境外基金会，是指在外国以及中华人民共和国香港特别行政区、澳门特别行政区和台湾地区合法成立的基金会。

第四十七条　基金会设立申请书、基金会年度工作报告的格式以及基金会章程范本，由国务院民政部门制订。

第四十八条　本条例自 2004 年 6 月 1 日起施行，1988 年 9 月 27 日国务院发布的《基金会管理办法》同时废止。

本条例施行前已经设立的基金会、境外基金会代表机构，应当自本条例施行之日起 6 个月内，按照本条例的规定申请换发登记证书。

附录三：

关于公益股权捐赠企业所得税政策问题的通知

财政部 国家税务总局

关于公益股权捐赠企业所得税政策问题的通知

财税〔2016〕45号

各省、自治区、直辖市、计划单列市财政厅（局）、国家税务局、地方税务局，新疆生产建设兵团财务局：

为支持和鼓励公益事业发展，根据《中华人民共和国企业所得税法》及其实施条例有关规定，经国务院批准，现将股权捐赠企业所得税政策问题通知如下：

一、企业向公益性社会团体实施的股权捐赠，应按规定视同转让股权，股权转让收入额以企业所捐赠股权取得时的历史成本确定。

前款所称的股权，是指企业持有的其他企业的股权、上市公司股票等。

二、企业实施股权捐赠后，以其股权历史成本为依据确定捐赠额，并依此按照企业所得税法有关规定在所得税前予以扣除。公益性社会团体接受股权捐赠后，应按照捐赠企业提供的股权历史成本开具捐赠票据。

三、本通知所称公益性社会团体，是指注册在中华人民共和国境内，以发展公益事业为宗旨且不以营利为目的，并经确定为具有接受捐赠税前扣除资格的基金会、慈善组织等公益性社会团体。

四、本通知所称股权捐赠行为，是指企业向中华人民共和国境内公益性社会团体实施的股权捐赠行为。企业向中华人民共和国境外的社会组织或团体实施的股权捐赠行为不适用本通知规定。

五、本通知自2016年1月1日起执行。

本通知发布前企业尚未进行税收处理的股权捐赠行为，符合本通知规定条件的可比照本通知执行，已经进行相关税收处理的不再进行税收调整。

请遵照执行。

财政部　国家税务总局

2016年4月20日

财政部 税务总局

关于公益慈善事业捐赠个人所得税政策的公告

财政部 税务总局公告2019年第99号

为贯彻落实《中华人民共和国个人所得税法》及其实施条例有关规定，现将公益慈善事业捐赠有关个人所得税政策公告如下：

一、个人通过中华人民共和国境内公益性社会组织、县级以上人民政府及其部门等国家机关，向教育、扶贫、济困等公益慈善事业的捐赠（以下简称公益捐赠），发生的公益捐赠支出，可以按照个人所得税法有关规定在计算应纳税所得额时扣除。

前款所称境内公益性社会组织，包括依法设立或登记并按规定条件和程序取得公益性捐赠税前扣除资格的慈善组织、其他社会组织和群众团体。

二、个人发生的公益捐赠支出金额，按照以下规定确定：

（一）捐赠货币性资产的，按照实际捐赠金额确定；

（二）捐赠股权、房产的，按照个人持有股权、房产的财产原值确定；

（三）捐赠除股权、房产以外的其他非货币性资产的，按照非货币性资产的市场价格确定。

三、居民个人按照以下规定扣除公益捐赠支出：

（一）居民个人发生的公益捐赠支出可以在财产租赁所得、财产转让所得、利息股息红利所得、偶然所得（以下统称分类所得）、综合所得或者经营所得中扣除。在当期一个所得项目扣除不完的公益捐赠支出，可以按规定在其他所得项目中继续扣除；

（二）居民个人发生的公益捐赠支出，在综合所得、经营所得中扣除的，扣除限额分别为当年综合所得、当年经营所得应纳税所得额的百分之三十；在分类所得中扣除的，扣除限额为当月分类所得应纳税所得额的百分之三十；

（三）居民个人根据各项所得的收入、公益捐赠支出、适用税率等情况，自行决定在综合所得、分类所得、经营所得中扣除的公益捐赠支出的顺序。

四、居民个人在综合所得中扣除公益捐赠支出的，应按照以下规定处理：

（一）居民个人取得工资薪金所得的，可以选择在预扣预缴时扣除，也可以选择在年度汇算清缴时扣除。

居民个人选择在预扣预缴时扣除的，应按照累计预扣法计算扣除限额，其捐赠当月的扣除限额为截至当月累计应纳税所得额的百分之三十（全额扣除的从其规定，下同）。个人从两处以上取得工资薪金所得，选择其中一处扣除，选择后当年不得变更。

（二）居民个人取得劳务报酬所得、稿酬所得、特许权使用费所得的，预扣预缴时不扣除公益捐赠支出，统一在汇算清缴时扣除。

（三）居民个人取得全年一次性奖金、股权激励等所得，且按规定采取不并入综合所得而单独计税方式处理的，公益捐赠支出扣除比照本公告分类所得的扣除规定处理。

五、居民个人发生的公益捐赠支出，可在捐赠当月取得的分类所得中扣除。当月分类所得应扣除未扣除的公益捐赠支出，可以按照以下规定追补扣除：

（一）扣缴义务人已经代扣但尚未解缴税款的，居民个人可以向扣缴义务人提出追补扣除申请，退还已扣税款。

（二）扣缴义务人已经代扣且解缴税款的，居民个人可以在公益捐赠之日起 90 日内提请扣缴义务人向征收税款的税务机关办理更正申报追补扣除，税务机关和扣缴义务人应当予以办理。

（三）居民个人自行申报纳税的，可以在公益捐赠之日起 90 日内向主管税务机关办理更正申报追补扣除。

居民个人捐赠当月有多项多次分类所得的，应先在其中一项一次分类所得中扣除。已经在分类所得中扣除的公益捐赠支出，不再调整到其他所得中扣除。

六、在经营所得中扣除公益捐赠支出，应按以下规定处理：

（一）个体工商户发生的公益捐赠支出，在其经营所得中扣除。

（二）个人独资企业、合伙企业发生的公益捐赠支出，其个人投资者应当按照捐赠年度合伙企业的分配比例（个人独资企业分配比例为百分之百），计算归属于每一个人投资者的公益捐赠支出，个人投资者应将其归属的个人独资企业、合伙企业公益捐赠支出和本人需要在经营所得扣除的其他公益捐赠支出合并，在其经营所得中扣除。

（三）在经营所得中扣除公益捐赠支出的，可以选择在预缴税款时扣除，也可以选择在汇算清缴时扣除。

（四）经营所得采取核定征收方式的，不扣除公益捐赠支出。

七、非居民个人发生的公益捐赠支出，未超过其在公益捐赠支出发生的当月应纳税所得额百分之三十的部分，可以从其应纳税所得额中扣除。扣除不完的公益捐赠支出，可以在经营所得中继续扣除。

非居民个人按规定可以在应纳税所得额中扣除公益捐赠支出而未实际扣除的，可按照本公告第五条规定追补扣除。

八、国务院规定对公益捐赠全额税前扣除的，按照规定执行。个人同时发生按百分之三十扣除和全额扣除的公益捐赠支出，自行选择扣除次序。

九、公益性社会组织、国家机关在接受个人捐赠时，应当按照规定开具捐赠票据；个人索取捐赠票据的，应予以开具。

个人发生公益捐赠时不能及时取得捐赠票据的，可以暂时凭公益捐赠银行支付凭证扣除，并向扣缴义务人提供公益捐赠银行支付凭证复印件。个人应在捐赠之日起 90 日内向扣缴义务人补充提供捐赠票据，如果个人未按规定提供捐赠票据的，扣缴义务人应在 30 日内向主管税务机关报告。

机关、企事业单位统一组织员工开展公益捐赠的，纳税人可以凭汇总开具的捐赠票据和员工明细单扣除。

十、个人通过扣缴义务人享受公益捐赠扣除政策，应当告知扣缴义务人符合条件可扣除的公益捐赠支出金额，并提供捐赠票据的复印件，其中捐赠股权、房产的还应出示财产原值证明。扣缴义务人应当按照规定在预扣预缴、代扣代缴税款时予扣除，并将公益捐赠扣除金额告知纳税人。

个人自行办理或扣缴义务人为个人办理公益捐赠扣除的，应当在申报时一并报送《个人所得税公益慈善事业捐赠扣除明细表》（见附件）。个人应留存捐赠票据，留存期限为五年。

十一、本公告自 2019 年 1 月 1 日起施行。个人自 2019 年 1 月 1 日至本公告发布之日期间发生的公益捐赠支出，按照本公告规定可以在分类所得中扣除但未扣除的，可以在 2020 年 1 月 31 日前通过扣缴义务人向征收税款的税务机关提出追补扣除申请，税务机关应当按规定予以办理。

附录四：

广东省和的慈善基金会章程

第一章　总则

第一条　本基金会的名称是广东省和的慈善基金会。

第二条　本基金会属于非公募基金会。

第三条　本基金会的宗旨：关注弱势群体，促进社会和谐，繁荣文化艺术，推动文明进步。

第四条　本基金会的原始基金数额为人民币 5000 万元，来源于美的控股有限公司捐赠。

第五条　本基金会的住所：广东省佛山市顺德区北滘镇怡兴路 8 号盈峰商务中心 24 层；邮政编码：528311。

第六条　本基金会的登记管理机关是广东省民政厅，业务指导单位是广东省人民政府相关职能部门。

第七条　本基金会开展重大募捐、资助、投资、涉外活动和设立专项基金时，提前 15 个工作日报送登记管理机关备案；设立基金会分支（代表）机构及时报送登记管理机关备案。

第八条　本基金会接受日常性捐赠的信息，在收到捐赠后的 7 个工作日内予以披露；接受重大捐赠的信息，在收到捐赠款物后即时向社会公布。

第二章 业务范围

第九条 本基金会公益活动的业务范围：

支持教育、养老、体育、文化艺术、扶贫赈灾、环保及其他公益慈善事业。

第三章 组织机构、负责人

第十条 本基金会由 9 名理事组成理事会。

本基金会理事每届任期为 5 年，任期届满，连选可以连任。

第十一条 理事的资格：

（一）具备完全民事行为能力；

（二）热心基金会所从事的公益事业；

（三）具有与理事工作相适应的工作阅历和工作经验；

（四）能够尽职尽责，保障捐赠财产的使用符合捐赠人的意愿和基金会的公益目的，保障基金会财产的安全及保值增值；

（五）廉洁奉公，办事公道，具有较强的公共利益责任意识，为人正派，能公平、公正、公开地参与议事，独立、客观地参与决策。

第十二条 理事的产生和罢免：

（一）第一届理事由主要捐赠人、发起人分别提名并共同协商确定。

（二）理事会换届改选时，由理事会、主要捐赠人共同提名候选人并组织换届领导小组，组织全部候选人共同选举产生新一届理事。

（三）罢免、增补理事应当经理事会表决通过；

（四）理事的选举和罢免结果报登记管理机关备案。

（五）相互间有近亲属关系的基金会理事，总数不得超过理事总人数的 1/3。

第十三条 理事的权利和义务：

（一）选举权、被选举权和表决权；

（二）知情权、建议权和监督权；

（三）参加本会的活动；

（四）遵守章程，执行理事会决议；

（五）维护本会的合法权益；

（六）完成本会交办的工作，参与决策不当致使本基金会财产受损失的承担赔偿责任；

（七）为基金会介绍资源，推荐志愿者；

（八）理事应当支持基金会的工作，承担力所能及的下属各专业委员会的工作，与秘书处保持良性互动。

第十四条　本基金会的决策机构是理事会。理事会行使下列职权：

（一）制定、修改章程；

（二）选举、罢免理事长、副理事长、秘书长；

（三）决定重大业务活动计划，包括资金的管理和使用计划；

（四）年度收支预算及决算审定；

（五）制定内部管理制度；

（六）决定设立办事机构、分支机构、代表机构；

（七）决定由秘书长提名的副秘书长和各机构主要负责人的聘任；

（八）听取、审议秘书长的工作报告，检查秘书长的工作；

（九）决定基金会的分立、合并或终止；

（十）决定其他重大事项。

第十五条　理事会每年至少召开 2 次会议。理事会会议由理事长负责召集和主持。

有 1/3 理事提议，必须召开理事会会议。如理事长不能召集，提议理事可推选召集人。

召开理事会会议，理事长或召集人需提前 5 日通知全体理事、监事。

第十六条　理事会会议须有 2/3 以上理事出席方能召开；理事会决议须

经出席理事过半数通过方为有效。

下列重要事项的决议，须经出席理事表决，2/3 以上通过方为有效：

（一）章程的修改；

（二）选举或者罢免理事长、副理事长、秘书长；

（三）章程规定的重大资助、投资活动；

（四）基金会的分立、合并。

第十七条　理事会会议应当制作会议记录。形成决议的，应当当场制作会议纪要，并由出席理事审阅、签名。理事会决议违反法律、法规或章程规定，致使基金会遭受损失的，参与决议的理事应当承担责任。但经证明在表决时反对并记载于会议记录的，该理事可免除责任。

第十八条　本基金会设监事 1 名。监事任期与理事任期相同，期满可以连任。

第十九条　理事、理事的近亲属和基金会财会人员不得任监事。

第二十条　监事的产生和罢免：

（一）监事由主要捐赠人选派；

（二）登记管理机关根据工作需要选派；

（三）监事的变更依照其产生程序。

第二十一条　监事的权利和义务：

监事依照章程规定的程序检查基金会财务和会计资料，监督理事会遵守法律和章程的情况。

监事列席理事会会议，有权向理事会提出质询和建议，并应当向登记管理机关以及税务、会计主管部门反映情况。

监事应当遵守有关法律法规和基金会章程，忠实履行职责。

第二十二条　在本基金会领取报酬的理事不得超过理事总人数的 1/3。监事和未在基金会担任专职工作的理事不得从基金会获取报酬。

第二十三条　本基金会理事遇有个人利益与基金会利益关联时，不得参与相关事宜的决策；基金会理事、监事及其近亲属不得与基金会有任何交易行为。

第二十四条　理事会设理事长、副理事长和秘书长，从理事中选举产生。

第二十五条　本基金会理事长、副理事长、秘书长必须符合以下条件：

（一）在本基金会业务领域内有较大影响或较强的专业能力；

（二）理事长、副理事长、秘书长最高任职年龄不超过 70 周岁，秘书长为专职；

（三）身体健康，能坚持正常工作；

（四）具有完全民事行为能力。

第二十六条　有下列情形之一的人员，不能担任本基金会的理事长、副理事长、秘书长：

（一）属于现职国家工作人员的；

（二）因犯罪被判处管制、拘役或者有期徒刑，刑期执行完毕之日起未逾 5 年的；

（三）因犯罪被判处剥夺政治权利正在执行期间或者曾经被判处剥夺政治权利的；

（四）曾在因违法被撤销登记的基金会担任理事长、副理事长或者秘书长，且对该基金会的违法行为负有个人责任，自该基金会被撤销之日起未逾 5 年的。

第二十七条　本基金会的理事长、副理事长、秘书长每届任期 5 年，连任不超过两届。因特殊情况需超届连任的，须经理事会特殊程序表决通过，经登记管理机关批准同意后，方可任职。

第二十八条　本基金会理事长为基金会法定代表人。本基金会法定代表人不兼任其他组织的法定代表人。

本基金会法定代表人由中国内地居民担任。

本基金会法定代表人在任期间，基金会发生违反《基金会管理条例》和本章程的行为，法定代表人应当承担相关责任。因法定代表人失职，导致基金会发生违法行为或基金会财产损失的，法定代表人应当承担个人责任。

第二十九条　本基金会理事长行使下列职权：

（一）召集和主持理事会会议；

（二）检查理事会决议的落实情况；

（三）代表基金会签署重要文件。

本基金会副理事长、秘书长在理事长领导下开展工作，秘书长行使下列职权：

（一）主持开展日常工作，组织实施理事会决议；

（二）组织实施基金会年度公益活动计划；

（三）拟订资金的筹集、管理和使用计划；

（四）拟订基金会的内部管理规章制度，报理事会审批；

（五）协调各内设机构开展工作；

（六）提议聘任或解聘副秘书长以及其他高级管理人员，由理事会决定；

（七）聘任或解聘各内设机构主要负责人及其他工作人员；

（八）章程和理事会赋予的其他职权。

第四章　财产的管理和使用

第三十条　本基金会为非公募基金会，本基金会的收入来源于：

（一）发起人和特定捐赠人的自愿捐赠；

（二）投资收益；

（三）其他合法收入。

第三十一条　本基金会接受捐赠，应当遵守法律法规，符合章程规定的宗旨和公益活动的业务范围。

第三十二条　本基金会接受捐赠时，应当向社会公布接受资金后拟开展的公益活动和资金的详细使用计划。

第三十三条　本基金会的财产及其他收入受法律保护，任何单位、个人不得侵占、私分、挪用。

第三十四条　本基金会根据章程规定的宗旨和公益活动的业务范围使用财产；捐赠协议明确了具体使用方式的捐赠，根据捐赠协议的约定使用。

接受捐赠的物资无法用于符合本基金会宗旨的用途时，基金会可以依法拍卖或者变卖，所得收入用于捐赠目的。

第三十五条　本基金会财产主要用于：

本基金会章程规定的包括支持教育、养老、体育、文化艺术、扶贫赈灾、环保及其他公益慈善事业的支出。

第三十六条　本基金会的重大投资、公益活动是指：

（一）一次性涉及资金超过 50 万元的资助或投资活动。

第三十七条　本基金会按照合法、安全、有效的原则实现基金的保值、增值。

第三十八条　本基金会每年用于从事章程规定的公益事业支出，不得低于上一年基金余额的 8%。

本基金会工作人员工资福利和行政办公支出不超过当年总支出的 10%。

第三十九条　本基金会开展公益资助项目，应当向社会公开所开展的公益资助项目种类以及申请、评审程序。

第四十条　捐赠人有权向本基金会查询捐赠财产的使用、管理情况，并提出意见和建议。对于捐赠人的查询，基金会应当及时如实答复。

本基金会违反捐赠协议使用捐赠财产的，捐赠人有权要求基金会遵守捐赠协议或者向人民法院申请撤销捐赠行为、解除捐赠协议。

第四十一条　本基金会可以与受助人签订协议，约定资助方式、资助数额以及资金用途和使用方式。

本基金会会有权对资助的使用情况进行监督。受助人未按协议约定使用资助或者有其他违反协议情形的，本基金会有权解除资助协议。

第四十二条　本基金会应当执行国家统一的《民间非营利组织会计制度》，依法进行会计核算、建立健全内部会计监督制度，保证会计资料合法、真实、准确、完整。

本基金会接受税务、会计主管部门依法实施的税务监督和会计监督。

第四十三条　本基金会配备具有专业资格的会计人员。会计不得兼出纳。会计人员调动工作或离职时，必须与接管人员办清交接手续。

第四十四条　本基金会每年1月1日至12月31日为业务及会计年度，每年3月31日前，理事会对下列事项进行审定：

（一）上年度业务报告及经费收支决算；

（二）本年度业务计划及经费收支预算；

（三）财产清册。

第四十五条　本基金会进行年检、换届、更换法定代表人以及清算，应当进行财务审计。

第四十六条　本基金会按照《基金会管理条例》规定接受登记管理机关组织的年度检查。

第四十七条　本基金会通过登记管理机关的年度检查后，将年度工作报告在登记管理机关指定的媒体上公布，接受社会公众的查询、监督。

第五章　终止和剩余财产处理

第四十八条　本基金会有以下情形之一，应当终止：

（一）完成章程规定的宗旨的；

（二）无法按照章程规定的宗旨继续从事公益活动的；

（三）基金会发生分立、合并的；

第四十九条　本基金会终止，应在理事会表决通过后15日内，向登记管理机关申请注销登记。

第五十条　本基金会办理注销登记前，应当在登记管理机关的指导下成立清算组织，完成清算工作。

本基金会应当自清算结束之日起 15 日内向登记管理机关办理注销登记；在清算期间不开展清算以外的活动。

第五十一条　本基金会注销后的剩余财产，应当在登记管理机关的监督下，通过以下方式用于公益目的：

（一）捐赠给其他公益组织；

（二）捐赠给特定的弱势群体；

（三）用于在本基金会注销前已经开展的捐赠活动的后续捐赠。

无法按照上述方式处理的，由登记管理机关组织捐赠给与本基金会性质、宗旨相同的社会公益组织，并向社会公告。

第六章　章程修改

第五十二条　本章程的修改，须经理事会表决通过后 15 日内，报登记管理机关核准。

第七章　附则

第五十三条　本章程经 2017 年 7 月 3 日理事会表决通过。

第五十四条　本章程的解释权属于理事会。

第五十五条　本章程自登记管理机关核准之日起生效。

附录五：

南都公益基金会保值增值投资活动管理制度

第一章　总则

第一条　为规范南都公益基金会（以下简称“基金会”）的投资行为，规避法律风险，保证投资决策的科学性和效率，根据《中华人民共和国慈善法》、《慈善组织保值增值投资活动管理暂行办法》等法律法规的规定，制定本制度。

第二条　本制度规定了基金会的投资原则，投资范围，投资负面清单，投资决策程序和管理流程，理事会、监事（会）和秘书处在投资活动中的相关职责，重大投资标准，投资风险管控，投资活动中止、终止退出机制，违规投资责任追究等内容。

第二章　投资的基本原则

第三条　基金会开展投资活动应当遵循合法、安全、有效的基本原则，投资取得的收益全部用于基金会章程规定的慈善目的。

第三章　投资活动的范围

第四条　基金会可用于投资的财产是基金会非限定性资产和在投资期间不需要拨付的限定性资产。

基金会接受的政府资助的财产和捐赠协议约定不得投资的财产，不得用于投资。

第五条　基金会的投资活动主要包括以下形式：

（一）直接购买银行、信托、证券、基金、期货、保险资产管理机构、金融资产投资公司等金融机构发行的资产管理产品；

（二）委托中国境内有资质且信誉较高的投资管理公司进行投资；

（三）通过发起、并购、参股等方式直接进行股权投资。

第四章　投资负面清单

第六条　基金会不得进行下列投资活动：

（一）直接买卖股票；

（二）直接购买商品及金融衍生品类产品；

（三）投资人身保险产品；

（四）以投资名义向个人、企业提供借款；

（五）不符合国家产业政策的投资；

（六）可能使基金会承担无限责任的投资；

（七）违背基金会宗旨、可能损害基金会信誉的投资；

（八）非法集资等国家法律法规禁止的其他活动。

第五章　投资决策程序、管理流程和相关职责

第七条　理事会是基金会的最高投资决策机构，在管理基金会的投资活动中承担以下职责：

（一）负责基金会保值增值投资活动制度的制定和修改；

（二）确定理事会内设投资管理委员会的人员构成和聘任、辞退；

（三）听取、审议投资管理委员会的投资活动计划和投资管理报告；

（四）决定基金会的投资活动。

第八条　基金会的监事（会）应根据其职责对基金会的理事会在开展投资活动中的情况进行监督，监督理事会遵守法律法规、基金会章程和本制度的情况。

第九条　理事会设专业的投资管理委员会。投资管理委员会的职责是：

（一）接受理事会的委托制定投资活动的计划；

（二）投资活动计划经理事会审议批准后，投资管理委员会对计划内的具体投资活动进行决策并承担相应管理责任；

（三）每年向理事会报告一次基金会投资活动的管理情况和基金会投资活动计划。

第十条　投资管理委员会由理事会中具有投资经验的理事和外聘投资专家组成，人数 3 ~ 8 名。所有成员应当遵守法律法规、基金会章程和本制度的规定，严格履行忠实、谨慎、勤勉义务。

第十一条　投资管理委员会成员的资格：

（一）从事投资行业 5 年以上，在业内享有一定的声誉；

（二）品行端庄，满足《公司法》中担任公司董事的资格；

（三）具备股权投资、金融及相关企业运营的专业技能，拥有较多的成功投资案例。

第十二条　投资管理委员会成员由理事长提名，须经三分之二以上理事

同意，任期四年。

第十三条　基金会所有投资活动均由投资管理委员会进行事先评估和事后管理。

第十四条　基金会可以投资不动产或从事股权投资，但必须确定该不动产或股权投资有良好的收益和可变现性。

基金会直接进行股权投资时，被投资方的经营范围应当与基金会的宗旨和业务范围相关。

基金会不选择需要直接参与经营的投资活动。

第十五条　基金会的投资合同须由基金会法定代表人签字。

第十六条　在投资活动中，必须严格执行《南都公益基金会章程》关于“本基金会理事遇有个人利益与基金会利益关联时，不得参与相关事宜的决策；基金会理事、监事及其近亲属不得与基金会有任何交易行为”的规定。这项规定同样适用于投资管理委员会外聘成员。

第十七条　基金会秘书处为投资活动建立专项档案，完整保存投资的决策、执行、管理等资料。专项档案的保存时间不少于 20 年。

第六章　重大投资

第十八条　基金会的重大投资是指：

（一）超过基金会总资产 50% 的投资；

（二）基金会的直接股权投资。

第十九条　基金会的重大投资必须经过理事会成员三分之二以上同意方可执行。

第七章　投资风险控制与止损机制

第二十条　投资管理委员会负责跟踪管理投资的进展及安全状况，出现异常情况时应及时报告理事会，以便理事会尽快做出决定，避免或减少损失。

第二十一条　投资活动出现以下情况之一的，投资活动中止、终止或退出：

（一）投资项目期限届满的；

（二）投资项目亏损达到本金 20% 的；

（三）投资项目可能会影响基金会宗旨和声誉的；

（四）委托第三方投资管理公司主体资格灭失或者被司法机关追究刑事责任的；

（五）理事会认为应当终止的；

（六）其他应当终止的情形发生的。

第八章　违规投资责任追究

第二十二条　基金会投资行为实体和程序上都合法合规的，尽到了忠实、勤勉、谨慎义务，由于市场不可预见原因导致投资亏损的，并且尽到了止损义务的，决策人员不承担责任。

第二十三条　基金会理事和投资管理委员会成员，违法违规决策致使基金会财产损失的，相关人员应当承担相应赔偿责任。

第九章　附则

第二十四条　本制度解释权属基金会理事会。本办法经基金会理事会审议通过，自发布之日起实施。

2019 年 1 月 17 日

后 记

本书系统介绍中国财富家族参与公益慈善的路径和工具，主要目的是助力家族传承、促进共享繁荣、提升社会文明。本书适合各类超高净值人士，也适合慈善行业研究者、政策制定者，以及私人银行、信托公司、家族办公室、律师事务所等财富服务机构高管。

本书由深圳国际公益学院组织编写。编写组顾问由深圳国际公益学院副院长、教授黄浩明，北京长安信托公益基金会理事长、长安国际信托股份有限公司党委书记张胜担任。深圳国际公益学院原助理院长傅昌波担任课题组组长。课题组成员包括：深圳国际公益学院程芬、傅豪、逯莹、隋毅、孙叶竹、魏璞琐、游海霞；广东省和的慈善基金会秘书长汪跃云；深圳市递爱福公益基金会理事长刘柏荣，秘书处张雪瑶、毛文婷；北京师范大学中国公益研究院黄浠鸣；北京长安信托公益基金会副秘书长袁瑗；北京阳光老年健康基金会理事长陈凯；北京舜益咨询顾问张域。全书由逯莹、袁瑗统稿。

本书的编写工作得到长安国际信托股份有限公司、内蒙古老牛慈善基金会、广东省和的慈善基金会、北京老牛兄妹公益基金会、深圳市递爱福公益基金会、北京中伦律师事务所等机构的大力支持，在此一并致谢。